# DEUSAS
## Os mistérios do divino feminino

Joseph Campbell

# DEUSAS
## Os mistérios do divino feminino

Editado por Safron Rossi, Ph.D.

Tradução
Tônia Van Acker

JOSEPH CAMPBELL
FOUNDATION

Palas Athena

Título original: Goddesses: Mysteries of the Feminine Divine
Copyright © 2013 by Joseph Campbell Foundation

Grafia segundo o Acordo Ortográfico da Língua Portuguesa de 1990, que entrou em vigor no Brasil em 2009.

Coordenação editorial: Lia Diskin
Capa e projeto gráfico: Vera Rosenthal
Diagramação: Tony Rodrigues
Mapas: Fernando Mola
Revisão: Lucia Benfatti e Rejane Moura

---

**Dados Internacionais de Catalogação na Publicação (CIP)**
**(Câmara Brasileira do Livro, SP, Brasil)**

---

Campbell, Joseph, 1904-1987.
    Deusas : os mistérios do divino feminino / Joseph Campbell ; editado por Safron Rossi ; [tradução Tônia Van Acker]. -- São Paulo : Palas Athena, 2015.

    Título original: Goddesses : mysteries of the feminine divine.

    1. Deusas 2. Deusas na literatura 3. Egito - Religião 4. Grécia - Religião 5. Mitologia grega 6. Oriente Médio - Religião e mitologia I. Rossi, Safron. II. Título.

15-07539                                                                CDD-291.2114

---

**Índices para catálogo sistemático:**
1. Deusas femininas : Religião 291.2114

7ª edição – março 2025

Todos os direitos reservados e protegidos pela
Lei 9610 de 19 de fevereiro de 1998.
É proibida a reprodução total ou parcial, por quaisquer meios, sem a autorização prévia, por escrito, da Editora.

Direitos adquiridos para a língua portuguesa no Brasil por
**Palas Athena Editora**

Fone (11) 3050-6188
www.palasathena.org.br
editora@palasathena.org.br

# Índice

Sobre As Obras Completas De Joseph Campbell ............... 11
Prefácio do Editor ................................................................ 13

Introdução – **Sobre a Grande Deusa** ................................ 17
    As Deusas na Antiga Idade da Pedra ............................. 18
    Magia Feminina e Masculina: Conflito e Acordo ........... 20
    A Deusa dos Primeiros Agricultores ............................... 21
    A Era de Ouro .................................................................. 24
    A Derrocada da Deusa .................................................... 26
    O Retorno da Deusa ........................................................ 29
    Enviada ............................................................................ 31

Capítulo 1 – **Mito e o Divino Feminino** .......................... 33
    A Deusa nas Culturas Paleolíticas ................................. 33
    A Deusa como Natureza ................................................ 45

Capítulo 2 – **Deusa Mãe Criadora: Neolítico e Início da Idade do Bronze** ................................................................ 53
    Da Pedra ao Cobre: Anatólia e Europa Antiga ............. 53
    Do Cobre ao Bronze: Creta ............................................ 76

Capítulo 3 – **O Influxo Indo-Europeu** ............................ 91
    Lanças e Línguas ............................................................ 93
    Túmulos e Sati ................................................................ 96
    Micenas ............................................................................ 99

## Capítulo 4 – **Deusas Sumérias e Egípcias** ......................... 107
    O Campo Abstrato: Surgimento da Civilização ............... 107
    O Influxo Semítico: Sargão e Hamurábi ........................ 120
    Egito ............................................................................ 124
    O Mito de Ísis e Osíris ................................................. 129

## Capítulo 5 – **Deusas e Deuses do Panteão Grego** ............. 137
    O Número da Deusa ..................................................... 137
    Ártemis ......................................................................... 145
    Apolo ............................................................................ 155
    Dionísio ........................................................................ 163
    Zeus .............................................................................. 165
    Ares .............................................................................. 170
    Atena ............................................................................ 172

## Capítulo 6 – *Ilíada* e *Odisseia*: O Retorno à Deusa ............ 179
    O Julgamento de Páris ................................................. 180
    A *Ilíada* ....................................................................... 189
    A *Odisseia* .................................................................. 197

## Capítulo 7 – **Mistérios da Transformação** ....................... 217
    A Deusa do Passado e do Futuro ................................. 217
    Cultos de Mistério ........................................................ 226
    O Rapto de Perséfone .................................................. 236
    A virgem ressurreta: um ramo dourado de trigo .......... 248
    Dionísio e o Divino Feminino ...................................... 250

## Capítulo 8 – **Amor: O Feminino no Romance Europeu** ...... 263
    A Virgem Maria ........................................................... 275
    A Corte do Amor ......................................................... 276
    A Renascença e a Deusa .............................................. 290
    Decolagem ................................................................... 303

APÊNDICE - PREFÁCIO À OBRA *A LINGUAGEM DA DEUSA*,
    DE MARIJA GIMBUTAS......................................................... 305
ESTUDOS DA DEUSA - LEITURA ESSENCIAL.............................. 309
NOTAS...................................................................................313
AGRADECIMENTOS POR CESSÃO DE DIREITOS...............................325
BIBLIOGRAFIA DE JOSEPH CAMPBELL .......................................327
ÍNDICE REMISSIVO ..................................................................331
SOBRE O AUTOR......................................................................347
SOBRE A JOSEPH CAMPBELL FOUNDATION................................ 349

## Sobre As Obras Completas De Joseph Campbell

Ao falecer, em 1987, Joseph Campbell nos deixou um corpo significativo de obras publicadas nas quais explorou sua paixão da vida inteira: o complexo de mitos e símbolos universais, que batizou de "a única e vasta estória da humanidade". Mas deixou também um grande volume de obras não publicadas: artigos esparsos, notas, cartas e diários, bem como palestras gravadas em áudio e vídeo. A Fundação Joseph Campbell, criada em 1990 com a finalidade de preservar, proteger e perpetuar a obra de Campbell, assumiu a tarefa de criar um arquivo digital de seus escritos e gravações e de publicar as Obras Completas de Joseph Campbell.

THE COLLECTED WORKS OF JOSEPH CAMPBELL
Robert Walter, editor executivo
David Kudler, gerente editorial

## Prefácio do Editor

> *Das Ewig-Weibliche, / Zieht uns hinan*
> "O eterno feminino / nos leva adiante."
> Goethe, *Fausto*

Essas palavras em *Fausto*, de Goethe, são o fio condutor da obra que o leitor tem nas mãos. Entre 1972 e 1986, Campbell deu mais de vinte palestras e oficinas sobre deusas, nas quais explorou as imagens, funções, símbolos e temas do divino feminino, acompanhando suas transformações, como se ele fosse Teseu, guiado pelo fio de Ariadne no labirinto da cultura e do tempo. A presente obra mostra como Campbell traçou o florescimento que partiu de uma Grande Deusa para as muitas deusas da imaginação mítica; e seguiu as pistas do divino feminino partindo dos estudos de Marija Gimbutas sobre o Neolítico europeu, passando pela mitologia da Suméria e do Egito, pela *Odisseia* de Homero, pelos cultos gregos dos Mistérios de Elêusis e pelas lendas arturianas da Idade Média, chegando à Renascença neoplatônica.

Ao me aproximar desse material, encontrei o desafio do profundo compromisso de Campbell com certos temas, que, em alguns casos, aparecem com grande detalhamento em outros trabalhos. Uma de suas temáticas prediletas é a transformação e a persistência dos poderes simbólicos arquetípicos do divino feminino, apesar dos últimos dois mil anos de tradições religiosas monoteístas e patriarcais que tentaram excluí-los. Fui abençoada pelo acesso a essas palestras nas quais ele forneceu, com grande clareza, a estrutura narrativa que viabilizou sua análise da arqueologia e das imagens das grandes deusas. Essas palestras investigam os temas simbólicos, mitológicos e arquetípicos do divino feminino nele e por si mesmo – e para Campbell seus temas principais são: a *iniciação* aos mistérios da imanência vivenciados através do tempo, do espaço e do eterno; a *transformação* da vida em morte; a *energia-consciência* que forma e vivifica tudo quanto vive.

As palestras sobre as deusas que estão coligidas neste livro nasceram do trabalho de Campbell sobre o *Historical Atlas of World Mythology*. Nessa obra de muitos volumes (iniciada em 1974), Campbell procurou entretecer os vários fios étnicos e culturais de mitos e tradições sagradas para formar uma tapeçaria que mostrasse a interação das raízes universais e arquetípicas da psique dentro de manifestações culturais específicas. Durante suas pesquisas, ele descobriu a obra brilhante e pioneira de Marija Gimbutas sobre a Grande Deusa do Neolítico da Europa Antiga (7500-3500 a.C.). O trabalho de Gimbutas trouxe a Campbell uma convicção ainda mais profunda daquilo que já vinha intuindo, ou seja, que a Grande Deusa era a figura divina central nas primeiras concepções mitológicas do mundo, e que os poderes descritos por Gimbutas eram as raízes daqueles que o próprio Campbell via nas deusas de mitologias e tradições sagradas posteriores.

As deusas do Período Paleolítico representaram um ponto crítico no início do *Historical Atlas*. Campbell contextualiza a obra de Gimbutas no escopo do desenvolvimento e manifestação da imaginação mítica. Ele toma os profundos insights de Gimbutas, sua densa obra sobre a Grande Deusa, as raízes mais antigas da mitologia e cultura e os entretece com a estória mais ampla e ainda em andamento do desenvolvimento da imaginação humana.

A exploração e o estudo da mitologia das deusas progrediram significativamente desde que Campbell apresentou essas palestras três décadas atrás. Espero que este livro sirva de contraponto à ideia de que Campbell tinha como foco principal o herói e de que não se interessava ou não se sentia tocado pelas deusas, suas mitologias ou pelas preocupações das mulheres que buscam compreender a si mesmas relacionando-se com essas estórias. O diálogo de meados do século XX, do qual nasce a presente obra, é representativo de elementos que vêm se aprofundando sem cessar em termos de como vemos e compreendemos a nós mesmos individual e coletivamente. Essas palestras evidenciam sua sensibilidade em relação à singularidade da forma feminina na mitologia e ao que isso pode significar para as mulheres. Além disso,

Campbell compreendia e reverenciava a importância vital do espírito feminino e seu potencial criativo para dar nascimento a formas míticas e geradoras de significado para as experiências das mulheres. Ele via isso como o dom e o desafio de nossa era e reverenciava as mulheres como visionárias e formadoras da jornada.

Ao estruturar a presente obra, escolhi seguir o desenrolar da narrativa histórica da mesma forma como se desdobra nas palestras. O livro está ilustrado pelas imagens utilizadas por Campbell, muitas das quais podem ser encontradas em outros livros dele, o que mostra como as imagens e mitos das deusas são parte integral da sua obra. O método que utilizei para compilar as fontes deste livro incluiu a referência a outros acadêmicos que o próprio Campbell citava, como Jane Ellen Harrison, Marija Gimbutas e Carl Kerényi. Utilizei as notas de duas maneiras: como citação cruzada aos estudiosos em cujo trabalho Campbell se baseou, e para incluir aqueles pós-campbellianos que avançaram na pesquisa de mitologia, religião e cultura nas décadas seguintes à sua morte. A bibliografia sugerida inclui autores cuja obra é fundamental para a compreensão do assunto e, portanto, sua leitura é altamente recomendada para maior aprofundamento no conteúdo. A intenção foi permitir que se visualizasse o diálogo (e a forma como continuou depois dos anos 1980) e a obra de Campbell no sentido de integrar a tradição do divino feminino aos mais amplos – e agora sabidamente mais jovens – sistemas mitológicos.

A presente obra foi criada em honra ao legado de Joseph Campbell e Marija Gimbutas, que continua a nos inspirar e desafiar. Ela não teria sido possível sem Robert Walter, presidente da Joseph Campbell Foundation, que me deu esse projeto no mesmo espírito com que Campbell recebeu o trabalho póstumo de Heinrich Zimmer – obrigada. Por fim, dedico esta obra ao divino feminino que, em todos os seus nomes e graças, nos leva adiante.

*Safron Rossi*
Santa Bárbara, Califórnia
24 de maio de 2013

Figura 1. Tétis e Peleu.
Vaso de figuras vermelhas, Período Clássico, Grécia, século V a.C.

Introdução

# Sobre a Grande Deusa[1]

Muitas das dificuldades que as mulheres enfrentam nos dias atuais decorrem do fato de estarem adentrando um campo de ação no mundo que antes estava reservado aos homens, e para o qual não há modelos mitológicos femininos. Em consequência, a mulher se vê num relacionamento competitivo com o homem e nele pode perder o senso de sua própria natureza. A mulher é algo por direito próprio, mas tradicionalmente (há cerca de quatro milhões de anos, na condição de hominídeos) o relacionamento desse algo com o homem tem sido vivenciado e representado não como diretamente competitivo, mas como cooperativo na tarefa partilhada de perpetuar e sustentar a vida. Seu papel biológico prescrito era dar à luz e criar os filhos. O papel masculino era sustentar e proteger. Esses papéis eram biológica e psicologicamente arquetípicos. Mas o que aconteceu agora – como resultado da invenção masculina do aspirador de pó – é que as mulheres foram aliviadas em certa medida de sua vinculação tradicional ao lar. Elas adentraram o campo e a floresta da busca individual, das conquistas e da realização pessoal, para as quais não há modelos *femininos*. Além disso, ao se dedicarem a carreiras variadas, estão emergindo de forma progressiva como personalidades diferenciadas, deixando para trás a antiga e arquetípica ênfase no papel biológico – ao qual, entretanto, a constituição de sua psique ainda está atada. A funesta oração de Lady Macbeth diante de sua tarefa, "Dessexualiza-me!"[2], deve ser o grito não pronunciado mas profundamente sentido de muitas novas competidoras na selva masculina.

Mas não há necessidade disso. O desafio do momento – e há muitas que o estão enfrentando, aceitando e reagindo de modo feminino e não masculino – é o desafio de florescer como indivíduo; nem arquétipos biológicos nem personalidades que emulam o masculino. Repetindo, não há modelos em nossa mitologia para uma busca feminina individual. Nem há modelos para o homem que se casa com uma mulher individualizada. Estamos juntos nisso e devemos resolver isso juntos, não com paixão (que é sempre arquetípica), mas com *com*paixão, nutrindo o crescimento um do outro com paciência.

Certa vez li sobre uma antiga maldição chinesa: "Que você renasça numa época interessante!" A nossa é uma época *muito* interessante: não há modelos para *nada* do que está acontecendo. Tudo está mudando, mesmo a lei da selva masculina. É um tempo de queda livre para dentro do futuro, e cada um ou cada uma deve criar seu próprio caminho. Os modelos antigos não estão funcionando, os novos não apareceram ainda. De fato, nós mesmos é que estamos modelando o novo segundo a forma de nossas vidas interessantes. E esse é o sentido (em termos mitológicos) do desafio atual: somos os "ancestrais" do porvir, os genitores desavisados de seus mitos fundantes, modelos míticos que inspirarão vidas futuras. Num sentido muito concreto, portanto, este é um momento de criação, pois, como foi dito, "Ninguém põe vinho novo em odres velhos; caso contrário, o vinho estourará os odres e tanto o vinho como os odres ficarão inutilizados. Mas, vinho novo em odres novos!" (Marcos 2:22). Seremos os preparadores, por assim dizer, dos odres novos para um novo e inebriante vinho – do qual já estamos provando as primícias.

## As Deusas na Antiga Idade da Pedra

Na arte da Antiga Idade da Pedra, no período das cavernas do sul da França e norte da Espanha pintadas no Paleolítico, de 30.000 a 10.000 a.C., o feminino está representado naquelas pequenas estatuetas chamadas de "Vênus", agora bem conhecidas, e que mostram uma figura nua. Seu corpo é sua magia: ele invoca o masculino e é também o vaso de toda vida humana. A magia feminina é, portanto, básica e natural. O masculino, por outro lado, é sempre representado em algum papel, desempenhando uma função, fazendo algo. E, de fato, até os dias de hoje, abordamos e contemplamos a mulher em termos de sua beleza, mas o homem em termos do que ele consegue fazer, o que ele fez, qual é seu emprego.

A vida naqueles tempos consistia de tribos caçadoras e coletoras. As mulheres colhiam raízes, frutas e pegavam pequenos animais. Os homens se encarregavam da caça perigosa de animais maiores e defendiam suas mulheres e filhas de aventureiros – pois as mulheres, como se sabe, são valiosas e também constituem um saque interessante. O arco e flecha não tinha sido inventado ainda. Os embates de caça e luta aconteciam no corpo a corpo. E os animais eram enormes: mamutes peludos, rinocerontes, ursos gigantes, manadas de gado, leões. Nessas circunstâncias – e tais circunstâncias vinham imperando há centenas de milhares de anos – é que os corpos que habitamos hoje evoluíram e estabeleceram suas funções. Assim se desenvolveu e se manteve uma divisão radical entre os mundos e interesses de mulheres e homens. Não houve apenas uma seleção biológica em ação, mas também uma formação social que apontava em duas direções sociais totalmente diferentes.

As pequenas estatuetas de mulheres não foram encontradas nas grandes cavernas pintadas, que eram o local dos ritos masculinos, mas nos abrigos onde as famílias viviam. Ninguém *habitava* de fato as perigosas cavernas profundas, escuras, úmidas e frias. Elas eram reservadas para os rituais da magia masculina: transformar meninos em homens corajosos e instruí-los sobre os ritos da caça e, através de tais ritos, apaziguar as bestas, agradecendo-lhes por terem dado sua vida e devolvendo sua vida magicamente ao ventre da mãe de todos nós, esta Terra, ventre profundo, escuro e assombroso da própria caverna, para que renascessem. As bonitas formas de animais nas paredes de pedra desses primeiros templos da humanidade (ventres da deusa Terra, como mais tarde as catedrais seriam da Mãe Igreja) são as formas semente das manadas que pastavam acima, na superfície dos planos animais do mundo de fora. É surpreendente como estando lá embaixo, dentro dessas cavernas, na total escuridão, sem senso de direção, o mundo iluminado acima se torna uma mera memória e, curiosamente, um mundo de sombras. A realidade está aqui embaixo. As manadas e as vidas lá em cima são secundárias: é daqui que elas emanam e para cá voltarão. Em várias dessas grandes cavernas temos os retratos de mestres cerimoniais – xamãs, magos, ou o que quer que tenham sido. E eles não são retratados apenas de pé, nus, como as estatuetas femininas, mas em traje ritual, mascarados, fazendo algo. O exemplo mais marcante é o chamado Mago da caverna Les Trois Frères. Mas há outros. E estão sempre mascarados em forma semianimal, fazendo algo, como magos da grande caçada.

## Magia Feminina e Masculina: Conflito e Acordo

Há evidências de que entre as duas magias, do lado feminino e do masculino da vida primitiva dos caçadores e coletores, havia não apenas alguma tensão, mas também, por vezes, um irromper de violência física. Nas mitologias de várias sociedades muito primitivas (os pigmeus do Congo, os ona da Terra do Fogo, entre outros) vemos lendas do seguinte teor: na origem todo o poder mágico residia nas mulheres. Os homens então assassinaram todas elas, mantendo vivas apenas as meninas mais jovens, que nunca aprenderam o que suas mães sabiam, sendo que os homens se apropriaram desse conhecimento. De fato, em um dos grandes abrigos de moradia do Período Paleolítico no sul da França (em Laussel), foram encontradas muitas estatuetas femininas quebradas, o que sugere que tenham sido destruídas de propósito.

Em geral, sempre que existe uma lenda masculina desse tipo e uma sociedade masculina de ritos secretos, as mulheres são gravemente intimidadas por um panteão de fantasmas inventados de propósito e que aparecem (mascarados) quando os ritos masculinos são desempenhados. Contudo – e esta é a grande surpresa –, como Colin Turnbull revelou,[3] podem ocorrer, em ocasiões muito raras e sagradas, cerimônias de ritos masculinos nas quais as mulheres têm participação plena, e então surge a verdade sagrada de que as mulheres, de fato, sabem tudo sobre os ritos masculinos e elas mesmas continuam sendo reconhecidas como possuidoras do poder maior e mais essencial. O outro sistema de crenças é secundário, estranho à natureza, próprio da ordem social e aceito pelos membros de ambos os sexos num jogo de faz de conta sofisticado e socialmente útil.

## A Deusa dos Primeiros Agricultores

Foi só bem tarde na história da vida humana sobre a Terra que as artes da domesticação de plantas e animais foram desenvolvidas, e com elas ocorreu uma mudança em que a autoridade passou do lado masculino para o lado feminino da equação biológica. As grandes preocupações não eram mais caçar e matar, mas plantar e cultivar. Uma vez que a magia da Terra e a magia das mulheres é a mesma – dar a vida e nutri-la –, não só o papel da Deusa se tornou central na mitologia, mas o prestígio das mulheres das vilas cresceu em igual medida. Se é que já houve algo parecido com um matriarcado (o que acho duvidoso), isso haveria de ter acontecido em um ou outro desses primeiros núcleos de agricultores – e hoje se entende que havia originalmente três deles:[4]

1. No Sudeste Asiático (Tailândia, entre outros), cerca de 10.000 a.C., ou talvez antes.
2. No Sudeste Europeu e Oriente Próximo, também cerca de 10.000 a.C.
3. Na América Central e Peru, quatro ou cinco mil anos depois.

Ainda não foi dirimida a grande questão sobre as possíveis influências que teriam passado de um domínio para o outro. Mas, em todo caso, há um mito amplamente disseminado em todo o Sudeste Asiático, ilhas do Pacífico e Américas que parece ter sido fundamental para muitas das primeiras culturas agrícolas.

As plantas domesticadas na região do Sudeste Asiático, onde esse mito parece ter se originado, como o inhame, o taro e o saguzeiro, não se reproduzem por semente, mas por mudas. Os animais eram o porco, o cão e aves como frango, pato e ganso, familiarizadas com a casa. Os episódios do mito acontecem em eras mitológicas atemporais – a Era dos Ancestrais –, quando não havia distinção entre masculino e feminino, nem mesmo entre humanos e bestas. Era um tempo onírico que fluía, indiferenciado, até que num certo momento – o momento final – acontece um assassinato. Em alguns dos mitos, o grupo todo trucidava a vítima. Em outros, o ato era cometido por um indivíduo contra outro. Mas em todos eles o corpo era retalhado, os pedaços enterrados, e deles cresciam as plantas comestíveis que sustentam a vida humana e seu mundo. Nós vivemos, por assim dizer, da substância do corpo do deus sacrificado. Além disso, no momento do sacrifício, quando a morte veio ao mundo, e com o fluir do tempo, ocorreu também a separação dos gêneros. De modo que, com a morte, veio também a possibilidade de procriação e nascimento.

Os pares de opostos, ou seja, macho e fêmea, morte e nascimento (possivelmente também o conhecimento do bem e do mal, como na versão bíblica desse mito universal), vieram ao mundo junto com a comida, no fim da Era Mitológica, através do ato mitológico de assassinato, que deu origem ao mundo do tempo e da diferenciação. E os elevados ritos pelos quais esse mundo do tempo é mantido, os ritos sacramentais, são normalmente observâncias de um sacrifício que reencena aquele Ato Mitológico. De fato, dada uma interpretação simbólica, mesmo o sacrifício na cruz daquele cuja "carne é verdadeiramente comida" e cujo "sangue é verdadeiramente bebida" (João 6:55) foi um mistério no sentido (espiritualizado) desse tema mitológico. A cruz como símbolo astronômico da Terra ( ⊕ ), Cristo na cruz, Cristo no colo de sua mãe, na imagem da Pietà, e o sacrifício enterrado no ventre da deusa mãe Terra são signos equivalentes.

---

Ora, a Lua morre no Sol uma vez por mês e renasce dele novamente, assim como o corpo do primeiro sacrifício morre na terra para renascer como alimento. Portanto, nessa mitologia primeva centrada na Deusa, o Sol, como a Terra, é feminino. Ou, segundo outra imagem, a Lua masculina é gerada no Sol: o fogo criador do Sol e o fogo criador do ventre e do sangue menstrual são o mesmo. Equivalente, também, é o fogo sacrificial do altar.

---

As primeiras imagens da Grande Deusa nas mitologias das culturas agrícolas não provêm da matriz do Sudeste Asiático, mas da Europa e do Oriente Médio, e datam de 7000 a 5000 a.C. Entre elas, está uma pequena estatueta de pedra encontrada em um sítio arqueológico chamado Çatal Hüyük no sul da Anatólia (no sul da atual Turquia) e que ilustra com perfeição o papel mítico da mulher nesse contexto. Ela é vista como duas mulheres de costas uma para a outra, sendo que um de seus aspectos abraça um homem adulto, enquanto o outro segura uma criança. Ela é a transformadora. Recebe a semente do passado e, através da magia de seu corpo, transmuta-a no futuro; o homem representa a energia assim transformada. O menino carrega para o futuro a vida – ou como diriam na Índia, o *dharma*, o dever e a lei – de seu pai. E a mãe é o veículo através do qual o milagre acontece.

---

O animal que em geral simboliza o poder solar é o leão; o que representa a Lua é o touro, cujos chifres lustrosos sugerem a forma da Lua crescente. Novamente em Çatal Hüyük, foi encontrada uma estatueta que mostra a Deusa entronizada, dando à luz, ladeada e sustentada por leões. E em Roma, seis milênios mais tarde, temos uma imagem de mármore da mesma deusa da Anatólia (agora batizada de Cibele), também entronizada e ladeada por leões. Ainda uma terceira imagem de Çatal Hüyük (um baixo-relevo na parede de uma capela) mostra a Deusa dando à luz, desta vez não um bebê humano, mas um touro. A Lua morre no Sol, o touro é golpeado pelo leão. A Lua é o signo celestial do sacrifício: o touro é o animal sacrificado na Terra sobre o fogo do altar, que é a contraparte terrena do Sol e também do fogo do ventre. De forma análoga, os corpos dos mortos são, como sacrifício, ou sepultados no ventre da Terra ou lançados na pira funerária para renascer.

Numa das primeiras *Upaniṣads* indianas, de cerca de 700 a.C., encontra-se um relato das duas vias espirituais possíveis de serem seguidas por aqueles cujos corpos são queimados na pira funerária: o caminho da fumaça e o caminho do fogo.[5] O primeiro nos leva para a Lua, esfera dos antepassados, para o renascimento; mas a segunda nos leva ao Sol, porta solar dourada da eternidade e desengajamento dos elos do tempo, liberação para nunca mais voltar. Assim, a Grande Deusa na forma do Sol, que irradia para o mundo dos fenômenos a energia e a luz que lhe deram nascimento e que o sustêm, pode também se tornar, para aqueles que (como dizem as escrituras) entregaram tudo ao fogo de seu amor devorador, a um só tempo o mensageiro e o portal dourado da Perfeição da Sabedoria.

E assim se conta que, quando o príncipe Gautama Śākyamuni, aos 30 anos de idade, estava sentado no Ponto Imóvel, debaixo da Árvore Bodhi da Iluminação, dele se aproximou o Senhor da Ilusão da Vida, cuja magia move o mundo e cujos nomes são Kāma (Desejo), Māra (Morte: o Medo da Morte) e Dharma (o Dever e a Lei). Na forma de Kāma, ele exibiu as formas de suas três filhas voluptuosas, mas Gautama não se abalou. Sob o aspecto de Māra, ele atirou no príncipe todas as armas de seu exército demoníaco, mas Gautama não se moveu. Então, como Dharma, ele desafiou aquele que estava ali absorto em meditação a provar que tinha direito ao Ponto Imóvel; e o iogue simplesmente tocou a Terra com os dedos de sua mão direita, conclamando a Grande Deusa a testemunhar em favor de seu direito. E com um som semelhante ao trovão, com o ribombar de cem, milhares, centenas de milhares de rugidos, uma voz deu seu testemunho, e o elefante que servia de montaria a Dharma inclinou-se em reverência ao Buda.

Então, a Serpente Cósmica, Mucalinda, que vivia debaixo da Árvore Bodhi, num grande oco entre as raízes, subiu para adorá-lo. E quando desabou uma prodigiosa tempestade, com ventos gelados e terrível escuridão, para proteger aquele ali sentado e absorto, a grande serpente circulou o corpo dele sete vezes, abriu seu grande capelo sobre a cabeça dele e por sete dias permaneceu assim, até que o céu clareasse. Depois, se desenrolou, assumiu a forma de um gentil rapaz e, fazendo uma reverência ao Abençoado, retornou ao seu lugar.

## A Era de Ouro

O primeiro período de esplendor dos reinos, poder e glória da Deusa foi o da aurora da civilização nos vales dos rios Tigre, Eufrates e Nilo. Nas duas regiões suas imagens mais antigas (do quarto ao terceiro milênio a.C.) exibem uma mãe de pé com o filho no colo; e nas mitologias ela aparece sob muitas formas e papéis, representando sua universalidade como facilitadora de transformações e também como governadora que contém, protege e abraça o processo.

No Egito ela aparece primeiro como a deusa do horizonte circundante, com rosto de vaca, Hátor, a "Casa *(hat)* de Hórus *(hor)*". Ela é a Vaca Selvagem cujas quatro patas são os pilares dos céus, sua barriga salpicada de estrelas. Ela também aparece como a deusa celeste em arco, Nut, cuja cabeça e braços são o horizonte ocidental, e as pernas e pés o oriental. Nessa mitologia seu esposo é a Terra – o deus Terra, Geb ou Keb.

Na região do Tigre e Eufrates, essas posições cósmicas se invertem: o macho está acima, como céu, e a fêmea abaixo, como Terra. No princípio, segundo nos conta o mito, das profundezas do mar primevo, emergiu uma montanha cósmica. O nome do mar era o de uma deusa, Nammu, e o nome da montanha era An-ki "Céu e Terra". An (acima) concebeu em Ki (abaixo) o deus ar, chamado Enlil, que separou os dois e empurrou seu pai para cima. Numa estória similar, Hesíodo (*Teogonia*, 153 e seguintes) conta sobre Urano, o Céu, separado da deusa Terra, Gaia, por seu filho Cronos. Entre os maoris da Nova Zelândia (da esfera de matriz agrícola do Sudeste Asiático), a estória aparece novamente: o céu pai, Rangi, estava deitado tão perto de Papa, a terra, que seus filhos, os deuses, não conseguiam deixar o ventre de sua mãe, até que Tane-mahuta, o deus da floresta, deitou de costas sobre o ventre de sua mãe e, com os pés, jogou o pai para o alto. Já no Egito o deus que separa não era o filho, mas um homem parente do casal cósmico: Shu, o deus ar, consorte de Tefnut, deusa com cabeça de leão por vezes confundida com Secmet, também dotada de cabeça de leão, que representa o poder feroz e destrutivo do Sol, mas que é consorte de Ptá, o deus-múmia da noite escura da Lua.

---

Foi dentro dos limites e do aconchego de tais personificações femininas de aspectos do ser do universo que toda a vida e ação humanas e divinas aconteceram ao longo dos séculos das primeiras civilizações. Os faraós das primeiras dinastias, reverenciados como encarnações de Osíris, aquele que "preenche o horizonte", usavam como sinal de sua soberania um cinturão ornamentado na frente, atrás e dos lados com o medalhão da cabeça de vaca de Hátor do Horizonte, sendo que atrás pendia do cinto o rabo do touro da Lua, seu esposo, que gera a si mesmo. O filho de Osíris com cabeça de águia, Hórus, identificado com o disco solar, cruzava os céus diariamente passando pela barriga da deusa Nut; no ocaso entrava em sua boca a oeste, e na aurora nascia de seu ventre a leste, por assim dizer, autoconcebido e nascido de uma virgem.

As deusas não apenas abarcavam tudo, mas eram também agentes de todas as transformações. Na lenda fundamental da morte e ressurreição de Osíris, este primeiro faraó foi assassinado porque foi seduzido por Néftis, esposa de seu irmão Set. Ele foi fechado num sarcófago e jogado no Nilo. Mas então, em virtude da lealdade de sua esposa, Ísis, ele foi procurado, encontrado e ressuscitado, para reinar por todos os tempos no inframundo como Juiz e Senhor dos Mortos. É uma estória longa e fantástica, mas, em resumo, quando Ísis encontra o corpo de seu esposo, pesarosa, ela se deita sobre ele e concebe o deus Hórus, que então assume o papel de faraó no mundo dos vivos. O trono de Osíris no mundo dos mortos é servido e protegido por Néftis e Ísis. O trono de Hórus, o faraó vivo, é o próprio corpo de Ísis. Como Maria, ela é a Mãe de Deus, e o Salvador é entronizado no seu colo. De fato, os faraós são representados mamando no seu seio.

## A Derrocada da Deusa

Enquanto na região de todo o Crescente Fértil até a Ásia Menor e os Bálcãs, as vilas, cidades e civilizações da Grande Deusa se mantiveram principalmente pela agricultura, nas regiões vizinhas ao sul e ao norte – o deserto Sírio-Árabe ao sul e as estepes da Europa e Ásia ocidental ao norte – viviam tribos de pastores nômades. Ao sul havia os semitas, pastores de ovinos e caprinos, que, com o tempo, domesticaram o camelo. Ao norte estavam espalhadas várias raças indo-europeias, uma gente guerreira, de pastores de gado, que no quarto milênio antes de Cristo fez armas de bronze, no terceiro milênio domesticou o cavalo e depois inventou o carro de guerra, no segundo milênio utilizou o ferro, e no final do primeiro milênio antes de Cristo dominou toda a Europa e Ásia ocidental, do mar da Irlanda até o Ceilão. Essas tribos guerreiras não eram gente que arasse pacientemente o solo. Eram nômades conquistadores, e seus principais deuses padroeiros eram do tipo que arremessa raios, como eles mesmos faziam. Entre os semitas temos Marduk, Assur e Iahweh, por exemplo, e entre os indo-europeus temos Zeus, Tor, Júpiter e Indra.

Ora, quando as deidades indo-europeias chegavam com o povo guerreiro, a tendência era que as deidades masculinas se casassem com as deusas femininas locais. Essa é uma das razões pelas quais Zeus teve tantas aventuras. O sistema funciona bem enquanto ele vai a um vale e casa-se com uma deusa, depois vai a outro vale e casa-se com outra deusa. Mas, depois que a cultura começa a unificar todas essas regiões, fica evidente que Zeus construiu uma história agitada de casos extraconjugais. O leitor poderia argumentar que isso tudo é um acidente na história mitológica.

O outro sistema é o dos semitas. Eles subiram, em ondas, conquistando desde o deserto Sírio-Árabe até Canaã e Mesopotâmia, mais ou menos na mesma época em que os indo-europeus desciam pressionando pelo norte. Há um estranho e interessante paralelismo e sincronicidade quando comparamos as tradições mitológicas que nascem dos indo-europeus e dos semitas. Mas os semitas eram consideravelmente mais brutos na derrocada das deusas locais.

---

O primeiro dos grandes reis semitas na Mesopotâmia foi Sargão da Acádia, em cerca de 2350 a.C. A famosa lenda – que relata seu nascimento humilde e secreto de uma mãe que o colocou numa cesta de junco selada com betume e a deitou no rio – tornou-se cerca de um milênio e meio mais tarde modelo para a lenda do nascimento e descoberta de Moisés (Êxodo 2:1-3). "O rio me sustentou", diz o relato de Sargão, "e me carregou até Akki, o irrigador, que me tirou do rio e me criou como seu filho; fez de mim jardineiro e, enquanto eu era jardineiro, a deusa Ístar me amou. Então reinei".[6]

---

Hamurábi da Babilônia (c.1750 a.C) foi o segundo desses mais ilustres reis guerreiros semitas. Tem sido sugerido que ele talvez seja o monarca mencionado em Gênesis 10:8-12 como Nimrod, "valente caçador diante de Iahweh". Data desse período o épico babilônico do Deus Sol Marduk, cuja vitória sobre Tiamat, antiga deusa do mar primevo, marca naquele quadrante do mundo o momento de uma decisiva transferência de lealdade da deusa universal da natureza para uma variedade de deuses tribais estabelecidos politicamente.

Marduk era o deus patrono da Babilônia, cidade que Hamurábi tinha tornado famosa. Enquanto os deuses mais velhos do antigo panteão estavam sentados, desprezivelmente apavorados com a aproximação da tataravó de todos eles, chega o novíssimo e jovem deus herói (que era difícil de encarar, pois tinha quatro olhos, o mesmo número de orelhas e seus lábios lançavam labaredas ao se mover) e ataca Tiamat. Esta grita, vocifera e, tremendo, abalada até a raiz dos cabelos, pronuncia um encantamento e avança. Mas o Senhor Marduk lança sua rede de batalha para prendê-la e, quando ela abre a boca ao máximo, lança para dentro dela um vento maléfico que desce até sua barriga. Ele atira uma flecha que a rasga por dentro e fura seu coração, e ela se desfaz.

Então, com sua maça implacável, ele esmaga o crânio dela e, com uma cimitarra, abre seu corpo como um molusco. Uma metade ele põe acima, como teto celestial, para que as águas de cima não escapem, e a outra metade ele coloca sobre o profundo abismo. E quando essa obra de criação termina, designa os deuses a seus devidos lugares: no Céu, na Terra e no Abismo. Por fim, ele faz o Homem para servir aos deuses, de modo que estes ficassem livres para repousar tranquilos.[7]

Que interessante! Na visão antiga a deusa Universo estava viva, ela mesma constituía organicamente a Terra, o horizonte e os céus. Agora ela está morta, e o universo não é mais um organismo, mas uma construção na qual os deuses repousam cercados de luxo, não como personificações das energias pelo seu modo de agir, mas como inquilinos de elite, que precisam ser servidos. E o Homem, portanto, não é uma criança nascida para florescer em conhecimento de sua própria porção eterna, mas um robô concebido para servir.

---

O pleno impacto espiritual dessa vitória total do princípio masculino sobre o princípio feminino fica evidente no segundo grande épico babilônico do tempo de Hamurábi – a lenda do rei herói Gilgamesh, que, ao ser assaltado pelo medo da morte, resolve conquistar a imortalidade. Depois de algumas aventuras, ele toma conhecimento de uma planta da vida eterna que vive no fundo do mar primevo. Ele mergulha, colhe a planta, mas se sente tão cansado pelo feito que, ao chegar à praia, adormece sem ter comido a planta caída a seu lado. Uma serpente passa por ali e a consome. E é por isso que agora as cobras deitam sua pele – e a Lua deita sua sombra – para renascer, ao passo que o Homem deve morrer.

---

Sargão I era amado pela Deusa. Marduk de Hamurábi a matou. Na próxima grande crônica desses reis guerreiros nascidos no deserto, ela será amaldiçoada.

Como ouvimos antes: Quando o Senhor Deus descobriu que o homem criado para trabalhar em seu jardim havia sido convencido por sua esposa e uma serpente a comer o fruto da árvore do conhecimento, que ele reservara para si, ele amaldiçoou a serpente a rastejar sobre o ventre e a mulher a sofrer as dores do parto, e seu jardineiro desobediente a ganhar o pão "com o suor de seu rosto" numa terra de pó, amaldiçoada a produzir espinhos e cardos. E então, como se lê em Gênesis 3: "para que agora ele não estenda a mão e colha também da árvore da vida, e coma e viva para sempre – Iahweh o expulsou do Jardim do Éden [...] e a leste do Jardim do Éden colocou o querubim e a chama da espada fulgurante para guardar o caminho da árvore da vida".

Fica bem claro (e pode ser demonstrado) que as duas árvores em questão são aspectos da Árvore Bodhi da Iluminação e Vida Eterna, sob a qual se sentou o príncipe Gautama, onde vivia a serpente cósmica Mucalinda, e onde a Deusa (aqui reduzida a Eva, uma mensageira da serpente) testemunhou sobre o direito do Homem a conhecer a Luz, algo agora proibido.

## O Retorno da Deusa

Tudo isso nos leva a perguntar por que os hebreus, dentre todos os povos sobre esta linda Terra, viraram as costas tão resolutamente à Deusa e a seu mundo glorioso. A terra da qual Adão foi feito é pó. ("És pó e ao pó tornarás." Gênesis 3:19). A deusa dos seus vizinhos cananeus é chamada "Abominação" (2 Reis 23:13). Aliás, "não há Deus em toda a terra senão em Israel" (2 Reis 5:15) e esse Deus, claro, é o deus local tribal Iahweh, e somente ele: "Nosso Deus é um!"

Uma compreensão e uma atitude totalmente opostas são demonstradas pelos sistemas mitológicos dos outros grandes complexos de tribos guerreiras que naqueles séculos brutais varriam as cidades agrícolas sedentárias que prosperavam entre o quarto e o primeiro milênio a.C. Como os beduínos do deserto, eles também eram povos pastores, e seus principais deuses tribais eram deuses da guerra – mas que em última instância se submetiam aos poderes mais amplos da natureza e, além desses, ao ritmo circular do Destino, Moira, "Sorte" ou "Fado", deusa à qual até Zeus se submetia. Quando os indo-europeus vinham com seus deuses para ocupar novos territórios, não costumavam varrer de forma indiscriminada os deuses e cultos dos santuários locais. Eles reconheciam que, como deuses e deusas da natureza, essas divindades ganhavam nomes e formas próprias do lugar. O estilo indo-europeu era deixar que seus deuses dominassem os santuários locais, casassem com as deusas residentes, e até mesmo assumissem nomes e papéis das deidades anteriores. Assim, os guerreiros atiradores de trovão e comparativamente bárbaros dos primeiros panteões invasores tornaram-se de maneira progressiva domesticados, adequando-se aos modos caseiros das civilizações agrícolas mais bem-comportadas.

Em *Moisés e o monoteísmo,* Freud se pergunta por que, bem quando os outros povos do Mediterrâneo oriental estavam aprendendo a ler seus mitos de maneira poética, os judeus se tornaram mais empedernidos do que nunca no modo concretista (Freud o chama de "religioso") de interpretar a ideia de Deus.[8] O motivo mais óbvio, eu diria, é que tanto eles como sua deidade tribal não perceberam que as águas profundas do Abismo *(tehom),* sobre as quais Elohim pairava e soprava nos dois primeiros versos de Gênesis 1, não eram apenas água, mas a antiga deusa babilônica do mar primevo, Tiamat *(ti'amat).* Deixar de apreciar a poesia de sua presença é o que deu início a todo esse mal-entendido, até sobre si mesmo. A ela, sua consorte cosmológica, é que ele deveria ter escutado, às vezes, quando sentia vontade de jogar o Livro na cabeça de seus filhos desobedientes.

---

É maravilhoso o modo como, tanto na Índia como na Grécia, a presença e o poder da Deusa voltaram gradualmente a reinar depois das devastadoras pilhagens e destruição nessas duas regiões invadidas pelos indo-europeus em meados do segundo milênio a.C. No século VIII a.C., na Grécia, foi escrita a *Odisseia* – cuja autoria Samuel Butler atribuiu a uma mulher –, onde se conta como a ninfa Circe das Madeixas Trançadas sabia transformar homens em porcos e também devolver sua forma humana, e como introduziu o guerreiro Odisseu aos mistérios, não só de sua cama, mas também, em primeiro lugar, do mundo dos mortos e da Ilha do Sol, seu pai. Na Índia, escrita na mesma data, temos a importante *Kena Upaniṣad,* onde a deusa Uma, filha do Pico Nevado, o Himalaia, introduz três dos principais deuses indo-europeus do panteão védico (Agni, Vayu e Indra) ao mistério transcendente-imanente, *brahman,* do qual eles mesmos eram agentes sem o saber.

O antigo templo dos mistérios de Deméter e Perséfone em Elêusis, na Grécia, tornou-se um santuário clássico de enorme influência. O oráculo de Delfos, das pitonisas, foi igualmente importante. E na Índia, progressivamente, o culto aos numerosos nomes e formas da deusa cósmica Kālī (Tempo Negro) tornou-se a religião principal e mais característica da região.

---

No ano de 327 a.C., Alexandre o Grande entrou no Punjab, e os portões se abriram entre o Oriente e o Ocidente. Ele já tinha conquistado todo o Oriente Próximo; os cultos e mistérios do Egito, Grécia, Anatólia e Irã corriam juntos num vasto movimento de insights sincréticos. Cerca de cem anos antes de Cristo, a Antiga Rota da Seda (como tem sido chamada) ligava a Síria à Índia e à China e, por volta de 49 a.C., Júlio César tinha conquistado a Gália. Assim, quando Cristo nasceu, havia em todo o mundo civilizado um intercâmbio não apenas de bens, mas também de ideias e crenças.

Naquele tempo o principal santuário da Deusa em todo o Oriente Próximo era o de Éfeso, situado na atual Turquia, onde seu nome e forma eram o de Ártemis. E foi lá, naquela cidade, no Ano de Nosso Senhor de 431, que Maria foi declarada aquilo que a Deusa havia sido no princípio dos tempos: *Theotokos* (Mãe de Deus).

## Enviada

Será possível, caro leitor, que, depois de todos esses anos e milênios de formas e condições cambiantes, ela agora não seja capaz de fazer com que suas filhas saibam quem são?

Figura 2. Vênus de Lespugue.
Marfim entalhado, sudoeste da França, *c.*25.000 a.C.

Capítulo 1

# Mito e o Divino Feminino[1]

## A Deusa nas Culturas Paleolíticas

Nas mitologias que focalizarei inicialmente as deusas têm primazia – e por que não? A manifestação mais simples da Deusa nas primeiras tradições agrárias do Neolítico é como Mãe Terra. Da terra brota a vida, e a terra sustém a vida, portanto, seus poderes são análogos aos da mulher.

No entanto, há duas grandes categorias de mitologia primeva. Uma é a dos povos agrários, e a Deusa está associada primariamente a esse grupo. A outra é a dos deuses masculinos, em geral associados aos povos nômades que se ocupavam do pastoreio de animais. Nas primeiras sociedades, quase sempre, a mulher está relacionada ao mundo das plantas. Nas tradições de coletores caçadores, em geral eram as mulheres que colhiam plantas alimentícias e recolhiam caças pequenas, enquanto os homens estavam ligados à caça de animais maiores. Desse modo, o homem ficou associado ao matar, e a mulher, à promoção da vida. Essas seriam, portanto, as associações básicas típicas das mitologias primevas.

Antes da descoberta do cultivo do alimento, antes das primeiras lavouras, da horticultura e da domesticação de animais, todas as populações humanas do mundo eram simplesmente coletoras e caçadoras. As grandes áreas de caça se espalhavam desde as planícies europeias até o lago Baikal na Sibéria. Mais tarde esses povos caçadores migraram até o Ártico e depois para o norte da África – pois naquele tempo o deserto do Saara era uma pradaria. Quando o Saara secou, eles foram se deslocando para o sul do continente africano.

Mas, na região próxima ao Equador, o principal alimento provém do mundo vegetal, e isso leva a dois tipos de povo completamente diferentes, a dois tipos inteiramente distintos de ênfase cultural.

Na caça a comida é trazida pelos homens, que para tanto correm grandes riscos. Antes de 1500 a.C. eles nem sequer tinham arco e flecha, mas precisavam atacar enormes animais (rinocerontes, mamutes cobertos de pelos, e outros). Portanto, nas tribos de caçadores há uma ênfase masculina na ação, na coragem, na celebração do indivíduo que mostrou a habilidade de trazer alimento para casa.

Ao longo da zona equatorial, entretanto, não será exagero afirmar que *qualquer um* consegue tirar uma banana do cacho, de modo que a celebração de feitos individuais não arrebanha grande popularidade. Além disso, uma vez que as funções biológicas da mulher a direcionam e a associam de modo mitológico com a própria terra – ou seja, ela dá nascimento à vida e a nutre – seu feitiço é uma magia especialmente poderosa na zona tropical.

Grosso modo, portanto, nas regiões onde existe uma ênfase na caça, temos uma mitologia orientada para o masculino e, nas áreas onde se destacam as plantas, temos uma orientação feminina.

Mas as primeiras sociedades eram, como sabemos, coletoras e caçadoras. Os exemplos mais antigos de mitologias orientadas para o masculino vêm da arte das antigas cavernas do Período Aurignaciano, de cerca de 40.000 a.C. E o primeiro tema artístico de que temos notícia é aquele que aparece nas estatuetas da Deusa nua, conhecida como Vênus do Paleolítico.

Nessas sociedades caçadoras os elogios vão para o homem porque realmente faz muita diferença se o indivíduo tem boa pontaria ou não; e se ele consegue matar o inimigo, que nesse período em geral era um animal bastante feroz, mas também poderia ser um membro da tribo vizinha, à procura das mesmas presas visadas por seu próprio pequeno grupo de caçadores. Tudo concorre para enaltecer a psique masculina.

Nessas culturas o homem é apoiado pela mulher. Isso se revela num rito muito interessante que o etnólogo Leo Frobenius[2] observou na África. Ele fazia uma expedição no Congo, e três pigmeus foram incluídos em sua equipe: dois homens e uma mulher. Os pigmeus são ótimos caçadores de modo que, quando ele precisou mais carne para sua equipe no safári, pediu aos três pigmeus que pegassem uma gazela. Eles ficaram chocados ao saber que teriam de trazer a carne naquele mesmo dia – era preciso fazer um ritual antes. Frobenius foi com eles para observar o ritual. Primeiro, eles subiram num monte e roçaram a grama lá no topo. Sobre a terra nua desenharam a figura da gazela que pretendiam matar. Na manhã seguinte, exatamente ao amanhecer, quando os raios solares iluminaram a figura da gazela, um dos pequenos guerreiros armou uma flecha e a fez voar, digamos assim, junto com o raio de Sol, até atingir a imagem. Nesse instante, a mulher levantou sua mão e deu uma espécie de grito. Depois eles saíram e mataram a gazela, atingindo-a exatamente no mesmo lugar em que a flecha tinha alvejado a imagem. Então, na terceira manhã, levaram um pouco do sangue e do pelo da gazela morta e os colocaram sobre a imagem e, quando o Sol incidiu de novo sobre ela, os pigmeus apagaram a figura.

Este é um argumento básico na mitologia: o indivíduo desempenha uma ação não por seu próprio impulso, mas em consonância com a ordem do universo.

O Sol sempre representa o princípio do matar, do morrer, da dissecação, de modo que o matador está sempre associado ao poder solar. No caso relatado acima, a flecha vem no raio de Sol, o homem está tão somente representando um rito da natureza, e o papel da fêmea é indicado pelo grito. Ora, o que significa isso?

Voltando trinta mil anos ou mais, a partir da Era Paleolítica, já se encontram vestígios da mulher vista mitologicamente como guardiã do fogo do lar, como mãe da maturidade, ou seja, da vida espiritual do indivíduo.

Na arte rupestre do norte da África encontramos uma figura muito marcante de uma mulher exatamente na mesma posição relatada no rito dos pigmeus (fig. 3), com um cordão umbilical que sai de seu corpo e a conecta ao umbigo de um guerreiro armado com arco e flecha e atirando num avestruz. Em outras palavras, é o poder dela que o está apoiando, o poder da Mãe Natureza e também o poder do raio solar.

Figura 3. Mulher ligada a caçador por um cordão umbilical.
Pedra entalhada, Período Paleolítico, Argel, Argélia, datação desconhecida.

As pequenas estatuetas de Vênus em pé foram encontradas nos abrigos que serviam de habitação para os povos do Paleolítico. Por outro lado, os ritos de iniciação masculinos aconteciam em cavernas profundas, onde vemos muito poucos indícios do feminino.[3] Ninguém morava nessas cavernas. São geladas, perigosas, escuras, provocam medo e assombro. Elas são profundas, e algumas escondem quilômetros de corredores sombrios. Nessas paredes vemos figuras de xamãs masculinos entre muitos animais, imagens ligadas aos ritos que convidam os animais a serem mortos. Este é o tema fundamental dos povos caçadores: que os animais sejam vítimas voluntárias e se ofereçam, sabendo que certos rituais – por exemplo, a devolução de seu sangue ao solo – serão realizados para que sua vida retorne à Mãe Origem.[4] O culto à Deusa remonta a essas primeiras cavernas. Ali, ela era a própria caverna, de modo que os iniciados que passassem pelos ritos em suas profundezas, debaixo da terra, voltariam a ela e renasceriam de seu ventre.

## Capítulo 1 – Mito e o divino feminino

É esse o principal papel mitológico do princípio feminino. A mulher nos dá à luz fisicamente, mas é também a Mãe de nosso segundo nascimento – nosso surgimento como entidades espirituais. Eis o significado fundamental do tema do nascimento virginal – nossos corpos nascem de forma natural, mas chega uma hora em que desperta em nós a natureza espiritual, a natureza humana mais elevada, e não aquela que apenas imita o mundo das necessidades animais, dos impulsos eróticos, de poder e do sono. Ao invés disso, acorda em nós a noção de um objetivo espiritual, uma vida imaterial, uma existência essencialmente humana e mística que pode ser vivida acima do nível do alimento, do sexo, da economia, da política e da sociologia.

Nessa esfera da dimensão do mistério, a mulher representa aquela que nos faz despertar, a que nos dá à luz nesse sentido. Nas cavernas em que os meninos eram introduzidos para receberem iniciação, para serem transformados de filhos de suas mães físicas em filhos da Mãe cósmica, no ventre da Terra, eles vivenciavam um renascimento simbólico.

Isso aparece representado de modo muito vívido numa caverna nos Pireneus, conhecida como Les Trois Frères, onde há um longo canal por onde a água corria durante a última glaciação, ou Glaciação Würms, formando uma espécie de cano dentro da rocha, com cerca de 45 metros de comprimento, mas apenas 60 centímetros de queda. Arrastando-se por esse estreito corredor chegava-se a um grande recinto. Os meninos deviam passar por aquele canal do parto simbólico – nascendo não de suas mães pessoais, mas da Mãe universal transpessoal, que leva cada um de nós à maturidade.

Dentre as primeiras imagens explícitas da Deusa, temos as chamadas Vênus, estatuetas femininas do Período Magdaleniano, no final da Idade da Pedra, espalhadas por uma região que vai do oeste da França até o lago Baikal, nas fronteiras da China. A tônica dessas estatuetas está no mistério fértil dos quadris e no enigma dos seios, aspectos da mulher que evidenciam a reprodução e a nutrição. A natureza deu à mulher esse poder e, assim, ela se torna como que uma manifestação, o significado do mistério da própria natureza. A mulher é, portanto, o primeiro ser adorado do mundo humano.

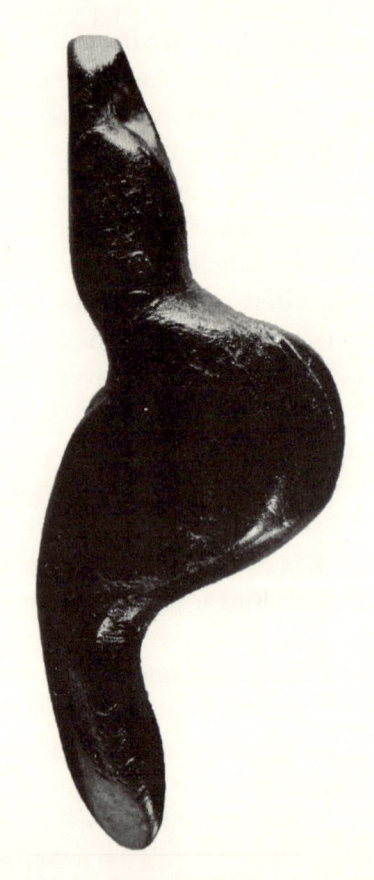

Figura 4. Vênus de Peterfels. Amuleto esculpido em azeviche, Período Magdaleniano (Paleolítico Superior), sudoeste da Alemanha, c.15.000 a.C.

Essas foram as primeiras figuras tridimensionais, plásticas, os primeiros ídolos (na linguagem da história da arte), que representam a musa feminina padrão, o poder do corpo feminino como transformador que traz a vida. Essas estatuetas não aparecem nas cavernas dos ritos masculinos de caça, mas nos locais de habitação, nos abrigos de pedra onde as pessoas viviam. Uma das características dessas estatuetas é que, na sua maioria, elas não têm rosto com feições, o que aumenta o aspecto de mistério – não é a personalidade, mas a Mulher crua que leva a natureza a se manifestar. Os pés estão sempre ausentes nessas estatuetas, o que sugere que foram feitas para ficar fincadas em pequenos santuários ou na terra.

Capítulo 1 – Mito e o divino feminino

Figura 5. Deusa Grávida.
Pedra, Período Neolítico, Grécia, c.5800 a.C.

"Embora grande parte da ênfase tenha sido colocada na 'Mãe Terra' da religião pré-histórica, ela é apenas um – o mais importante – dos aspectos desse princípio primevo do Divino Feminino. Um motivo para tal ênfase pode ser a explicação para o fato de que, nas comunidades agrárias de toda a Europa, ela sobreviva até os dias de hoje. Outro motivo é o fato, aceito há muito pelos etnólogos, de que os ritos agrários pré-industriais mostram uma ligação mística evidente entre a fertilidade do solo e a força criativa da mulher. Em todas as línguas europeias a terra é feminina. A Deusa Grávida da Europa Antiga é o provável protótipo da Deusa do Grão, jovem e velha, tal como Deméter, e a Mãe Terra de todo o folclore europeu. Como Mãe Terra ela é também a Mãe dos Mortos. Qual a idade dela, desse símbolo da nutrição terrena, da plenitude e da cornucópia do ventre fértil?"

Marija Gimbutas[5]

---

A Vênus de Laussel (fig. 6), encontrada numa plataforma nos Pireneus, é uma imagem muito importante e sugestiva. Na sua mão direita elevada ela segura um chifre de bisão com treze ranhuras[6], que é o número de noites entre a primeira Lua crescente e a Lua cheia. A outra mão repousa sobre sua barriga, e a imagem sugere – não há textos escritos desse período – um entendimento da equivalência entre o ciclo menstrual e o ciclo lunar. Esta é a primeira pista de um reconhecimento da ligação entre os ritmos celestes e terrenos da vida.

Figura 6. Vênus de Laussel.
Relevo em calcário, Período Aurignaciano, sudoeste da França, c.25.000 a.C.

Aqui a tônica recai sobre a gravidez, o milagre! As mulheres, por trazerem a vida, assumem a qualidade de recipiente inexaurível da própria vida. Elas são os primeiros objetos idolatrados, depois dos animais (que representam as outras forças da natureza); elas são o veículo do poder da natureza, mais que a natureza em si.

Figura 7. Deusa com desenhos de labirinto.
Terracota, Período Neolítico, Romênia, c.5500 a.C.

A Deusa dessa estatueta mostra um padrão de labirinto por todo o corpo, cujo centro é muito importante. Seu umbigo é o umbigo do mundo, e o mundo é o retângulo que irradia desse ponto: norte, sul, leste e oeste. Segundo Marija Gimbutas, o losango é um ideograma que se relaciona com o quadrado, "símbolo perene da matéria presa à terra".[7]

Digno de nota é que essas estatuetas femininas estão simplesmente nuas, ao passo que as figuras masculinas representadas em todas as cavernas estão vestidas com algum tipo de traje, como xamãs. A implicação é a de que, ao incorporar o divino, a fêmea opera como si mesma, a partir de sua própria natureza, ao passo que a magia masculina não funciona a partir da natureza do corpo do homem, mas pela natureza de seu papel na sociedade.

Isso traz à tona uma questão muito importante para toda a história do feminino na mitologia. A fêmea representa o princípio da natureza. Nascemos dela fisicamente. O macho, por outro lado, representa o princípio social e os papéis sociais – e isso aparece, por exemplo, nas teorias psicanalíticas de Freud, em que o pai representa aquele que confere iniciação à criança no seu papel de adulto.

Nos primeiros anos da vida da criança, o pai é apenas o "ajudante fortão da mamãe". Mas chega o momento, por volta do terceiro ou quarto ano, em que a criança registra a diferença entre macho e fêmea. Nessa ocasião é que o menininho fica sabendo que ele é homem e está ligado ao papel de seu pai, e que a menininha percebe que ela é mulher e sua principal referência agora não é ser mãe, mas ser Mulher. O pai é o iniciador à sociedade e ao sentido da vida, ao passo que a mãe representa o princípio da própria vida. Ela representa esse princípio tanto em seu papel benéfico como no aspecto horrendo: a Terra faz nascer e alimenta, mas também nos leva de volta a ela. Ela é também a mãe da morte e o sono noturno ao qual retornamos.

A tradição dos caçadores da tribo pés-negros de Montana produziu uma estória que parece nos falar muito vivamente do papel mitológico da mulher nessas culturas caçadoras que eram sobretudo masculinas no tocante à sua orientação mitológica.[8]

Havia uma época, no outono, em que aquele povo tinha de providenciar um bom estoque de carne para o inverno. Eles costumavam fazer isso levando uma manada de búfalos até um precipício para que os animais caíssem, quebrassem a espinha e fossem mortos com facilidade no sopé do despenhadeiro. Bem, neste caso em especial, os búfalos simplesmente não quiseram cair na armadilha e parecia que o povo teria um inverno muito difícil.

Bem cedo, certa manhã, uma jovem se levanta para buscar água para sua família e, ao sair, vê lá no alto do despenhadeiro uma manada de búfalos. Num momento de entusiasmo espontâneo ela exclama: "Ah, se vocês caíssem pela encosta, eu me casaria com um de vocês!" Uma oferta e tanto. Para sua grande surpresa, os búfalos começam a cair mesmo. Toda a manada desce rolando e chega lá embaixo de ossos quebrados. Mas então um grande búfalo se aproxima e diz: "Está bem, garota, vamos lá".

E ela responde: "Oh, não!"

E ele: "Oh sim. Veja bem: você fez uma promessa. Nós cumprimos a nossa parte e agora você não quer cumprir a sua? Nada disso!" E o grande búfalo leva a moça embora.

Bem, a dada altura o resto da família acorda, e todos ficam admirados ao ver aqueles búfalos prontos para serem esquartejados. Que maravilha! E depois da faina insana e da correria dessa tarefa, percebem que a jovem sumiu.

Decifrando as pegadas deixadas na terra, o pai percebe que a filha foi embora com um búfalo. Ele então calça seus mocassins, pega arco e flecha, sobe a encosta e segue o rastro. Finalmente, depois de andar uma longa distância, chega a um lugar lamacento, onde os búfalos se espojam para se livrarem das pulgas e onde há água por perto. Aí ele se senta para pensar.

Nesse momento aparece uma gralha (ou pega). A gralha é um animal muito esperto, e esses animais muito inteligentes (como raposas, pegas, corvos e assim por diante) são animais xamãs. Então, quando a pega pousa, o homem se dirige a ela: "Lindo pássaro, você viu minha filha por aí? Ela fugiu com um búfalo".

E a pega diz: "Tem uma jovem bem ali com um búfalo".

E o pai: "Bem, poderia dizer-lhe que seu pai está aqui?"

A pega voa até o lugar onde a moça está sentada tecendo, ou fazendo algo do gênero. Os búfalos estão todos deitados por ali, e ao lado dela está o grandalhão. A pega chega ciscando, pulando, disfarçadamente se aproxima dela e diz: "Seu pai está ali perto da lama e quer falar com você".

"Diga a ele para esperar; eu já vou."

Então, dali a pouco, o Grande Búfalo acorda e diz a ela: "Vá buscar água para mim". *Ploc*, ela tira um de seus chifres e vai até a água onde o pai está.

Papai diz: "Você trate de voltar comigo para casa".

E ela diz: "Não, não, não; é muito perigoso. Espere até ele dormir de novo e então eu conseguirei sair. Eles acabaram de acordar de sua soneca".

"Então está bem", responde o pai. "Estarei esperando bem aqui."

Ela, então, volta com a água, mas o búfalo fareja e diz: "Muito suspeito... sinto cheiro de índio!"

E ela diz: "Oh, não!"

E o búfalo diz: "Oh, sim!" Ele se levanta, bufa e bate os cascos no chão. Todos os búfalos se levantam e, então, o que acontece? A manada vai até a lama e pisoteia o pobre papai até a morte. Eles pisoteiam, pisoteiam, pisoteiam até que não sobra vestígio dele.

A moça chora: "Oh, Papai!"

O Grande Búfalo diz: "Ah, você está chorando, perdeu seu pai. Mas e quanto a nós? Olhe para nós. Nossos pais, nossas mães, nossos filhos, nossas esposas, todos – todos morreram".

Mesmo assim, ela só consegue chorar e dizer: "Mas o papai!"

Então o búfalo diz: "Está bem. Se você conseguir trazer seu pai de volta à vida, eu deixo você ir embora".

Eis o que ela faz, ela diz à pega: "Cisque por aí e veja se consegue encontrar algum pedacinho do papai em algum lugar".

E a pega se empenha nessa tarefa e volta com um pedaço minúsculo de uma vértebra do pai. A moça põe o pedacinho no chão, seu cobertor por cima e começa a cantar uma canção mágica. Depois de algum tempo, fica claro que debaixo do cobertor está um homem. Ela levanta o cobertor e – é o papai mesmo. Mas ele ainda não está vivo. Então ela o cobre de novo com o cobertor e canta mais e mais, até que finalmente ele se levanta.

Os búfalos ficam pasmos. O Grande Búfalo então diz: "Bem, se você pode fazer isso pelo seu pai, por que não faz isso por *nós*? Mostraremos a você a nossa dança; você dançará essa nossa dança e trará de volta os búfalos que você matou, e então teremos um pacto com você, uma aliança".

Esse é o pacto básico dos antigos povos caçadores, celebrado entre animais e humanos, consagrado através de rituais de adoração; um pacto que brota do ato daquela jovem mulher. Ela é o elo entre os dois mundos. Há centenas de mitos desse tipo: a mulher do animal que é membro da tribo e se torna uma ligação entre os dois mundos; a provedora última do alimento, que os homens saem para buscar.

Como percebeu Frobenius, esse é o sentido do grito da pigmeia. É o poder dela que dá aos animais a confiança de se aproximarem, serem mortos e ressuscitados. Ela é o princípio do nascimento e renascimento desde os primórdios do mundo.

## A Deusa como Natureza

Na maior parte das mitologias, sejam primais ou advindas das civilizações complexas, as deidades são personificações de energias da natureza. Essas energias são primárias, enquanto as deidades são secundárias.

As energias da natureza estão presentes no mundo exterior, mas também dentro de nós, posto que somos partículas da natureza. Portanto, quando meditamos sobre uma deidade, estamos avaliando os poderes de nosso próprio espírito e psique, poderes que também estão *lá fora,* no mundo exterior. Percebemos que, em praticamente todas as tradições religiosas do mundo (com raras exceções), o objetivo é que o indivíduo se coloque em harmonia com a natureza, com a sua natureza, e isso traduz a saúde, tanto física como psicológica. Estas são o que nossas tradições denominam de religiões da natureza, e as deidades não são instâncias finais, mas sim referências a energias espirituais. Portanto, quando a mitologia é compreendida de maneira adequada, o objeto reverenciado e venerado não é uma instância final. O objeto venerado é a personificação de uma energia que habita dentro do indivíduo. A referência mitológica tem duas modalidades – a da consciência e a dos potenciais espirituais internos do indivíduo.

Se uma mitologia não tem essa tônica, de que se trata então? A receita para entender errado a mitologia é pensar que aquela imagem é a instância final. Evidentemente, esse é um dos problemas dos assim chamados sistemas monoteístas. Neles, Deus não é transparente – ele é uma instância final. E quando a deidade é uma instância final em vez de ser transparente à transcendência, o adorador é também uma instância final em vez de ser transparente à transcendência. E o resultado é uma religião de relacionamento do indivíduo com deus. Mas, assim que abrimos esse deus e percebemos que ele é a personificação de um poder, nós mesmos nos abrimos como personificação e veículo daquele poder. Num sistema desse tipo pode surgir uma afirmação como a que encontramos na *Chāndogya Upaniṣad: Tat tvam asi* (Tu és Aquilo).[9] Essa afirmação constitui uma heresia quando o deus é fechado.

E já que abordaremos o assunto dos pagãos, nós, filhos das tradições bíblicas, devemos entender que *eles* não são idólatras. Num sentido bastante concreto, somos *nós* os idólatras, pois confundimos o símbolo com a referência. Penso que lá no fundo todos nós sabemos que isso é idolatria e, por esse motivo, saímos por aí chamando os outros de idólatras e insistindo para que creiam da forma como nós cremos, para que possamos confirmar e nos assegurar de que agimos de modo correto em termos da nossa própria mitologia.

Minha definição de *mitologia* é esta: "a religião dos outros povos", o que sugere que a nossa não é uma mitologia, mas algo diverso. Consequentemente, minha definição de *religião* é esta: "uma mitologia mal compreendida" – e o mal-entendido consiste em confundir o símbolo com a referência. Portanto, todos os eventos históricos tão importantes para a nossa tradição não deveriam ter relevância alguma para nós, exceto como símbolos de forças presentes dentro de nós mesmos. Quando entramos numa igreja, costumamos ver as estações da via sacra nas paredes à nossa volta. A intenção é que não tenhamos dúvida de que aquilo representa o que de fato aconteceu a Jesus de Nazaré no dia de sua crucificação: primeiro Jesus é condenado à morte por Pilatos, depois Jesus pega sua cruz, depois Jesus cai, e assim por diante até deitarem o corpo de Jesus na sepultura. A próxima estação que viria depois do enterro – a estação que *não* é mostrada como parte da série – seria a ressurreição. E depois desta haveria ainda outra, a ascensão aos céus.

Ora, se tudo isso for interpretado ao pé da letra, estaríamos numa situação muito difícil. Ao nos familiarizarmos com os conceitos da física moderna, é inevitável que comecemos a nos perguntar onde ele foi – pois, mesmo viajando na velocidade da luz, ele não teria ainda atingido o fim da nossa galáxia. Nesse ponto percebemos que não há um lugar literal para onde vá o corpo literal – e chegaríamos à conclusão de que "nada disso é verdade". E perderíamos nossa religiosidade; perderíamos nossos símbolos.

Quando o símbolo é interpretado dessa forma, concretamente, a mensagem se perde. O símbolo que deveria estar nos introduzindo em nossa própria vida interior profunda se esvai e nos vemos sem veículo de conexão. Por esse motivo a palavra *mito* é popularmente interpretada como "falsidade". Mas os mitos, no sentido que apresento aqui, são as instâncias finais da sabedoria, ou seja, a sabedoria dos mistérios profundos da vida. É disso que vamos tratar. Não apenas da história das deusas, mas, através delas, vamos entrar em uma parcela de nosso próprio mistério.

As mitologias dos pastores possuem suas próprias tradições e sua própria integridade. Assim, há uma deidade que representa a energia tribal, a mitologia daquele povo em particular. Tribos diferentes possuem personagens diferentes – não deveríamos mais pensar assim, mas é o que acontece. Em geral, o patrono da tribo é secundário em relação às grandes deidades naturais. No caso dos semitas e das crenças que eles nos legaram, o patrono da tribo é o deus superior – o *único* deus. Tentei entender o porquê disso e cheguei a uma conclusão ao ler uma antiga edição de um ótimo livro sobre o pensamento arcaico: *Before Philosophy* [Antes da filosofia], de Henri Frankfort e outros.[10] No último capítulo, Frankfort sugere que a vida no deserto não leva seus habitantes a se sentirem especialmente gratos à Deusa Mãe. Eles dependem por inteiro da tribo e do deus tribal, que, portanto, se torna a figura dominante.

Daí decorre um estranho problema. Quando focalizamos nossa atenção nos poderes da natureza, podemos ir da Grécia à Índia e dizer: "Aquele que vocês chamam de Indra, nós chamamos de Zeus". Os soldados de Alexandre o Grande compreenderam de imediato quem eram esses deuses indianos, e aqueles que permaneceram na Báctria como governadores e regentes adotaram as deidades indianas sem sofrer nenhuma violência no tocante à sua reverência a seus próprios deuses, pois claramente eram os mesmos deuses com outros nomes. No Livro VI de *Comentários sobre a guerra gálica,* César discute a religião local dos gauleses celtas conquistados, mas usa os nomes romanos para os deuses, de modo que é impossível saber a que deuses ele se refere.[11] Esse fenômeno é chamado sincretismo e constitui a modalidade de boa parte das religiões do mundo. Os hindus são grandes sincretistas, e os budistas tampouco tiveram problemas com isso. Os sacerdotes egípcios eram tão sincretistas que, quando as pequenas vilas ao longo do Nilo foram por fim incorporadas ao grande império – os reinos do Norte e do Sul –, foi possível acomodar as mitologias locais com facilidade. Assim, a grande mitologia de Ísis, Néftis e Osíris são mitologias combinadas, mas perfeitamente coerentes em termos mitológicos.

No entanto, imaginem um antigo hebreu dizendo: "Aquele a quem vocês chamam de Assur, nós chamamos Iahweh". Essa é uma afirmação impensável! Portanto, se o deus local é um deus superior, isso leva ao exclusivismo. Lê-se no Antigo Testamento que os deuses de outros povos não são *deuses,* são *demônios* (Salmos 106:36-38). Também na história dos cristãos espanhóis conquistadores da América, é possível constatar que eles chamavam as deidades dos nativos americanos de *diabos.* A utilização da palavra *diabo* é estranha, por isso, empregaremos o vocábulo *dīmon*. Para os gregos a palavra *dīmon* significava a energia de vida de uma pessoa, e essa energia não obedece necessariamente às regras impostas pela mente. Portanto, o *dīmon* se torna um perigo – um demônio – para as pessoas que ficam presas a uma fantasia, ou a um comportamento adotado basicamente para a autogratificação. Em consequência, essas pessoas chamam tais forças de *diabos.*

Nessas mitologias, vemo-nos diante de um mundo de forças "dīmônicas" que não são outra coisa senão o poder de nossa própria vida.

Quando os semitas foram avançando pela força de suas conquistas, desalojaram deidades para abrir espaço ao seu próprio deus, e foram os mais radicais detratores da Deusa, que representava os poderes da Terra. No Antigo Testamento as deusas locais de Canaã eram chamadas Abominações; tal alcunha se conserva na nossa tradição cristã.

Uma das coisas mais ofensivas que os protestantes dizem sobre os católicos é que eles adoram a Virgem. E os católicos fazem questão de deixar claro que eles não adoram a Virgem – eles a *veneram.* Há uma diferença. Quando se recita a ladainha, pede-se à Virgem: "Rogai por nós". Ela é apenas uma mediadora e, desse modo, mantém-se a mulher em seu devido lugar.

As forças das quais estamos falando ao nos referirmos à Deusa são forças que vivem em cada mulher do mundo. Lembro-me de que, quando estive na Índia, aprendi que todas as mulheres são divindades. Os três crimes mais graves na Índia são matar uma vaca, matar um brâmane e matar uma mulher, porque todos eles representam os poderes do sagrado. É evidente que, quando se vai à Índia, fica claro que é possível ser muito, muito sagrado, e ainda assim estar numa condição social bastante rebaixada. Mas estas são as incongruências da vida – um mistério.

A forma mais antiga da Deusa, como veremos, é apenas a deusa Mãe Terra, embora no Egito, a grande deusa Nut represente a abóboda celeste. Nas civilizações que não se dedicaram apenas ao cultivo da terra e à Terra, mas também aos planetas que navegam pelas constelações em movimentos rítmicos regulares ou matematicamente previsíveis, a Deusa se torna toda a esfera dentro da qual vivemos. Estamos, por assim dizer, dentro do ventre da Deusa, e no bojo desse ventre vivem todos os seres que têm nome e forma, inclusive os deuses. Portanto, quando se chama Maria de Mãe de Deus, ela está sendo promovida. Nas tradições antigas ela significa não apenas a mãe da encarnação, mas a Mãe do Universo e de todas as forças atuantes dentro dele – concretas ou mitológicas – para as quais se dá nome e forma. Nessas tradições os deuses existem dentro do campo da Deusa e são, todos eles, meras manifestações dos aspectos dela.

No entanto, uma coisa muito interessante aconteceu no final do século XVIII, quando os textos hindus começaram a ser traduzidos para os idiomas europeus. Um pouco antes do advento dessas traduções, a filosofia da Europa deu um imenso passo adiante com a obra de Immanuel Kant. Há dois tipos de filósofos neste mundo: os que compreenderam Kant e os que não o compreenderam. Kant pensou sobre o problema que já havia sido anunciado por Locke: Como saber se aquilo que percebemos através dos sentidos corresponde ao que realmente está lá? Será que nossos sentidos distorcem as coisas? Kant começa sua reflexão com o que ele chama de categorias *a priori* da lógica. Não é possível nem sequer pensar em algo, exceto em termos de sujeito e objeto, certo e errado – pares de opostos, categorias lógicas. Kant prossegue defendendo a ideia de que a função dos sentidos é nos envolver no tempo e no espaço e, assim, tudo chega a nós através das formas *a priori* de tempo e espaço. O que aconteceria se não existissem tempo e espaço? Somos separados pelo espaço e pelo tempo – não fossem por eles, estaríamos unidos à pessoa que se sentou onde estivemos sentados no ano passado, ou no século passado, ou do outro lado do mundo. Juntos, tempo e espaço são o que Nietzsche chama de *principium individuationis* – princípio individualizador que nos torna criaturas separadas.

Foi Schopenhauer quem percebeu que as formas de sensibilidade *a priori* de Kant e as categorias *a priori* da lógica correspondiam simplesmente à ideia hindu de *māyā*. Portanto, essas duas filosofias – racionalismo europeu e misticismo indiano – confluem de forma maravilhosa no trabalho dos filósofos do Romantismo alemão do século XIX. Num belo artigo intitulado "Os Fundamentos da Moral", Schopenhauer se pergunta: Como um ser humano consegue vivenciar a dor e o perigo de outra criatura a ponto de, descuidando de sua autopreservação, espontaneamente ir ao socorro do outro?[12] Você vê uma criança prestes a ser atropelada e talvez ao socorrê-la *você* acabe sendo atropelado no lugar dela. Por que aquela que consideramos ser a primeira lei da natureza – a de proteger esta nossa entidade separada – de repente desvanece dando lugar a uma prioridade maior: aquela que Schopenhauer chama de *Mitleid* ("compaixão": literalmente, "sofrer junto")? Schopenhauer afirma que o motivo para essa mudança é que, no momento do perigo, acontece de fato uma percepção metafísica que levanta o véu da separação – de repente se percebe que eu e aquele outro somos um. Os dois são, juntos, a única vida que se mostra de várias formas. Esta é a revelação que leva onde os deuses estão; um deus é simplesmente uma representação mitológica dos mistérios que transcendem a separação.

São Paulo escreveu: "Já não sou eu que vivo, mas é Cristo que vive em mim".[13] O que ele queria dizer com isso? Jesus de Nazaré, a encarnação separada, já tinha ascendido até as galáxias. São Paulo teria pensado que Jesus voltara para viver nele? Claro que não. Há dois aspectos dessa expressão – um é Jesus, a encarnação temporal, o outro é Cristo, o princípio eterno, segunda pessoa da Santíssima Trindade, que transcende o tempo e que se faz presente e verdadeiro ontem, hoje e sempre. Um item dogmático característico da tradição cristã é que Jesus foi o único ser vivo idêntico ao Cristo. Mas a grande ideia do budismo é que somos todos seres búdicos, embora sem o saber, ou sem agir como tal. Portanto, quando São Paulo diz: "Já não sou eu que vivo, mas é Cristo que vive em mim", o que ele realmente quer dizer é o que todo budista afirma.

Certa vez encontrei uma ótima estorinha nos escritos do filósofo zen Daisetz Suzuki. Um discípulo do Zen pergunta a seu mestre: "Eu possuo a natureza do Buda?"

E o mestre responde: "Não".

O aluno replica: "Mas ouvi dizer que todos os seres têm a natureza do Buda: as pedras, as flores, os pássaros, os animais, as pessoas".

"Você está certo", diz o mestre zen, "todos os seres possuem a natureza do Buda: pedras, flores, pássaros e animais; mas você não".

"E eu não? Mas, por quê?"

"Porque você me fez essa pergunta tola".[14] Ou seja, o discípulo está identificado com sua mente, e o que sua mente vê no mundo ao seu redor não está em sincronia com sua verdade interior. A função do mito é nos colocar em sincronia com nós mesmos, com nosso grupo social e com o ambiente no qual vivemos.

Uma das maneiras mais interessantes e simples de receber essa mensagem é através da mitologia do povo navajo. Cada ínfimo detalhe do deserto onde vivem foi deificado, e a terra se tornou uma terra santa porque revela entidades mitológicas. Quando reconhecemos o aspecto mitológico da Mãe Natureza, a própria natureza é transformada em ícone, em figura sagrada, de modo que, por onde formos, receberemos a mensagem de que o poder divino opera em nosso favor.

A cultura moderna dessacralizou nossa paisagem e hoje pensamos que para ir à terra santa é preciso viajar até Jerusalém. Os navajos diriam: *"Isto* é ela, e *você* é ela". Afirmo isso no contexto das mitologias. Não se trata de heresia porque não acredito que essas coisas sejam reais literal e concretamente.

Tive uma experiência bastante estranha certa vez ao ser convidado a dar uma palestra num seminário em Long Island, onde os padres estavam se formando. O padre que me escreveu e fez o convite disse que estava muito ansioso pela minha presença, pois eu o tinha apresentado à sua vida interior. Quando cheguei lá, descobri que aqueles homens estavam estudando o Zen. Fiquei pasmo porque cresci no catolicismo e anos antes jamais teria uma recepção desse tipo. A meditação tem a ver com encontrar o Cristo em nós, encontrar a energia em nós. Ora, é disso que trata o *zazen:* encontrar nossa própria natureza búdica.

Sabe o que isso, tudo isso, me inspirou a fazer? Dou aulas em todo tipo de lugar hoje em dia. Muitas vezes vou a uma igreja para dar uma palestra, e percebo que vou falar sobre aqueles deuses pagãos que os primeiros cristãos despedaçaram. Ao visitar o Mediterrâneo, ou o Egito, ou a Grécia, há imagens destruídas em todo lugar, e lá vou eu trazê-las de volta a esse ambiente. De modo que estou tentando digerir tudo isso e me harmonizar com a paisagem.

No nível mais elementar, portanto, a Deusa é a Terra. No próximo nível, o arcaico, ela é o céu que nos circunda. No nível filosófico, ela é *māyā* – as formas sensíveis, as limitações dos sentidos – que de tal modo nos encapsula que todos os nossos pensamentos se dão dentro dos limites Dela: ela é *Isso*. A Deusa é a fronteira última da consciência no mundo do tempo e do espaço.

Figura 8. Deusa entronizada dando à luz.
Terracota, Período Neolítico, Turquia, 6000-5800 a.C.

## Capítulo 2

# Deusa Mãe Criadora

## Neolítico e Início da Idade do Bronze[1]

### Da Pedra ao Cobre: Anatólia e Europa Antiga

Ao abordar a mitologia em geral, a primeira grande divisão que devemos traçar é entre as chamadas tradições orais folclóricas e as culturas e sociedades com domínio da escrita. A invenção da escrita operou uma grande transformação na vida humana, no pensar, na experiência espiritual e na ascensão ao que chamamos de culturas superiores.

A história escrita da Deusa pertence primariamente às culturas agrárias que obtinham seu sustento principal do mundo vegetal. Nelas a fêmea é associada à Deusa Terra, que oferece os frutos da terra e concede vida e nutrição ao mundo. Segundo essa linha de pensamento, as forças da mulher, no sentido biológico, conferem a ela um poder mágico que faz com que tenha especial capacidade de ativar e de se harmonizar com as forças da natureza. Assim, onde quer que a agricultura tenha se tornado a principal fonte de alimento do povo, a Deusa e o feminino são dominantes. No mundo há três principais centros da cultura agrária: O Sudeste Asiático, de cerca de 10.000 a.C., e talvez antes; o Sudeste Europeu e o Oriente Próximo, também de cerca de 10.000 a.C.; e a América Central.[2] As regiões do Sudeste Asiático e Sudeste Europeu serão os dois centros focais da nossa discussão sobre as tradições da Deusa no Neolítico.

Desde a década de 1970 o Sudeste Europeu e o Sudoeste Asiático adquiriram uma feição totalmente nova. O sistema de datação com carbono-14 consegue fixar datas bastante precisas de materiais dos quais não temos nenhuma outra fonte de documentação que ajude a determinar a idade. Os cientistas perceberam que os raios cósmicos que entram na atmosfera da Terra são absorvidos pelos seres vivos e diminuem a partir de sua morte, permitindo assim leituras do carbono-14, que indicam a data de sua morte. A correlação entre tempo e leitura do carbono-14 foi feita com base em comparações com o método da dendrocronologia (análise dos anéis das árvores). Como resultado dessa evolução tecnológica, algumas das datações retrocederam de centenas até 1500 anos, e isso mostrou que os primeiros cultos à Deusa na Europa remontam a 7000 a.C. Não encontramos nenhuma organização social ou cultura comparável na Índia em 2500 a.C. Portanto, a Europa parece estar cerca de cinco mil anos à frente, e pode-se afirmar que isso muda muito aquilo que se pensava sobre o mundo.

É sob essa luz que gostaria de explorar o primeiro aparecimento da Deusa. No Império Romano, durante a era dourada de Apuleio, no século II, a Deusa era celebrada como a Deusa dos Muitos Nomes. Nos mitos clássicos, ela aparece como Afrodite, Ártemis, Deméter, Perséfone, Atena, Hera, Hécate, as Três Graças, as Nove Musas, as Fúrias, e assim por diante. No Egito ela aparece como Ísis, na antiga Babilônia como Ístar, na Suméria como Inanna e entre os semitas ocidentais ela é Astarté. Trata-se da mesma deusa, e a primeira coisa que se percebe é que ela é uma deusa total e, sendo assim, guarda associações com todo o campo do sistema cultural. Em períodos posteriores essas diferentes associações tornaram-se mais específicas e dividiram-se em várias deusas especializadas.

As duas regiões do Mundo Antigo onde surgiu a domesticação de animais e plantas foram o Sudeste Asiático, por um lado, e o Sudoeste Asiático e a Ásia Menor, por outro, sendo que as primeiras cidades apareceram na Mesopotâmia e no Egito. Há anos se discute se foi no Sudeste ou no Sudoeste Asiático que começou a domesticação de animais e plantas. Já no final do século XIX, Leo Frobenius insistia que o Sudeste Asiático tinha saído na frente. Carl Sauer, antropólogo da Universidade da Califórnia em Berkeley, argumentou a favor dessa tese em sua obra *Agricultural Origins and Dispersals* [Origens e diásporas agrícolas].[3] Hoje se acredita que a agricultura, horticultura e domesticação de animais na região dos vales dos rios que correm pela Tailândia, Camboja e Vietnã começaram em 11.000 a.C. ou mesmo antes – a data exata ainda é objeto de controvérsia. Estes eram povos pescadores e, ao que parece, as mulheres desses povos foram as primeiras a cultivar plantas. Mas as plantas cultivadas na região não se reproduzem por sementes, e sim por mudas, tais como o saguzeiro, o taro e a batata-doce. Os animais domesticados foram o cão, o porco e as galinhas, que viviam próximos às moradias.

Antes de tomar cicuta, Sócrates disse a seus amigos: "Devo um galo a Asclépio", querendo dizer que desejava que os amigos levassem uma oferenda na forma de um galo a Asclépio, deus da medicina. Vejam só que curioso: o galo veio do Sudeste Asiático. Sempre digo que, por onde viaja um galo, uma ideia pode viajar também.

Seguindo as pistas da difusão da agricultura até a região sul da China, e de lá até a Abissínia e as zonas do Oriente Próximo e da Europa, vemos a transição daquele tipo de agricultura para o plantio através de sementes, com o uso do arado para preparar a terra. O primeiro tipo de plantio é trabalho das mulheres, que usam o bastão de cavar: faz-se um furo na terra onde se introduzem as mudas. Mas, com o advento do plantio por sementes na terra arada, reconhece-se a analogia óbvia com o ato sexual, e o plantar é atribuído aos homens. Aliás, os antigos arados da Mesopotâmia distribuíam as sementes enquanto sulcavam a terra – uma releitura, por assim dizer "cósmica", do ato humano de procriação.

Os animais domesticados nessa região eram, no início, os carneiros e os bodes, e depois as grandes manadas de gado, que por fim se tornaram dominantes. Estes foram criados primeiramente nas áreas montanhosas do norte do Iraque, Irã, sul da Anatólia (Turquia) e Síria.

Carl Sauer observou que os piolhos dos porcos domesticados europeus são provenientes do Sudeste Asiático. Esta é uma entre outras evidências da influência daquela região na Europa.

Ora, o contraste entre esses dois sistemas, tanto no tocante ao tipo de plantação quanto aos animais domésticos, desempenhará um papel fundamental em relação à Deusa.

No sul da Turquia, na Antiguidade chamada de Anatólia, há uma planície onde uma equipe liderada por James Mellaart escavou a antiga cidade chamada Çatal Hüyük.[4] Tendo sido uma das primeiras comunidades agrárias do Oriente Próximo, talvez do mundo, ela lembra um *pueblo* do sudoeste norte-americano. As casas são construídas uma em cima da outra, e a entrada e a saída são por escadas que passam pelo teto. Não é possível ter um assentamento desse tamanho sem os recursos oferecidos pela agricultura ou horticultura, e as plantas que eles cultivavam eram um tipo de trigo. Nessa região os principais animais eram o porco, o cão e o gado.

Çatal Hüyük ganhou tremenda importância quando Mellaart descobriu as peças de cerâmica mais antigas dessa região do mundo, de 6000 a.C. Onde há cerâmica, encontram-se sempre imagens da Deusa.

Uma cidadezinha como Çatal Hüyük é difícil de conquistar. Seria preciso destruir tudo para tomar a cidade. Mas, por volta do quarto milênio a.C., passou-se a construir muros em volta de cidades desse tipo, portanto, sabemos que os invasores começaram a chegar. Os semitas do sul vinham do deserto como saqueadores. Nessa época começaram as guerras de conquista. O primeiro conquistador foi Sargão I, em 2350 a.C., e temos textos que celebram suas vitórias:

"Tomei a cidade desse homem e matei todos que viviam ali. Tomei a cidade daquele homem e matei todos que viviam ali, e tomei a cidade de mais aquele e matei todos que viviam ali, e depois lavei minhas armas no mar".[5]

Figura 9. Deusa dupla. Xisto entalhado, Turquia, 6000-5800 a.C.

CAPÍTULO 2 – DEUSA MÃE CRIADORA

E essa afirmação "e depois lavei minhas armas no mar" se torna um horrível refrão. Para ter uma ideia do tipo de guerra travada então, a melhor referência é o Livro de Josué e o Livro dos Juízes.

É de Çatal Hüyük (c.5800 a.C.) um entalhe em xisto verde (fig. 9) que mostra a Deusa em seus dois papéis. Ela apresenta-se duplicada, de costas para si mesma. À esquerda ela abraça um homem adulto, à direita ela segura uma criança nos braços. Esta é a chave para toda a mitologia da Deusa como transformadora. Ela é o meio transformador que torna o sêmen em vida. Ela recebe a semente do passado e, através do milagre de seu corpo, transmuta-a em vida do futuro; ela é a intermediadora entre filho e pai.

A ideia de que a criança é o renascimento da energia paterna traz a noção de que a criança gerou a si mesma. Ao ler a oração de São Bernardo à Virgem na *Divina Comédia*, de Dante, vemos que se atribui a ela o mesmo papel, e seu filho é o Pai, um Deus em duas pessoas. Estamos no início de toda a estória da Deusa.

*Virgem mãe, filha de teu filho,*
*Mais humilde e sublime que qualquer criatura,*
*Objeto imutável por eterno desígnio.*
*És tu que deste à natureza humana*
*Tanta nobreza que seu Criador*
*Não desdenhou em fazer-se sua criatura.*
*Em teu ventre se reacendeu o amor*
*Cujo ardor, na eterna paz,*
*Fez germinar esta flor.*
*És aqui meridiana luz da caridade*
*Abaixo, na Terra, entre os mortais,*
*És fonte viva de esperança.*
*Senhora, és tão elevada, tão poderosa intercessora,*
*Que aquele que anseia uma graça, mas a ti não recorre,*
*Quer voar, mas não tem asas.*
*Tua bondade não socorre apenas*
*Ao que pede, mas liberalmente atende*
*Antes mesmo do pedido.*
*Em ti a misericórdia, em ti a piedade,*
*Em ti a generosidade, em ti*
*Se cumula a bondade de todas as criaturas.*[6]

Figura 10. Deusa entronizada dando à luz.
Terracota, Período Neolítico, Turquia, 6000-5800 a.C.

A peça de cerâmica da Deusa dando à luz (fig. 10) foi encontrada num silo, portanto, sabemos que ela é a mãe não apenas de crianças, mas também de plantas. É a ela que se ora pedindo por colheitas abundantes. Está sentada num trono flanqueado por dois felinos, talvez panteras ou leoas. A associação de felinos – leões, panteras, tigres, leopardos – à Deusa é constante e chega até a tradição bem posterior das bruxas, que sempre possuem um gato preto.

Seis mil anos mais tarde, Cibele, a deusa anatoliana de Roma (fig. 11) se encontra exatamente na mesma posição. No tempo das guerras de Cartago, por volta do século II a.C., o culto a Cibele foi trazido da Ásia Menor para Roma e tornou-se bastante popular. A coroa sobre sua cabeça é a cidade, portanto, ela é a deusa da cidade. A cidade é a cidade mãe, e seus muros são símbolo dos limites do tempo e do espaço que nos enclausuram. A cidade é, portanto, um microcosmo, um pequeno cosmos. Ela segura na mão o disco solar – símbolo do ciclo de renascimento e do ciclo da porta solar pela qual a alma passa ao infinito – e está flanqueada por dois leões. Isso indica a associação do leão com o Sol, e a ligação da Deusa com o Sol; nessa tradição a Lua é masculina.[7]

*Capítulo 2 – Deusa mãe criadora*

Figura 11. Cibele, Mãe dos Deuses.
Mármore esculpido, Império Romano tardio, *c.* século III.

"Grande Deusa frígia Cibele, mãe do jovem deus frígio Átis, que foi morto e ressuscitou. Seu culto foi logo introduzido na Grécia, onde ela foi identificada com Reia. Conhecida, em geral, como Mãe da Montanha e também como Mãe dos Deuses, seus santuários eram nas montanhas, frequentemente em cavernas, e seus animais eram os leões. Seus atendentes eram os Coribantes, seres metade humanos, metade demônios. Seus sacerdotes, os Galli, eram eunucos autoemasculados, vestiam trajes femininos e usavam cabelos longos e óleos perfumados."[8]

Meditar sobre uma deidade abre um amplo espectro de variadas manifestações do poder que aquela deidade personifica. Em uma das pequenas capelas dedicadas a essa deusa em Çatal Hüyük, encontramos dois leopardos, macho e fêmea, um de frente para o outro. Seria preciso passar por eles para chegar à Deusa, portanto, eles são os guardiões da entrada. O que significam esses pares de opostos encarando um ao outro? Eles representam a passagem do campo do pensamento secular – onde "eu" e "você" estamos separados um do outro no sentido aristotélico, ou seja, *A não é não-A* – para um mundo que transcende esse tipo de pensamento bipolar, algo como uma lógica de sonho, onde o sonhador e o sonho, embora pareçam ser duas coisas distintas, na verdade são um só. Tais são os pares de opostos pelos quais se deve passar ao atravessar essa porta ativa chamada, em outro contexto, de rochas que se entrechocam, ou Simplégades.

O mistério último do universo é a transcendência do mundo dos fenômenos que se constitui de pares de opostos, categorias *a priori* do pensamento de Kant. Quando da queda, a primeira coisa que Adão e Eva vivenciaram foi o conhecimento do bem e do mal, ou seja, o conhecimento dos pares de opostos. Antes disso, eles não conheciam distinções. Somos mantidos fora do paraíso por conhecermos os pares de opostos. Deixando isso de lado, voltando ao estado de inocência – além da discriminação racional que separa isto daquilo –, voltando ao âmbito transcendente, está o mundo para além das rochas que se chocam, para além dos guardiões do portal do templo.

Figura 12. Leopardos com pintas em forma de trevo.
Relevo em terracota, Período Neolítico, Turquia, 6000-5800 a.C.

Aqui estão novamente os leopardos. A pelagem dos felinos é representada por manchas em forma de trevo de três folhas. É fascinante como o princípio do três recorre no tocante ao campo do tempo e do espaço que devemos atravessar para chegar ao transcendente, ao âmbito da mãe luz: a Deusa que transcende o mundo nos faz nascer para o mundo e nos recebe de volta ao sairmos do mundo do tempo. O número três representa passado, presente e futuro e aparece de uma forma ou de outra em muitas mitologias.

Ao chegar a um templo japonês, vemos vários tipos de guardiões. Alguns têm a boca aberta, outros, fechada.[9] Em geral representam macho e fêmea, mas na esfera budista também representam as duas emoções que nos prendem à vida: medo e desejo. A ideia é esta: se pretendemos passar para a experiência da imortalidade, que está simbolicamente dentro do templo, é preciso deixar para trás aquelas duas emoções.

Na Índia se diz que a divina energia de *brahman* se manifesta no tempo como *māyā*, e essa energia tem três funções ou qualidades chamadas *guṇas:* a função energia, a função inércia e a função harmonia. *Rajas guṇa* é a qualidade da energia; *tamas guṇa* é a qualidade da pressão e inércia contra a qual a energia atua; e *sattva guṇa* é a harmonização das duas. Na filosofia chinesa temos *yin* e *yang*. A energia *yang* é análoga a *rajas guṇa,* ou o impulso; a energia *yin* é *tamas guṇa,* ou a inércia; é preciso haver um equilíbrio entre elas, e isso é o *sattva guṇa*. Ao contemplar o símbolo chinês de *yin* e *yang* se revolvendo, temos energia, massa e movimento harmonioso. Isso está presente também na fórmula de Einstein: $E = mc^2$, em que $E$ é energia, $m$ é massa e $c$ é a velocidade da luz. Ao compreender que aqueles leopardos representam os guardiões, eles podem ser lidos como as formas da sensibilidade, as categorias da lógica através das quais devemos penetrar para chegar ao que Kant chamou de *Ding an sich*, a "coisa em si", e que os indianos chamam de *brahman,* a única vida-consciência da qual somos todos apenas manifestações.

Em Çatal Hüyük há uma imagem de cerâmica da Deusa com os braços e as pernas levantados, no que se chamou de "postura do parto". A criança que ela dá à luz é um bucrânio – uma cabeça de touro. Nas representações que vimos antes, ela dava à luz uma criança, mas agora ela dá nascimento a uma forma simbólica do touro-lua. Estas são personificações alternativas do mesmo poder. Os chifres de touro encarando a Deusa, que representam os acólitos, estão numa atitude de reverência em relação ao evento – parecem estar em adoração. Junto com a ideia da deidade há a do devoto. Ele é alguém que tem apenas algumas pistas quanto ao fato de que na verdade é um com a deidade. Vejamos: os chifres do touro representam a Lua crescente, a esfera celestial que morre e ressurge. A Lua traz em si sua própria morte, na forma de uma sombra crescente, como todos nós. Mas ela tem o poder de se livrar da sombra e ressurgir. Portanto, a Lua representa para nós a promessa de renascimento, a força da vida engajada no tempo e no espaço que descarta a morte e renasce. Eis o significado dessas representações; na procriação a morte foi eliminada e a semente renascerá através do milagre do corpo da mulher, representado pelo umbigo.

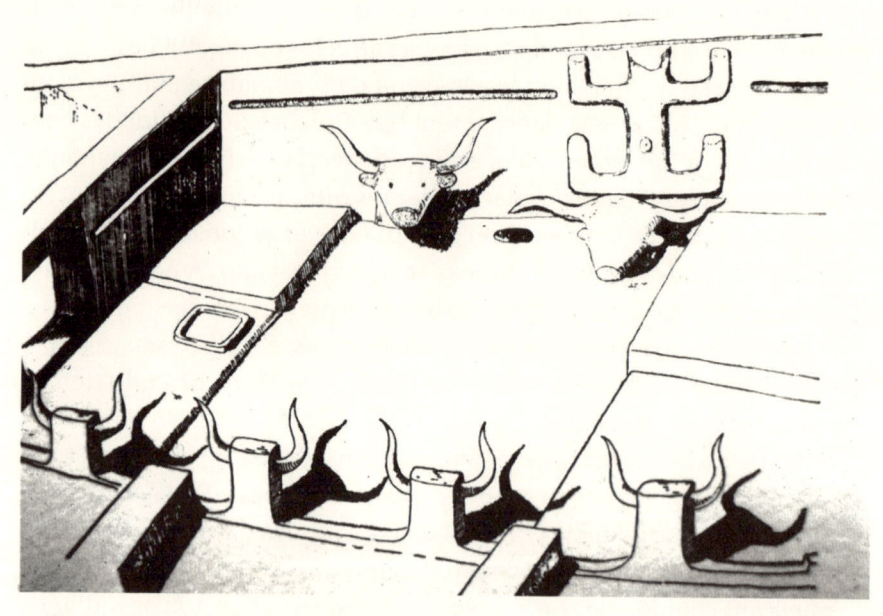

Figura 13. Deusa dando à luz uma cabeça de touro. Reconstrução artística de gesso e madeira, Período Neolítico, Turquia, 6000-5800 a.C.

O destaque no umbigo ressalta a ligação com a mãe, com a Mãe Terra, e o umbigo do mundo. O ônfalo no templo de Delfos, por exemplo, era o eixo do mundo para os gregos, o princípio sagrado. O lugar sagrado para qualquer culto é mitologicamente concebido como um umbigo.

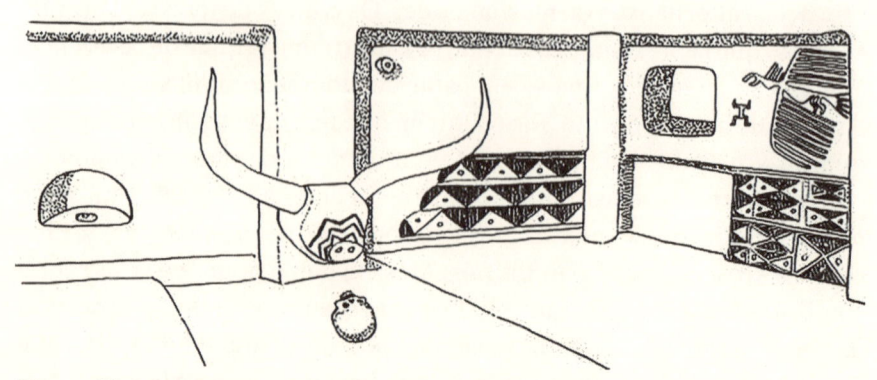

Figura 14. Cabeça de touro e abutre. Reconstituição artística em gesso e madeira, Período Neolítico, Turquia, 6000-5800 a.C.

A próxima fase desse milagre, do ponto de vista mitológico, está ilustrada em outro santuário em Çatal Hüyük por uma cabeça de touro e, abaixo dela, um crânio humano. Nesses santuários havia crânios de verdade abaixo dos bucrânios, cada um representando a cabeça do touro que morreu e ressurgiu. Na parede se vê a figura de um abutre lançando-se sobre um corpo decapitado. Este deve ser o corpo do qual se tirou aquela cabeça, e ele será reconsumido pelos agentes da Deusa. O abutre se torna o agente da Deusa que reabsorve os corpos para reciclagem, e esse é o papel que ela desempenha, até no Egito, sob o nome de Nekhbet, a deusa abutre. No tardio *Sūtra do Lótus*, o Buda fala com seus bodisatvas no alto da montanha – como Jesus falava a seus discípulos no Monte das Oliveiras. O nome da montanha em que o Buda falava era Griddharaj Parvat (Pico do Abutre), onde o corpo é reabsorvido.

Gimbutas observa que:

> As pernas humanas do abutre [...] sugerem que não se trata de um mero pássaro, mas da Deusa disfarçada de abutre. Ela é a Morte – Aquela que Tira a Vida, gêmea maléfica d'Aquela que Dá a Vida – voando ameaçadoramente com grandes asas estendidas. Apesar da presença encarnada da morte, as cenas de abutre em Çatal Hüyük não transmitem um sentimento de pesaroso triunfo da morte sobre a vida. Ao contrário, simbolizam que morte e ressurreição estão enlaçadas de forma inseparável.[10]

A cabeça como centro focal da consciência torna-se representativa daquilo que vai reencarnar e é colocada sob a cabeça do touro. Se fôssemos compor uma oração para o que está representado nesse santuário, seria: "Que eu, cujo corpo torna à Mãe, possa obter renascimento como o touro-lua que renasce". Portanto, estamos diante de uma doutrina francamente de renascimento ou reencarnação, tendo a Lua como símbolo daquilo que morre e ressuscita. Todos os deuses do Mediterrâneo que morrem e ressurgem são associados à Lua: Osíris, Átis, Adônis e Jesus. Do ponto de vista mitológico, a Lua permanece três noites no escuro, assim como Jesus esteve três noites na sepultura com a negra rocha fechando a entrada.

Em Çatal Hüyük e no Sudeste Europeu encontramos as raízes de toda a mitologia da Deusa em seus dois aspectos – como Aquela que recebe a semente e a transforma em vida, e como Aquela que recebe de volta o corpo e o devolve renovado.

A *Taittirīya Upaniṣad,* da Índia, nos diz:

*Oh maravilhoso! Oh maravilhoso! Oh maravilhoso!*
*Sou alimento! Sou alimento! Sou alimento!*
*Sou o que come! Sou o que come! Sou o que come!*
*Aquele que sabe disso possui uma luz que fulge brilhante.*
*Tal é a doutrina mística!*
*E qualquer um que nega ao mundo a comida que ele é, este é um acumulador.*
*Trata-se de ceder este corpo ao processo.*[11]

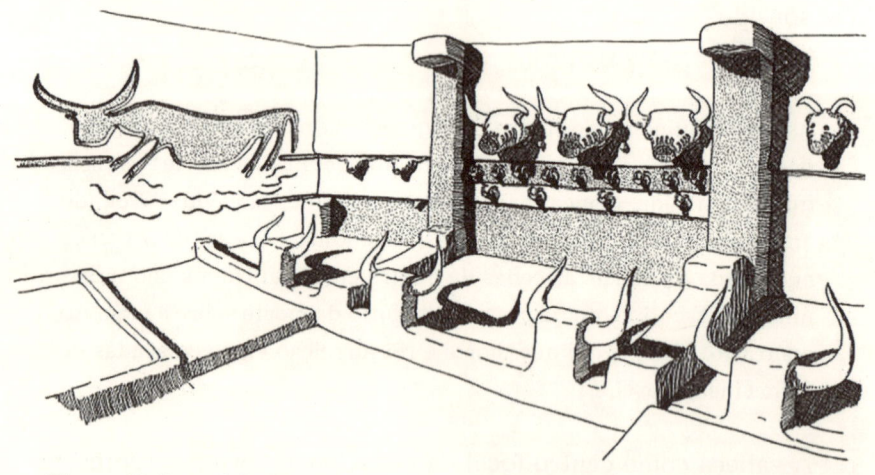

Figura 15. Santuário da cabeça de touro. Reconstrução artística em gesso e madeira, Período Neolítico, Turquia, 6000-5800 a.C.

A cabeça de touro domina mais um santuário de Çatal Hüyük. Embaixo, as três cabeças de touro são mamas e, dentro delas, cobertas de gesso, há mandíbulas de javali.

Dentro dessas mamas, no lugar onde se abre o mamilo, Mellaart encontrou o crânio de abutres, estando o bico no lugar do mamilo. "Aquela que alimenta, torna a devorar" é o que a imagem nos diz. Aqui o totem da morte não é a cabeça de um abutre, mas a mandíbula inferior de um javali – o porco também reabsorve e é agente da Deusa por seu aspecto de consumo.

O porco está associado à deusa da morte em todas as mitologias do Sudeste Asiático. Nos mitos de Malekula, das Novas Hébridas, e em Seram, ilha ao norte da Nova Guiné, a presa de javali é a Lua crescente, e a cabeça desse animal representa a noite escura.

As sociedades secretas dos homens são muito importantes nessas primeiras comunidades agrárias. Nelas, as mulheres é que criam as crianças, cuidam da roça, constroem as casas – e o que fazem os homens? Eles ficam neuróticos e se reúnem para conseguir proteção psicológica. Estas são as sociedades secretas masculinas. Na de Malekula eles criavam suínos machos e os transformavam em animais sagrados. O exercício espiritual consistia em arrancar os dentes caninos dos porcos, pois como resultado, em seu lugar cresce uma presa muito interessante, em círculo; algumas vezes três círculos. Mas com sua presa voltada para a própria mandíbula, o porco sente muita dor, não consegue se alimentar e não engorda, ao contrário, ele é um porco *espiritual*. E cada estágio do crescimento daquela presa exige o sacrifício de outros porcos. A ideia de sacrifício nessas sociedades é a de que o poder, a energia do animal sacrificado flui para o porco do dono, de modo que ao longo do tempo, quando o dono já conseguiu fazer crescer uma presa de três voltas, ele tem um porco poderoso. Além disso, o dono do porco ganha uma posição espiritual mais elevada e muda de nome. Esse procedimento complexo nos ensina o padrão labiríntico que leva ao submundo; através dele aprendemos o segredo da vida imortal.

Quando um homem morre, ele segue pelo caminho da morte até o vulcão onde, em meio às chamas, dançam os imortais. No caminho encontra uma deusa, que nessa cultura se chama Sevsev, que está ali para devorá-lo. Ela é a Mãe Universo. Quando ele se aproxima, ela desenha no chão o labirinto, depois apaga a metade. Para passar por ela, o morto deve saber desenhar a outra metade. O único lugar onde poderia ter aprendido a fazer isso é na sua sociedade secreta. Se ele consegue desenhar a metade faltante, dá a ela o porco para ser consumido e ele passa incólume. Ou seja, há um grande mistério associado ao conhecimento desse culto que o salva das mandíbulas da deusa da mortalidade.

Mas o porco tem outra utilidade, descrita num livro maravilhoso de John Layard chamado *The Stone Men of Malekula* [Os homens da Idade da Pedra de Malekula], um dos estudos mais importantes sobre todo esse sistema. Numa sociedade como a de Malekula, onde a presença das mulheres é próxima e muito forte, o menininho tem grande dificuldade de desconectar sua libido da mãe. Um dos desafios do macho é tornar-se um agente ativo dotado de vontade. E ele não consegue se tornar um agente ativo dotado de vontade sem que sua libido se desligue da mãe; é o pai que se encarrega disso. Ele dá ao menino um porco para amar, e o menino descobre algo que não é sua mãe. Quando o menino está apaixonado pelo porco, o pai lhe ensina a sacrificar seu porco, de modo que ele aprende a sacrificar as coisas que ama. Portanto, o porco é, na verdade, o guia do menino para a hombridade e um meio para que ele se desligue de sua mãe pessoal. Depois ele ganha outro porco, que também é sacrificado. Essa é uma operação psicológica interessante, pois chega uma época na vida do homem em que o erotismo não é mais necessariamente o princípio dominante, cedendo lugar à agressividade. Então chega a hora de competir na criação dos porcos e na construção da presa de três voltas que o ajudará a passar pela Mãe Morte. Assim como o menino se liberta da ligação com sua mãe desta vida, o homem se liberta das mandíbulas da Mãe Terra no seu aspecto morte.

É preciso reconhecer que uma parte do foco do culto à Deusa está em conseguir libertar-se dela, na medida em que ela representa os grilhões do tempo e da morte. Ora, na devoção ao porco, ele é visto como representante de um poder divino masculino, e o fato de o indivíduo se identificar com seu porco se relaciona com a oferenda indireta e a salvação indireta através daquele sacrifício, que é idêntico à essência de nosso próprio ser. Esta é a raiz de toda uma mitologia que acompanha a civilização agrária e, nesse contexto, se relaciona com o culto à Deusa.

No período posterior, quando o touro e a criação de gado chegam ao Sudoeste Asiático e ao Sudeste Europeu, o touro assume o papel do porco, mas, como veremos, o porco manterá sua ligação com o culto do submundo. As presas do porco apontam para baixo e os chifres do touro para cima e, como observa Jane Harrison, há duas linhas principais de culto na Grécia Clássica: uma é ctônica, referida ao subterrâneo; a outra é urânica, ou referida ao celeste.[12] Vejamos mais de perto essa divisão.

CAPÍTULO 2 – DEUSA MÃE CRIADORA

Mapa 1. Europa Antiga

Marija Gimbutas, em seu esplêndido livro *Gods and Goddesses of Old Europe* [Deuses e Deusas da Europa Antiga], mostra a mais recente constelação das imagens da Deusa. A Europa Antiga, termo que Gimbutas usa para designar a área geográfica do culto à Deusa no Neolítico, inclui Creta e Malta, duas importantes áreas do culto neolítico à Deusa, e ainda o norte dos Bálcãs, a Tchecoslováquia, Iugoslávia, Hungria, Romênia e Bulgária. Diz Gimbutas:

> As aldeias que dependiam da domesticação das plantas e animais apareceram no Sudeste Europeu logo no sétimo milênio a.C., e as forças espirituais que acompanharam essa mudança na organização social e econômica estão manifestas nas tradições artísticas emergentes no Neolítico. [...] Entre *c.*7000 e *c.*3500 a.C., os habitantes dessa região

desenvolveram uma organização social muito mais complexa que a de seus vizinhos a oeste e a norte, formando assentamentos que quase sempre chegavam a pequenas cidades, inevitavelmente envolvendo especialização artesanal e a criação de religiões e instituições governamentais.[13]

No entanto, a partir de 4000 a.C., o primeiro influxo de tribos indo-europeias atravessou os rios Don e Volga vindo das pradarias das estepes logo abaixo da Rússia. Uma mitologia masculina, voltada para a guerra, trazida pelos descendentes dos antigos caçadores do planalto (agora criadores de gado), chegou com grande estrondo e toda a paisagem cultural mudou. No entanto, o culto à Deusa sobreviveu no Egeu e, assim, o culto à Deusa perdurou até cerca de 1500 a.C.

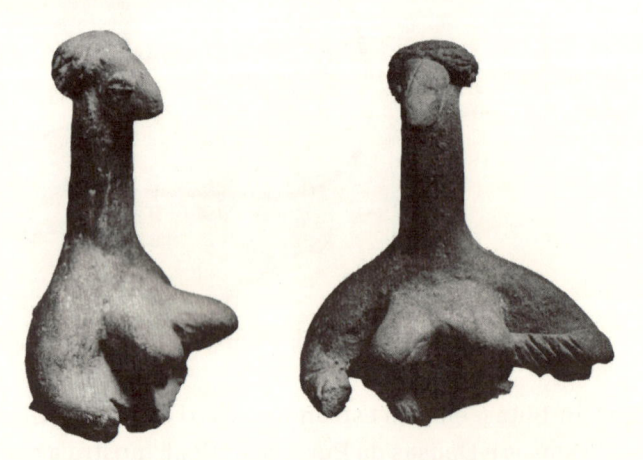

Figura 16. Deusas de pescoço longo.
Cerâmica, Período Neolítico, Grécia, 5900-5700 a.C.

A figura 16 mostra uma das primeiras imagens da Deusa com três elementos importantes. O primeiro elemento a observar são os seios, que deixam muito claro que se trata de uma mulher com qualidades humanas; o segundo é a cabeça de pássaro; e o terceiro é o pescoço longo em forma de coluna. A Deusa é o *axis mundi*, o eixo do mundo, o pilar do universo. Ela representa a energia que sustém todo o ciclo do universo. O pássaro, que voa, é livre dos laços do mundo e representa a vida espiritual.

Capítulo 2 – Deusa mãe criadora

Em geral, pensa-se na Deusa como apenas uma deidade da fertilidade. Longe disso. Ela é a musa. Ela inspira a poesia. Ela inspira o espírito. Portanto, tem três funções: primeiro, nos dar a vida; segundo, nos receber na morte; terceiro, inspirar nossa realização espiritual poética.

Figura 17. Figura carregando uma foice.
Terracota e cobre, Período Calcolítico, Hungria, c.5000 a.C.

Nas primeiras tradições as deidades eram parte humanas, parte animais. À medida que a humanização se tornou mais evidente – e as pessoas mais conscientes da distinção entre o modo humano e o modo animal – o animal se transformou em veículo ou companheiro da Deusa. A energia daquela terceira função espiritual da Deusa é representada como sendo uma ave – a pomba foi sempre o principal pássaro de Afrodite, e o pavão de Hera. Essas formas emplumadas oferecem uma metáfora para trazer o aspecto animal do corpo em sintonia com o aspecto humano. Trata-se de um roteiro pictórico, um texto escrito com imagens.

Na figura 17 vemos a representação de um homem usando uma máscara. O tema da máscara indica que a pessoa que vemos é duas pessoas. Ele é aquele que usa a máscara e é a máscara que está sendo usada, ou seja, a máscara do papel desempenhado. A foice é de 5000 a.C. e foi feita de cobre, um dos mais antigos exemplos de objeto metálico em todo o mundo. Relacionada à colheita, ao corte de plantas, indica que estamos no âmbito de uma vida agrária. Todos os outros utensílios de cobre encontrados nesse complexo e nesse período são ferramentas para arar o solo; nenhuma delas é uma arma. Esse período, antes da chegada dos indo-europeus orientados para o masculino, era basicamente um tempo de comunidades pacíficas. Marija Gimbutas argumenta nesse sentido com eloquência:

> A arte centrada na Deusa, com a marcante ausência de imagens bélicas e dominação masculina, reflete uma ordem social na qual as mulheres, como chefes dos clãs ou sacerdotisas rainhas, desempenhavam papel central. A Europa Antiga e a Anatólia, assim como a Creta minoica, eram gilanias.[14] Um sistema social equilibrado, não patriarcal e não matriarcal é refletido pela religião, mitologias e folclore, bem como por estudos da estrutura social da Europa Antiga e da cultura minoica, e é sustentado pela continuidade dos elementos de um sistema matrilinear na antiga Grécia, Roma, País Basco e outros países da Europa.[15]

A ênfase nessas peças recai sobre a estilização estética. Em *The Transformation of Nature in Art* [A transformação da natureza em arte], A. T. Coomeraswamy afirma que a transformação da natureza em arte tem a ver com a indicação de sua dimensão mística. A natureza está lá fora, naturalmente, o que há de especial nisso? Nós a vemos em figuras, depois saímos no campo e a vemos de novo. Mas o artista, através de sua organização, traduz um enunciado rítmico através do qual se irradia algo da dimensão de mistério, que nos toca. Cézanne dizia: "A arte é uma harmonia paralela à natureza"[16]. E a harmonia que se expressa na arte é de um tipo que revela ao mesmo tempo a natureza de nossa própria vida e a natureza que está lá fora. Por isso temos aquela sensação de "Ah! É isso mesmo!" diante de uma obra de arte.

CAPÍTULO 2 – DEUSA MÃE CRIADORA

Figura 18. O "Pensador" de Hamangia.
Terracota, Período Calcolítico, Romênia, c.5000 a.C.

Figura 19. Deusa peixe.
Arenito esculpido, Período Neolítico tardio, Sérvia, sexto milênio a.C

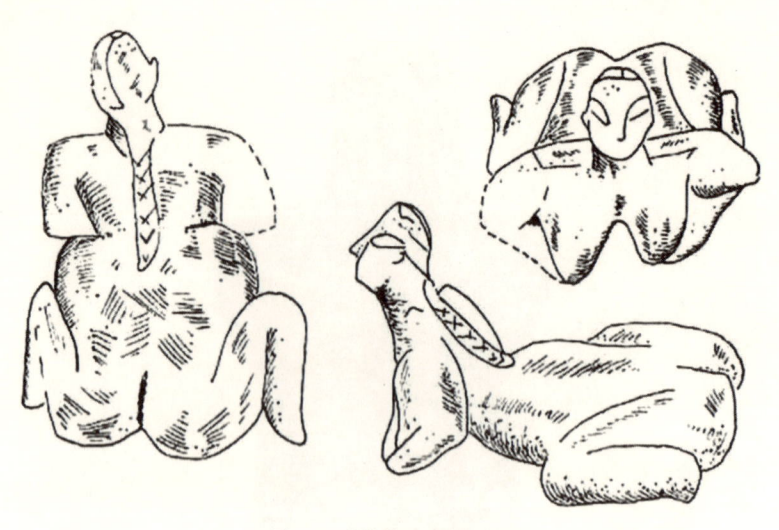

Figura 20. Deusa sapo.
Cerâmica, Período Neolítico tardio, Turquia, sexto milênio a.C.

Vimos o divino feminino expresso em forma de ave, mas aparece em forma de peixe também. As deusas peixe se tornam ninfas, e os peixes representam as forças que mais tarde serão humanizadas através de várias deusas distintas. Por exemplo, Ártemis, banhando-se nas águas como deidade aquática, é a forma humana separada da forma natural. Nos primeiros tempos a forma humana se funde com a forma animal. Marija Gimbutas chama a deusa sapo de "a padroeira do parto". O sapo é um batráquio, à vontade na água e também na terra, o que evidencia o relacionamento entre os dois mundos: o do ventre e o do mundo exterior.

A deusa gêmea é a mãe dos dois mundos e de nossas duas vidas, no mundo do tempo e do espaço, e no mundo de nossa morte, de nossa vida na zona de mistério que se inicia. O tema do labirinto conecta a Deusa à personificação daqueles poderes que existem depois do labirinto da vida.

O porco é associado à Deusa na Romênia, Bulgária, Macedônia, no norte da Grécia e em Micenas.[17] Ao olhar para a estatueta (fig. 22) notaremos que não apenas ela usa uma máscara suína, mas seu corpo aparece marcado por um padrão geométrico: o labirinto, o caminho místico. É através da Deusa que se entra no mundo do espírito. Ela é o labirinto e também nosso guia.

CAPÍTULO 2 – DEUSA MÃE CRIADORA

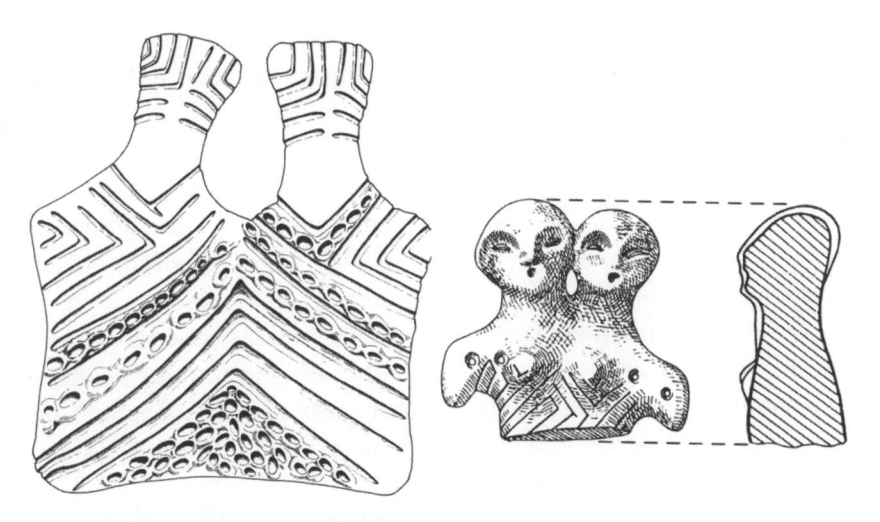

Figura 21. Deusa de duas cabeças.
Terracota, Período Calcolítico, Romênia, final do sexto milênio a.C.

Figura 22. Deusa da vegetação com máscara de porco.
Terracota, Período Calcolítico, Romênia, meados do quinto milênio a.C.

Em *The Golden Bough* [O ramo dourado], Sir James Frazer sugere, já em 1890, que as grandes deusas de Elêusis – Deméter e Perséfone – eram deusas suínas.[18] Quando Perséfone foi raptada por Hades, toda uma horda de porcos desceu ao inframundo com ela. Sua mãe, ao partir em sua procura, não conseguiu seguir-lhe as pegadas porque estavam cobertas pelas dos porcos. A associação de Deméter e Perséfone com o subterrâneo, a morte e o renascimento, o labirinto e o porco tem ecos ancestrais no Neolítico.

O labirinto é um portal através do qual apenas os sabedores podem entrar com segurança. Ele está associado desde os tempos primevos, especialmente no Sudeste Asiático, com a jornada dos mortos. A passagem pelo labirinto é uma aventura crucial, na qual será decidido se vamos experimentar a vida eterna ou não.

A seguinte lenda, do oeste da ilha de Seram, na Indonésia, é arquetípica para as sociedades agrárias: no início do mundo os homens dançavam a dança do labirinto enquanto as mulheres ficavam em pé no centro. A dança do labirinto consistia de uma espiral de nove círculos (o nove é associado à Lua). Bem no centro, uma menininha de nome Hainuwele distribuía o que na Índia se chama de bétele, para que os dançarinos se refrescassem. Certa noite, ao invés das folhas de bétele, a menina começou a dar presentes lindos. Noite após noite a beleza dos presentes ia aumentando, até que as pessoas ficaram com muito ciúme e medo. Era assustador demais que uma coisinha tão pequena fosse fonte daquilo que é inexaurível – por isso eles a pisotearam até a morte dentro do labirinto. Depois a enterraram, e de seu corpo crescem todas as plantas comestíveis que alimentam o povo.[19]

Tendemos a pensar na morte como o fim da vida, mas a morte e a vida são complementares. Estamos diante do mito agrário básico sobre um corpo que é o corpo de uma deidade, de modo que, ao comer as plantas, estamos comendo Deus. Isso é transportado para a ideia de Jesus sacramentado: "Este é o meu corpo, este é o meu sangue". É o labirinto que derruba Hainuwele. A Deusa fica irada com o povo por esse assassinato, de modo que ela confecciona um portão que é um labirinto em espiral. Aqueles que conseguem atravessar o portão, ela os golpeia com os braços da menina, e esse golpe os mata. Aqueles que não conseguem atravessar se tornam animais ou espíritos, de modo que o que morre é o humano. Os animais morrem, mas eles são forças negativas, os espíritos são forças negativas, e os seres humanos são aqueles que atravessaram e foram tocados pela visão da morte. Assim, de um modo ou de outro, a travessia do labirinto nos leva a uma crise psicológica ou espiritual, nos transformando em um ser humano pleno. Nas estórias que acabo de contar, o labirinto nos leva à morte e à imortalidade. De todo modo, é uma passagem perigosa e difícil que só pode ser empreendida pelos que têm conhecimento.

Figura 23. Deusa labiríntica segurando bebê.
Terracota, Período Neolítico tardio, Grécia, 5900-5700 a.C.

A serpente é uma figura de tremenda importância em todas as culturas agrárias do mundo. Ela é associada ao poder que a vida tem de despistar a morte, porque a serpente deita fora sua pele e renasce; ela troca sua pele como a Lua muda de fase, indo da sombra para a luz. A Lua é a energia da vida envolvida no campo do tempo, a energia da vida absoluta, e a luz simbolizada no touro é o espírito celestial que morre.

É uma mudança peculiar da nossa tradição bíblica que a serpente tenha sido condenada junto com as mulheres e a natureza. Para outras culturas, a cobra, embora perigosa, é um dos três grandes símbolos do poder da vida no campo do tempo. Serpente, touro e Lua: o Sol ataca a

Lua e a Lua morre no Sol; o leão ataca o touro; a águia, pássaro solar, ataca a serpente – eis uma tríade básica de símbolos casados. A Lua, o touro e a serpente representam o poder de ludibriar a morte e renascer. Portanto, o touro se torna o principal animal sacrificial da Europa, assim como o porco na Melanésia.

## Do Cobre ao Bronze: Creta

A Europa Antiga mudou radicalmente depois de 3500 a.C., época em que os indo-europeus começaram a chegar aos borbotões nessa região mudando todo o sistema. Eles varreram tudo, dos Bálcãs à Grécia, mas não cruzaram o mar da Grécia continental até Creta senão em 1500 a.C., de modo que em Creta foi preservado o sistema da antiga Deusa Mãe.

Depois da Segunda Guerra Mundial, um jovem chamado Michael Ventris, que fora aviador e tradutor durante a guerra, decidiu decodificar a escrita chamada Linear B, encontrada nos palácios minoicos de cerca do século XIII a.C. O Linear B vinha desafiando os cientistas desde que Arthur Evans o encontrou pela primeira vez ao escavar em Cnossos no início do século XX. Ventris descobriu que o Linear B era uma forma muito primitiva do grego, língua indo-europeia, o que indicava a influência indo-europeia nas ilhas, embora não houvesse ali um domínio igual àquele exercido no continente.

Figura 24. Deusa com machado duplo.
Afresco, Período Minoico, Creta, segundo milênio a.C.

CAPÍTULO 2 – DEUSA MÃE CRIADORA

Em Creta a principal divindade era a Deusa. Ela aparece de pé com um machado duplo em cada mão. O machado do sacrifício é chamado *labrys*, palavra que deu origem a "labirinto". O *labrys* é o símbolo primeiro de Creta – um machado de duas lâminas com curvatura em meia-lua; não se pode ter uma coisa nova sem que algo velho morra. Portanto, ela é a deusa da morte no final e também do nascimento no início. A morte e o nascimento estão unidos. Empunhando o *labrys*, a Deusa Mãe está em pé, numa postura dominante, e o sangue derramado no sacrifício é o da mãe, seja o sacrifício animal ou humano. O principal animal sacrificial era o touro – sempre um macho. Não se sacrificam fêmeas de animais, pois a fêmea não é aquilo que morre e ressurge; ela é o que carrega a morte até a ressurreição – ela é a transformadora.

Figura 25. Ríton em forma de cabeça de touro com chifres lunares. Pedra-sabão esculpida com madrepérola e ouro, Período Minoico, Grécia, *c*.1500 a.C.

Convém agora dizer algumas palavras sobre o Sol fêmea e a Lua macho.

Mais adiante examinaremos as mitologias de orientação masculina, nas quais o Sol é masculino e a Lua feminina, mas esse sistema do início do Neolítico e Alta Idade do Bronze mostra o Sol feminino e a Lua masculina. Em alemão se diz "o Lua" *(der Mond)* e "a Sol" *(die Sonne)*. Na França se diz a Lua *(la lune)* e o Sol *(le soleil)*. Ao estudar e apreciar com igual prazer os dois sistemas, é possível reconhecer a fonte desse profundo e escuro senso trágico alemão. Trata-se de uma cultura mística com uma linguagem mística, ao passo que o francês é caracterizado pela *clarité du français*, luz e o brilho da razão galesa.

Lembro-me agora de um pequeno mito contado entre os povos do da região circumpolar norte sobre a irmã Sol e o irmão Lua. Uma jovem é procurada todas as noites por um amante desconhecido a quem ela não consegue ver no escuro. Por fim, determinada a descobrir quem é aquele homem, ela suja suas mãos com carvão e, ao abraçá-lo de noite, deixa a marca nas costas dele. De manhã ela descobre que é seu irmão e, chocada, foge. Zeloso, ele a segue. Às vezes, ele a alcança, e há um eclipse do Sol. Esta é uma estória muito antiga e vem de uma mitologia que também apresenta uma qualidade profundamente trágica, em nada semelhante às mitologias solares que veremos mais adiante.

Os famosos jogos de touro minoicos, representados nos murais, como a deste pequeno afresco encontrado no Palácio de Cnossos (fig. 26) – teriam eles realmente acontecido ou seriam uma fantasia?

Quando eu estudava na França, fui a uma arena de touros em Bordeaux ver uma exibição em que o animal não seria morto. A ideia desse jogo é deixar que o touro (com chifres afiados como agulhas) venha em disparada contra o matador, que deve se esquivar dando apenas um passo de lado. Posso dizer em primeira mão que é de arrepiar os cabelos! Se os chifres do touro fossem um pouco mais longos do que o calculado pelo matador, ele saía com a camisa rasgada e, às vezes, um pedacinho do corpo do matador ficava também nos chifres do animal.

Figura 26. Dança com touro.
Afresco, Período Minoico, Creta, séculos VII-V a.C.

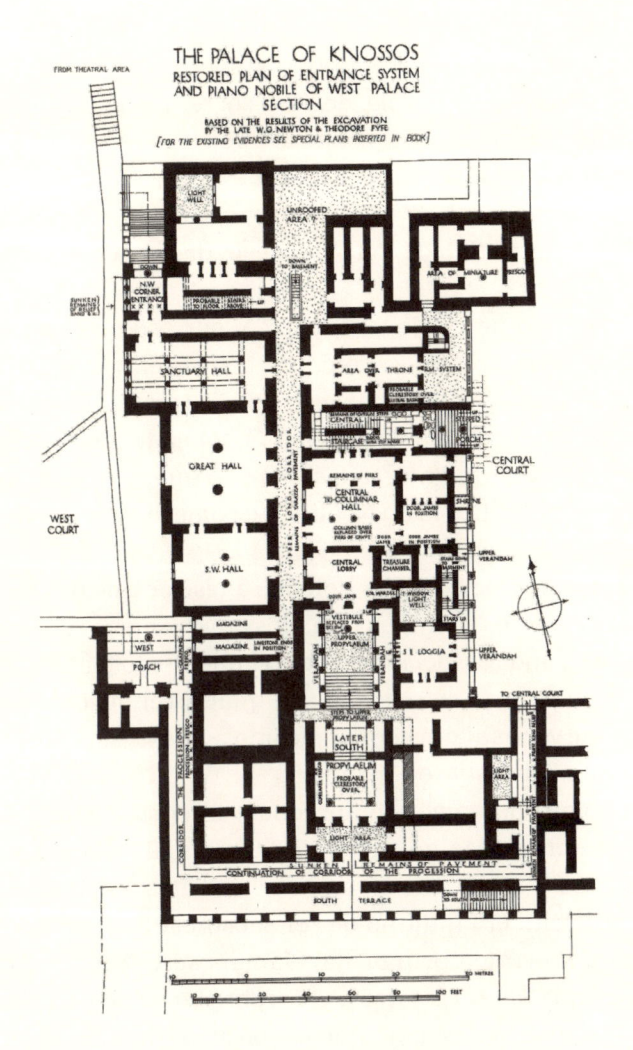

Mapa 2. Palácio de Minos

"O Palácio de Cnossos não é uma unidade artística. Assim como o templo grego revela o espírito de um povo capturado em um momento particular, também o Palácio, do mesmo modo que uma catedral gótica ou os templos de Karnak e Luxor, revela a história e o progresso de seus construtores. As estruturas mais antigas foram adaptadas a um novo plano; as antigas fundações, depois de receberem novas construções, parecem, à primeira vista, um confuso labirinto depois de descobertas pelas pás dos escavadores."

J. D. S. Pendlebury[20]

Os arqueólogos usam o termo minoico, inspirado no famoso rei Minos, para descrever uma gama de épocas culturais que cobrem toda a Idade do Cobre e do Bronze em Creta.

O mais emocionante, porém, foi quando um sujeito, com o touro correndo ferozmente atrás dele, decidiu correr na direção do touro! E quando o touro chegou bem perto dele, o sujeito deu um salto por cima da fera. Anos mais tarde eu, às vezes, pensava: "Será que vi mesmo isso, ou terá sido um sonho?" Mas, há alguns anos, ao folhear um livro, encontrei fotos desse tipo de tourada no sul da França. É algo possível de fazer.

Qual o sentido de um jogo desses? É curioso que hoje em dia o matador, quando mata o touro como parte do evento, deve ir por cima dos chifres para dar o golpe de misericórdia. Nessa confrontação extremamente dramática, ele é o deus solar. O Sol mata a Lua uma vez por mês e, como a Lua – que morre e ressurge, que gera a si mesma – é masculina nessas tradições do Neolítico e começo da Idade do Bronze, então, o Sol é feminino.

Em *O ramo dourado,* Frazer defende a tese de que o sacrifício primordial nos primeiros e antigos reinados era o próprio rei. Há um ciclo de cerca de oito anos associado ao aparecimento do planeta Vênus em determinado ponto do céu, ao fim do qual o rei deveria ser morto. Vênus, como se verá adiante, era associado à Deusa, seja qual fosse seu nome: Afrodite, Ísis, Ístar ou Inanna.

Não creio que possamos compreender integralmente a atitude da Antiguidade em relação ao sacrifício. O animal ou a jovem pessoa escolhidos para o sacrifício deviam ser *perfeitos*. Qualquer um com um mínimo defeito era indigno de ser sacrificado e, portanto, o próprio rei era o sacrifício primordial. Jamais se vê uma imagem dele velho. Seu trono (fig. 27) mostra o crescente lunar abaixo do assento, e é flanqueado por grifos, algo que segue até o final da Idade Média. Dante interpretou esse animal meio águia, meio leão como representante da natureza dual de Cristo – a um só tempo verdadeiro homem e verdadeiro Deus. Portanto, o rei vive montado no limiar entre esse mundo e o próximo.

CAPÍTULO 2 – DEUSA MÃE CRIADORA

Figura 27. Sala do Trono, Palácio de Cnossos.
Afresco, Período Minoico, Creta, c.1500 a.C.

Figura 28. Anel de Nestor.
Sinete de ouro, Período Minoico, Grécia, c.1500 a.C.

Sir Arthur Evans chamou de "Anel de Nestor" o disco de ouro (fig. 28) encontrado perto da cidade de Pilos, no Peloponeso, por causa do nome de seu lendário rei. Ao centro vemos uma árvore.

O sinete é estruturado em torno do tronco retorcido da Árvore da Vida, coberto de brotos jovens no centro, que cresce sobre um monte com seus dois ramos laterais dividindo a cena em inframundo abaixo e vida após a morte acima.[21]

O grupo de dançarinas com cabeça de grifo está associado à Deusa, possivelmente aquela que julga ou distingue a parte mortal da imortal. Sempre que as figuras femininas são dominantes no culto há uma ênfase no lado vivencial da religião, o seu arrebatamento, que naturalmente leva ao movimento rítmico e à dança: a dança mais do que o dogma, já que o lado teórico surge com as mitologias masculinas. As mulheres querem a vivência, e a fazem acontecer através da dança; esse tema volta com as bacantes e o vigoroso renascimento dessa dança dionisíaca depois de anos de supressão.

Figura 29. Deusa com *labrys* ao lado da Árvore da Vida.
Ouro gravado, Período Minoico, Creta, 1500 a.C.

CAPÍTULO 2 – DEUSA MÃE CRIADORA

Figura 30. Deusa com serpentes.
Faiança, Período Minoico, Creta, c.1600 a.C.

"A deusa eleva uma cobra em cada mão com todo o gestual ritualizado de uma afirmação divina. O desenho em rede de sua sobressaia, que destila o significado de suas ancestrais do Paleolítico e do Neolítico, sugere que ela é quem tece a teia da vida, tecida perpetuamente dentro de seu ventre. Sua saia tem sete camadas, número de dias das quatro fases da Lua, que se dividem nas duas metades, crescente e minguante, do ciclo, como a cruz neolítica dentro do círculo. Embora sete seja também o número dos 'planetas' visíveis, esta é provavelmente uma notação lunar de sequência e medida, de modo que sentar no colo da deusa, como convidam os panos sobrepostos de seu longo vestido, seria vivenciar o tempo sustentado pela eternidade, e a eternidade vestida do tempo."

Anne Baring e Jules Cashford[22]

Nesse sistema, o vivencial está muitas vezes associado ao mundo vegetal, tema que retorna mais tarde nos mistérios gregos. No mundo vegetal um mote importante é aquele do apodrecimento, decomposição e surgimento da nova vida a partir dessa desintegração. Vemos, portanto, que o tema da vida surgindo da morte está presente em relação à vegetação, à Lua e à serpente, que muda sua pele.

As duas serpentes simbolizam o fato de que, na presença do tempo, existe dualidade, nascimento e morte. As serpentes representam o morrer e o ressuscitar, e o leão sobre a cabeça dela representa o outro princípio, dentro do qual a Lua morre e de dentro do qual ela nasce. A Lua representa o princípio da consciência e da vida no campo do tempo e do espaço, onde ela veste corpos e despe corpos. Como diz a *Bhagavad Gītā*: "A alma aceita um novo corpo / Como um homem veste e despe a roupa".[23] Este princípio touro/serpente/Lua é aquele da vida engajada no campo do tempo e do espaço, no âmbito fenomênico da aparição e desaparição das formas. O Sol, por outro lado, jamais se deixa apagar, salvo por um eclipse. Assim, não carrega sua morte dentro de si, portanto representa a consciência desvinculada do campo do tempo e do espaço.

Esse é um tema básico na simbologia da Idade do Bronze que chega até os altos simbolismos da tradição indiana, até ao Ioga, que nos apresenta os dois nervos, *iḍā* e *piṅgalā*, um representando o princípio lunar, o outro o princípio solar. A grande realização mística é que esses dois aspectos da consciência são na verdade uma só consciência, de modo que a nossa consciência que está aqui envolvida na vida é ao mesmo tempo a consciência desvinculada desse campo. O paradoxo de nos relacionarmos com esses dois aspectos de nosso verdadeiro ser e entidade é o grande ato de equilíbrio místico. É um caminho perigoso – o fio afiado da navalha – um caminho entre o saber-se consciência no campo e o saber-se consciência desembaraçada do campo. É possível pender para um lado ou outro, e então sobrevém uma atitude inapropriada, uma inflação ou deflação de um tipo ou de outro.

O objetivo de toda meditação e jornada de mistério é passar por entre os pares de opostos. No início do século XIII, quando Wolfram von Eschenbach escreveu seu *Parzival [Parsifal]*, ele descreveu o Graal como um vaso de pedra trazido do céu pelos anjos neutros. Tinha havido uma guerra no céu, com Deus e Lúcifer em batalha, cada qual com sua tribo em lados opostos – mas aparentemente havia anjos neutros que não participaram do embate. O problema de ter Deus e Diabo é que se forma um par de opostos; mas o transcendente transcende os pares de opostos, de modo que o Graal foi trazido para baixo. E, de fato, o herói do poema de Eschenbach, Parsifal, recebe seu nome do francês *Perce le val* ("penetra no vale") – o caminho do meio.

Figura 31. Deusa na Montanha do Mundo.
Ouro gravado, Período Minoico, Creta, 1400 a.C.

Na figura 30 temos a Deusa segurando as serpentes. Ela tem tudo nas mãos; tudo é parte de sua consciência Mãe, e seu ser incorpora ambos os aspectos – o solar e o lunar.

As imagens da Deusa frequentemente a mostram sobre uma montanha. Toda a montanha é a Deusa. Isso remonta aos antigos tempos da Suméria, quando a montanha cósmica era representada nos zigurates. Na Índia, Parvatī é a deusa da montanha e é também a montanha – esse é o significado de seu nome: "montanha".

Na figura 31 a Deusa tem dois leões como atendentes, e uma figura masculina a reverencia. Portanto temos aqui uma concentração de símbolos: o par de opostos; o sinal do tridente entre os pares de opostos, que vai além da vida e da morte, sem preocupação com o caráter fenomênico do âmbito do tempo; os chifres como símbolo da Lua; e os leões como símbolo do Sol. O tridente passa a representar tanto o deus quanto o caminho do meio que nos leva ao local do sacrifício, que é o altar da Deusa.

A Deusa é uma conotação tanto da energia do tempo solar absoluto quanto do reflexo da continuidade e energia solares no campo do tempo. Ora, se pensarmos que o centro do mundo é o centro do símbolo especial do meu culto, passaremos a nos relacionar não com o mistério espiritual, mas apenas com nossa própria tradição social. Como mencionei, esta é uma questão importante em relação aos símbolos: eles não se referem a eventos históricos; eles se referem, através de eventos históricos, a princípios espirituais ou psicológicos e forças de ontem, hoje e amanhã, e que estão em todo lugar.

"E eu vi que o arco sagrado do meu povo era um dos muitos arcos que formam um círculo, amplo como a luz do dia e a luz das estrelas."[24] A afirmação de Alce Negro (Black Elk) casa perfeitamente com um texto hermético que foi traduzido do grego para o latim no século XII intitulado *O Livro dos vinte e quatro filósofos:* "Deus é uma esfera inteligível conhecida pela mente e cujo centro está em todo lugar e a circunferência em lugar nenhum".[25] Essa frase curta tem sido citada por Ravalli, Nicolau de Cusa, Voltaire, Pascal e por muitos outros.

Mas o culto nos dá um centro e isso tem importância histórica. Todos os estudos da mitologia apresentam estes dois aspectos: um circunscrito, que é o social, que nos liga a forças e princípios transpessoais através de nosso grupo; o outro é "trans-social", não local, é o aspecto do princípio espiritual ao qual a sociedade está sendo apresentada. Portanto, os símbolos funcionam de dois modos e, como eles nascem da psique, a psique os reconhece com fascinação. Shakespeare diz que "A arte como que espelha a natureza".[26] A natureza que está erguendo o espelho é também a natureza interior, como um espelho de raios-X, que nos permite ver, fascinados, os símbolos. Quando o símbolo está em ação, ficamos fascinados. Ninguém precisa explicar o que significa, sabemos muito bem o que significa – mas, por outro lado, não sabemos. E essa fascinação, quando é veiculada por símbolos grupais, liga o indivíduo a seu grupo e, através do grupo, a princípios que estão além daqueles que constituem seu interesse pessoal.

Depois chega um momento em que o grupo dispensa o indivíduo e diz: "Você pertenceu a nós, mas agora chegou uma nova geração". Além disso, provavelmente o indivíduo já havia passado por isso no grupo e diz: "Vocês têm alguma novidade? Já vi isso e já vi aquilo antes e estou um tanto enfastiado dessas coisas". Em virtude desse desengajamento, o indivíduo começa a se voltar para dentro e encontra a verdadeira nascente das mensagens que eram veiculadas pelas formas sociais.

Na Índia o aspecto social da lenda e do mito é chamado *deśī*, que significa *aquilo que é local*; já o aspecto geral ou universal é chamado *mārga*, palavra que vem da raiz *mṛg*, a qual se refere ao rastro ou pegada deixada por um animal de caça. Portanto, os símbolos de *mārga* são o caminho, a pegada deixada pelo animal da alma, e seguindo esse rastro encontramos o significado transcendente do símbolo.

Quando esses dois aspectos atuam simultaneamente, um nos liga ao dever social e ao mundo da história, e o outro nos conecta àquilo que está além do dever, além dos pares de opostos, além do bem e do mal. Isto nos faz atravessar aquele portal das rochas que se entrechocam – que os dois leopardos representam –, para dentro da esfera que é tanto do leão solar quanto da serpente lunar. E ali a Deusa, mãe de todos nós, mostra a Si-Própria em ambos os aspectos. Esse é o ponto mais importante de todo este tópico. Uma vez que tenhamos apreendido isso, esse todo começa a se abrir à nossa compreensão. E quando não obtemos essa compreensão, isso nos encadeia a exercícios históricos que às vezes nos levam à loucura.

Por volta de 1480 a.C. uma erupção vulcânica explodiu todo o interior da ilha de Tera (hoje chamada Santorini). Junto com Creta, Tera era conhecida como a capital da cultura da Deusa no Egeu.

Até os dias de hoje não se tem notícia de uma erupção dessa magnitude. A que mais se assemelhou foi a erupção do Cracatoa, na Indonésia, em 26 de agosto de 1883. Os cientistas estimam que o tsunami que se seguiu chegou a 274 metros de altura. Depois, a atmosfera do planeta inteiro ficou cheia de fuligem por vários anos, afetando estranhamente o nascer e o pôr do sol. A força da erupção em Tera foi muito maior e varreu do mapa boa parte da ilha. Uma gigantesca onda teria se quebrado contra Creta e também contra a Palestina e o Egito. Os relatos cataclísmicos que temos desse período podem bem ser ecos desse acontecimento.

Até então as forças dominantes no mundo helênico eram de Creta, de onde os micênios recebiam a influência cultural. Essa erupção vulcânica marcou de fato o fim da antiga tradição que prenunciou a Idade do Bronze e, no Egeu, findou a dominância dos minoicos, ou seja, os primeiros cretenses mediterrâneos. Seguiu-se a ascensão dos micênios e gregos continentais, indo-europeus vindos do norte, que chegaram à Europa em cerca de 3500 a.C. Depois da destruição de Tera, os micênios tornaram-se dominantes na esfera grega e assim aconteceu uma mudança de ênfase, passando-se da Deusa Mãe para o deus masculino. Tanto a deusa como deus estavam presentes, mas a Deusa não exercia mais o papel dominante. Desde então, um pouquinho depois de 1500 a.C., começou o declínio dos minoicos, e a cultura das armas de bronze, de orientação masculina, assumiu o poder.

Figura 32. Deusa trajando vestido de sete camadas.
Sinete de hematita, Suméria, Iraque, *c*.2150-2000 a.C

CAPÍTULO 3

# O Influxo Indo-Europeu[1]

Os estudos e as extensas escavações arqueológicas conduzidos por Marija Gimbutas demarcaram claramente o influxo dos indo-europeus vindos do norte e chegando às sociedades agrícolas do Neolítico, chamadas por ela de Europa Antiga.

Ao mesmo tempo, os acádios e outras tribos semitas começaram a subir do sul para a Mesopotâmia. Por volta de 3500 a.C. aquele povo agrário estava entre duas forças atacantes – os semitas, vindos do deserto, e os indo-europeus, vindos do norte. Os semitas eram basicamente criadores de ovelhas e cabras, e invadiam com força crescente ao longo dos anos. Sargão e Hamurábi trouxeram uma ênfase masculina cada vez mais poderosa dentro da esfera semita e, nesse contexto, os hebreus representavam o ponto extremo da total rejeição à Deusa.

Os indo-europeus também eram pastores, não de ovelhas e cabras, mas de gado. Durante o período inicial do Neolítico, na Europa Antiga, a criação de animais se centrava no porco. A mitologia do porco tem caráter lunar, e agora ela se transforma numa mitologia do gado, do touro. Como observa Jane Harrison em sua obra *Prolegomena to the Study of Greek Religion* [Prolegômenos ao estudo da religião grega], os chifres do touro apontam para cima, e os sacrifícios aos deuses do Olimpo eram voltadas ao céu, ou urânicos. As presas do javali apontam para baixo e portanto os sacrifícios dos antigos pastores de porcos aos poderes eram para a terra, ou ctônicos.

*Deusas*

Neste capítulo examinaremos as evidências históricas do impacto da cultura guerreira de orientação masculina dos indo-europeus sobre a Macedônia e a Grécia, e mostraremos como esse impacto se intensifica por volta de 1200 a.C., no tempo das guerras de Troia. Em capítulos posteriores veremos que em cerca de 700 a.C. as forças femininas retornam remodeladas – não na modalidade da fertilidade e da Terra, mas como a Deusa dos Mistérios: Ela é quem nos inicia na transformação espiritual. Anteriormente a iniciação era mais material, mas na Era Clássica veremos uma abordagem espiritual, que nascerá como consequência dessa dualidade entre os dois sistemas, o indo-europeu e o da Europa Antiga, quando se aproximam.

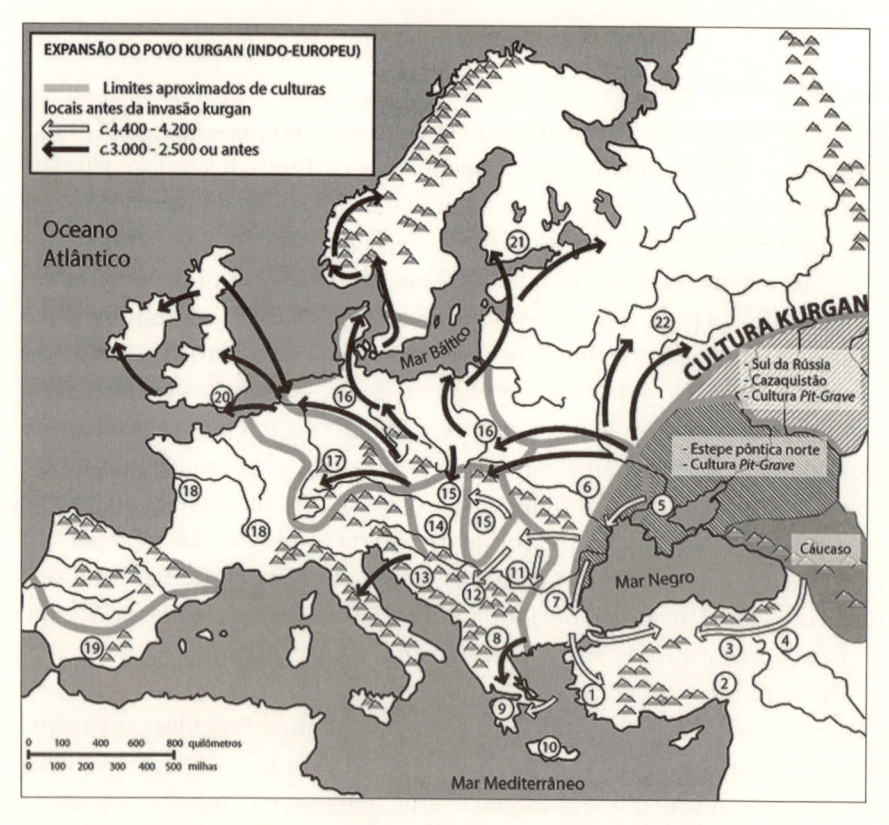

Mapa 3. Movimento dos indo-europeus em direção à Europa Antiga.

CAPÍTULO 3 – O INFLUXO INDO-EUROPEU

## Lanças e Línguas

Existiam duas principais ligas de bronze em utilização a partir de cerca de 4000 a.C. Na cordilheira do Cáucaso, de onde se extrai o cobre, ele é misturado com arsênico, e o resultado é o bronze, um metal mais forte que o cobre. O bronze clássico, famoso, posterior, aparece pela primeira vez na Mesopotâmia, resultado da mistura de cobre e estanho. Aí nasce aquilo que viemos a chamar de Idade do Bronze no Sudoeste da Ásia.

Os primeiros instrumentos de cobre não eram armas, mas ferramentas para modelar objetos e arar o solo. Os povos indo-europeus ao norte do mar Negro eram povos guerreiros criadores de gado e foram os primeiros a domesticar o cavalo. Quando aprenderam a fazer o bronze, transformaram o novo metal em armas. As pontas de lança apresentam furos e pinos através dos quais eram rebitadas e presas a varas de madeira, assim criando uma lança. Ela é seu implemento chave e, onde quer que seja encontrada, indica a passagem de indo-europeus, iniciando entre 4000 e 3500 a.C.

Por volta de 4000 a.C. os indo-europeus começaram a atacar o mundo da Europa Antiga – região que hoje chamamos de Europa central, Europa oriental e os Bálcãs. Depois desceram para o Oriente Próximo e para o leste, entrando na Índia e na Pérsia. Os indo-europeus que invadiram a Índia mais tarde comporiam os Vedas, e na Pérsia esses povos se tornaram zoroastristas. Há hinos a Zoroastro numa linguagem tão próxima do sânscrito que sabemos que a divisão entre persas e hindus se deu depois da invasão ariana.

Quando os britânicos conquistaram a Índia no século XVIII pretendiam governar, na medida do possível, respeitando a tradição do país, ou seja, conhecendo as leis locais, para adotá-las e adaptá-las ao mundo contemporâneo. Mas logo se percebeu que ninguém sabia ler sânscrito e traduzi-lo para o inglês. Reuniu-se então um grupo de pânditas, eruditos brâmanes, que publicou uma obra chamada *Vivādārṇavasetu* (Ponte sobre o oceano do desentendimento). Portanto pode-se imaginar como eram essas reuniões. E ninguém conseguiu traduzir essa obra. A obra teve de ser traduzida para o persa, e depois do persa para o inglês. Foi finalmente publicada com o título de *A Code of Gentoo Laws* [Um código de leis gentílicas], em 1776.

Ficou claro que algum inglês tinha de aprender sânscrito e foi então que um homem chamado Charles Wilkins foi a Benares e meteu-se numa escola junto com os brâmanes. Mais tarde ele publicou uma tradução inglesa da *Bhagavad Gītā (Bhagvat-geeta, or Dialogues of Kreeshna e Arjoon)* em 1785. Essa foi a primeira notícia que a Europa teve da Índia. A *Bhagavad Gītā* caiu como um raio em certos lugares. Goethe e os alemães ficaram simplesmente apaixonados, e também Carlyle na Inglaterra e Emerson e Thoreau nos Estados Unidos. Começava assim o movimento em direção ao ponto de vista místico dentro da tradição cristã: Emerson, Thoreau, Carlyle, Goethe. Depois veio a tradução de *Śakuntalā*, uma bela peça de Kālidāsa, o Shakespeare da Índia, escrita no século V. Novamente, Goethe se encanta. Nas palavras dele: "Se queres a primavera e o outono, a flor e a fruta, leia *Śakuntalā*".[2] E há características de *Śakuntalā* que ele incorporou em *Fausto*. De modo que essa tendência indiana ia se tornando um sucesso. E qual era essa tendência? Era a religião de colocar-se novamente de acordo com a natureza em todos os seus aspectos.

Em 1783 um advogado inglês chamado Sir William Jones foi enviado a Calcutá para trabalhar como juiz. Ele era o primeiro linguista competente a chegar à Índia vindo do ambiente europeu que sabia grego, latim e também todas as línguas europeias básicas e um pouco de sua história. Jones foi quem reconheceu que o sânscrito está relacionado a muitas das línguas europeias. O termo *indo-europeu* vem do trabalho que ele apresentou em 1786, no qual discute o contexto dessa ampla família de idiomas.[3]

Ele também percebeu que o panteão védico correspondia ao do Olimpo grego. À medida que essas tribos indo-europeias iam atacando diferentes lugares por todo o continente da Eurásia, traziam consigo suas mitologias, de modo que há mitologias relacionadas em todas essas regiões. Naquelas onde antes reinava o culto à Deusa, de repente vemos intrometer-se a mitologia de um povo guerreiro cuja principal deidade, seja chamada de Zeus ou de Indra, é um atirador de raios – não muito diferente de Iahweh, cujo povo vem do deserto invadindo a Mesopotâmia mais ou menos na mesma época.

Os indo-europeus se dividem em dois grandes grupos. O ramo oriental e o ramo ocidental. A linha divisória pode ser imaginada como aquela onde uma vez existiu a Cortina de Ferro.[4] A leste temos o povo *satem* (palavra sânscrita para "cem"). A oeste temos o povo *centum* (latim para "cem"). Há certas regras para a modificação linguística entre esses idiomas: o *C* se torna *S*, o *E* se torna *A*, e assim por diante – no final temos a mesma palavra.

No lado *satem*, ou leste, os principais idiomas são as línguas eslavas (russo, tcheco, polonês etc.), o persa e as línguas da Índia (sânscrito – a palavra *sânscrito* significa "sincrético"; páli, língua do início do budismo; e todas as línguas do norte da Índia: hindi, marata, rajastani, urdu e bengali). Os idiomas *centum*, a oeste, são o grego, as línguas itálicas ou latinas (das quais derivam o francês, o espanhol, o italiano, o renano, o provençal e o português), o celta (que sobrevive nas Ilhas Britânicas como: escocês, galês, manx, falada na Ilha de Man, e irlandês) e as línguas germânicas (inclusive o inglês, as línguas escandinavas, o alemão, o neerlandês e as antigas línguas góticas). Jones percebeu que todas eram resíduos linguísticos de povos afins que tinham saído do mesmo universo: as planícies do norte da Europa. Notou ainda que suas mitologias eram uma mitologia única em diferentes línguas. Em todos os lugares para onde eles se expandiram, essa mitologia havia se sobreposto aos cultos populares à Deusa Mãe.

Depois da descoberta das línguas indo-europeias, a mesma metodologia de linguística comparada foi aplicada ao grupo semita. Ora, esta é uma área mais circunscrita e os idiomas semitas são mais parecidos entre si do que as línguas indo-europeias. A gama de raças que fala idiomas indo-europeus é considerável, enquanto a família das línguas semíticas é um grupo muito mais unificado. As primeiras línguas semíticas eram o acádio, o babilônio, o aramaico, o hebraico e o árabe – línguas daquelas tribos que varreram as várias regiões do Sudoeste Asiático.

Outra família linguística é encontrada a leste dos Urais: a dos povos uralo-altaicos, ou mongóis no leste, finlandeses na Escandinávia, húngaros na Europa oriental e turcos.

Distinta desses grupos linguísticos da Europa e da Ásia ocidental, temos ainda outra família de idiomas associada ao chinês, e ainda outra relacionada às línguas da Australásia, incluindo a Polinésia. De modo que, quando se estuda mitologia comparada, é preciso ter em mente esses sistemas unificadores, integradores, que sempre entram em contato com os sistemas locais fundados na terra.

Em todas essas regiões que estivemos examinando, os povos indo-europeus apareceram em cena como os homens no controle dos carros de guerra. No século XIX, quando os primeiros antropólogos perceberam que todas as civilizações avançadas dos períodos posteriores pareciam ter partilhado a mesma origem, a ideia de uma supremacia ariana ou indo-europeia foi engendrada. *Ārya* é uma palavra sânscrita que significa "nobre". O reconhecimento de que aquelas civilizações mais avançadas, uma após a outra, pareciam ter brotado da chegada dos chamados arianos, aparentemente confirmou a ideia de sua superioridade.

Contudo, pesquisas arqueológicas mais modernas demonstraram que a chegada dos indo-europeus foi um acontecimento comparativamente tardio. A datação moderna da antiga Suméria e do Egito, junto com o conhecimento que temos hoje da Europa Antiga antes da chegada dos arianos – tudo isso mudou sobremaneira a visão anterior.

Agora sabemos que os indo-europeus vieram como guerreiros saqueadores e que, em todas as regiões, eles derrocaram as civilizações preexistentes. Tendo feito isso, eles absorviam a influência da civilização anterior e, a partir dessa síntese, surgiu o grande período áureo da Grécia. As civilizações anteriores pertenciam à Deusa; as posteriores aos deuses. Um paralelo perfeito se apresenta no Sudoeste Asiático, com a chegada dos semitas à Mesopotâmia, ao Egito e assim por diante, visto que seu principal atrativo era um tipo de habilidade guerreira nômade tosca.

Por volta de 1800 a.C. os indo-europeus do norte domaram o cavalo e inventaram o carro de guerra. Com isso tornaram-se absolutamente invencíveis. O carro de guerra apareceu em todos os lugares da Europa, Egito, Pérsia, Índia e depois na dinastia Shang da China em cerca de 1523 a.C. O impressionante poder dessa gente era enorme em todo o território da Eurásia.

## Túmulos e Sati

O monumento característico dos indo-europeus é o túmulo em forma de monte, que em russo se chama *kurgan*. Marija Gimbutas chamou de cultura *kurgan* as diferentes regiões onde essa cultura foi introduzida. Os indo-europeus entraram em ondas sucessivas nas regiões da Europa Antiga, do Báltico oriental e do Mediterrâneo, todas regiões onde a cultura da Deusa estava bem estabelecida.

CAPÍTULO 3 – O INFLUXO INDO-EUROPEU

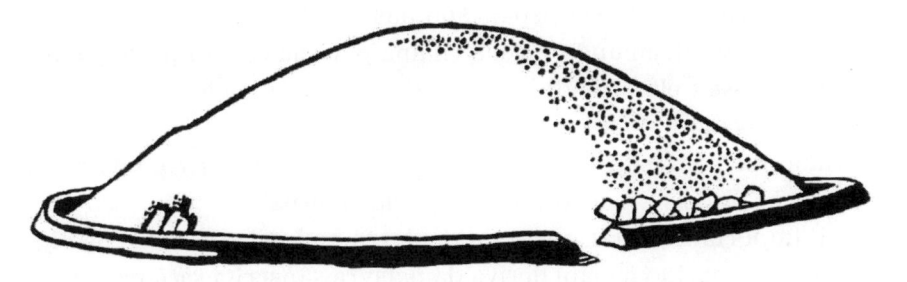

Figura 33. *Kurgan* de Alexandropol.
Túmulo, Período Calcolítico, Rússia, século IV a.C.

Com o influxo dos *kurgans,* o que antes eram comunidades de plantação e escambo, de repente, se transformaram em fortalezas de guerreiros, e surgiram o que chamamos de acrópole – ou seja, uma fortaleza. Os túmulos são evidência de uma nova estratificação social. Como diz Gimbutas:

> Em geral, os túmulos da realeza são separados do cemitério dos outros membros da sociedade [...]. Os ritos mortuários indicam não apenas as diferenças sociais, mas também o papel dominante do homem na sociedade: a primeira sepultura colocada no centro de um túmulo em geral pertence a um homem, talvez o pai da família, ou o homem mais velho da vila, e a sepultura da mulher e dos filhos ocupam posições secundárias. O antigo costume indo-europeu segundo o qual o dono da casa tem direito irrestrito de propriedade sobre mulher e filhos, tendo a mulher de morrer com o marido, é indicado arqueologicamente pela frequência de sepulturas duplas de marido e mulher, ou de um adulto sepultado junto com crianças ao mesmo tempo. O relacionamento pais e filhos foi evidenciado pela análise dos ossos.[5]

Nessas mitologias guerreiras o Deus Sol dominava. À fêmea eram designados diversos planetas e a Lua. O sati vem dessa era e perdura até a moderna Índia. Na Macedônia, num local chamado Sepultura da Viúva, a esposa está enterrada ao lado do guerreiro. Juntos eles vão para o inframundo e o feito heroico da esposa é o de dar sua vida para que os dois se tornem eternos juntos. Os dois são um: marido e esposa são os dois aspectos de um só ser. Em geral o marido morre primeiro

## Deusas

– é ele quem sai para ser espancado nas batalhas, então ele morre e segue para o inframundo e de lá chama por sua esposa para que ela venha unir-se a ele a fim de gozarem de uma eternidade mútua. Ela se torna a salvadora do herói morto. Portanto, quando a Deusa desce ao inframundo com Ístar e Brunhilda, trata-se de uma jornada do herói para levar os dois – macho e fêmea – à vida eterna.

É importante notar que o sati (enterro ou imolação ritual da viúva com seu marido morto) deriva da palavra sânscrita *satī*, particípio feminino do verbo *ser*. Em outras palavras, dizer que uma mulher é *satī* significa dizer que ela *é*. Trata-se de uma mulher que foi até o fim no seu papel de esposa, até o ponto de seguir o marido na morte. Portanto, a mulher que não desempenha esse dever é *a-satī* ("nada"). Nessas sociedades tradicionais ganha-se caráter obedecendo às regras, seguindo as leis da sociedade à risca – até o fim. Há uma mitologia precisa associada a tal atitude. Na Índia, por exemplo, existem monumentos antigos que celebram o enterro *satī*. Neles se vê uma mulher com a mão levantada, abençoando – essa é a mão de Vênus, deusa do amor. Com seu gesto a mulher trouxe a salvação simultânea a si e a seu marido. A ênfase aqui é sobre o caráter eterno de sua vida comum, e não o simples aspecto fenomênico. De qualquer modo, o enterro *satī* está associado não apenas com o deus mas também com a deusa, e este é um ponto importante.

Mais tarde, na Mesopotâmia, no Egito e na China, encontraremos centenas de pessoas enterradas vivas.[6] Esses sepultamentos aniquilam qualquer ênfase na personalidade, na experiência individual, na dor, no prazer e no julgamento individual. Essa gente tinha um caráter soldadesco, e um bom soldado obedece a ordens e não é responsável pelo que faz, mas apenas se encarrega de fazê-lo bem. Assim funcionavam essas sociedades e é importante compreendê-lo ao tratarmos desses períodos mitológicos.

Então o problema hoje em dia é nos ligarmos – com nosso senso de valor individual e responsabilidade – a esses mundos sem sermos tragados por eles. Quando um guru indiano vem aos Estados Unidos para ensinar nos dias de hoje, ele ensina em termos de desvalorização do modo individual de pensar que acompanha a mitologia que ele representa.

## Micenas

Depois da explosão do vulcão de Tera, os micênios indo-europeus tornaram-se a fonte dominante da cultura na região do mar Egeu. A influência ariana fica evidente nessa estela micênica que mostra um carro de guerra (fig. 34). Observe que nesse carro de duas rodas aparece a forma da mandala na roda e eixo. Esse eixo ganha importância como centro em torno do qual a roda gira. Seu movimento e descanso são simultâneos, e o eixo se torna símbolo daquele ponto em torno do qual todo movimento acontece: o ponto imóvel no centro da psique, o ponto silencioso. Esse é o ponto que precisamos encontrar se estivermos realizando uma *performance,* seja como atleta, como ator, ou no ato de escrever de maneira criativa. Nesse ponto não se está totalmente em movimento – há um equilíbrio entre quietude no centro e movimento em volta. A roda do carro passa a simbolizar esse ponto espiritual, e o cavalo representa a violenta energia dinâmica do corpo e do condutor da mente que controla.

Figura 34. Carro de guerra.
Pedra entalhada, Micenas, Grécia, 1500 a.C.

No grande portal de Micenas (fig. 36) a Deusa ganha representação abstrata, como pilar ladeado por seus animais guardiões – ela é o eixo. As cabeças ausentes nesses animais e o espaço que elas ocupariam levaram os arqueólogos a sugerir que podem não ser leões mas sim grifos,[7] como aqueles que vimos em Creta.

Figura 35. Máscara mortuária de guerreiro.
Ouro, Micenas, Grécia, 1500 a.C.

A máscara mortuária do guerreiro (fig. 35) encontrada em Micenas (que Heinrich Schliemann fantasiosamente chamou de "Máscara de Agamênon") ilustra o modo como o povo indo-europeu tinha corpos pesados, fortes, se comparados à estrutura muito mais delicada de outros povos da região do mar Egeu. Duas raças diferentes se encontraram nessa nova cultura dos micênios.

CAPÍTULO 3 – O INFLUXO INDO-EUROPEU

Figura 36. Porta do Leão em Micenas. Pedra entalhada, Grécia, 1500 a.C.

Observa-se aqui uma sequência bem característica do período, que funciona tanto para as invasões semitas quanto para as arianas. Primeiro os nômades chegam como conquistadores guerreiros, depois começam a adotar o sistema cultural muito mais elaborado e desenvolvido dos povos conquistados. Também a mitologia dos conquistadores chega e é enxertada na mitologia nativa voltada para a Deusa, que se transforma na mitologia posterior, orientada para o deus da Era Clássica. Essa espécie de absorção da cultura mais antiga e elevada e sua transformação para servir aos propósitos da cultura mais nova são particularmente visíveis na Bíblia, nos Livros do Êxodo e de Josué.

Idêntico processo aconteceu no mundo micênico. Contudo, aos poucos, a Deusa começou a se reafirmar e, no século VII a.C., na Grécia, na época dos Hinos Homéricos – ou seja, cerca de quinhentos anos depois da última invasão –, a Deusa retorna. A mesma coisa acontece na Índia quase que ao mesmo tempo.

Com o encontro entre os indo-europeus e as culturas da Europa Antiga, o sistema matriarcal não foi substituído por um mundo patriarcal que surgiu na mesma região, como alguns acadêmicos tentaram afirmar ao classificar a pré-história europeia e suas transformações. Ao contrário, a cultura indo-europeia se superpôs à cultura da Europa Antiga.

Como escreve Gimbutas:

> O estudo de imagens míticas oferece uma das melhores provas de que o mundo da Europa Antiga não era um mundo proto-indo-europeu e de que não houve uma linha direta e livre de desenvolvimento que chega aos modernos europeus. A primeira civilização europeia foi trucidada pelo elemento patriarcal e nunca se recuperou, mas seu legado perdurou no substrato, que nutriu os desenvolvimentos culturais posteriores da Europa. As criações da Europa Antiga não se perderam; transformadas, elas enriqueceram fabulosamente a psique europeia.[8]

Figura 37. Deusas e criança.
Marfim, Micenas, Grécia, 1300 a.C.

Na escultura de marfim da figura 37, vemos duas deusas com uma pequena figura masculina que vai do colo de uma para a outra. É a antiga Deusa dupla, mãe da vida e mãe da morte. O princípio feminino aparece nesses dois aspectos, enquanto o masculino representa o poder ativo que vai de uma para a outra – da noite para o dia, da escuridão para o amanhecer. Essa é uma força que reside nas mulheres e também nos homens, assim como o poder da natureza representado por essas duas figuras femininas está nos homens – mas é uma questão de ênfase.

Provavelmente, esse menino pequeno é Posídon, cujo culto remonta a esse período.

Posídon é o senhor das águas, que empunha um tridente, ponto central entre os pares de opostos. As águas que Posídon representa não são as águas salgadas do mar, mas as águas doces que brotam do fundo da Terra, aquelas que fertilizam o solo. Em algumas representações Posídon tem um pé de touro: o animal de Posídon é o touro. Na tradição cristã o herdeiro desse simbolismo é o demônio, com seu tridente e casco fendido. Eis o que aconteceu com o Senhor que representava a dinâmica do zelo pela vida quando foi subjugado por um sistema que considera todos os impulsos naturais como pecaminosos.

Śiva é o mesmo deus: sua arma é o tridente e seu animal é o touro. Ele representa o *liṅgam,* energia divina que verte a força criativa do mundo dentro do ventre da Deusa. O principal símbolo de Śiva é o *liṅgam* unido à *yoni,* órgão feminino penetrado pelo masculino. Śiva e Posídon representam aquela tradição muito antiga, da época em que houve a difusão dessa mitologia no período da Deusa Mãe, no tempo das primeiras sociedades.

Na iconografia hindu Śiva aparece frequentemente ao lado de sua Śakti, a deusa Parvatī. Enquanto Śiva tem um tridente e um touro, Nandi, Parvatī é mostrada junto a um leão ou leopardo. Novamente, o deus está associado ao touro lunar, e a deusa ao leão solar. Trata-se de uma estória antiga, continuação de uma tradição, e não uma supressão, como vemos na tradição bíblica. A Bíblia elimina a Deusa, ao passo que na tradição hindu ela é celebrada como a Mãe, e na Grécia a Deusa é poderosa por direito próprio.

É importante reconhecer o elo entre essas mitologias, pois ao estudar uma delas, estamos também estudando as implicações da outra. A grande sepultura de terra, a acrópole e o sati pertencem a um mesmo complexo.

Outra pista dessa continuidade que devemos considerar é a escrita Linear B que Michael Ventris decifrou como uma língua grega primitiva. Quando ele acessou as culturas cretense e heládica pré-micênica, o que encontrou? Encontrou os nomes de Dionísio, Atena e Posídon. Estas não são as deidades do panteão védico, mas da cultura anterior, cretense, e por isso sabemos que antes da chegada dos arianos estas deidades já estavam lá.

Os indo-europeus invadiram a Grécia continental em várias levas: primeiro vieram os jônios, depois os eólios, e por fim os dórios, últimos a se estabelecerem. Não só eles desceram a península grega, mas foram também até a Ásia Menor, de modo que o povo de Troia, que foi atacado pelo povo da Grécia, era de fato da mesma origem: indo-europeus que haviam se estabelecido nesse lugar muito afortunado na entrada do Bósforo ("Estreito da Vaca", denominado assim por causa da jovem heroína Europa, que o teria cruzado em forma de vaca), onde a Ásia e a Europa se encontram. Troia tornou-se uma cidade muito abastada e importante que precisava ser destruída. As incursões começaram em 1200 a.C. O período da Guerra de Troia foi de 1190 a 1180 a.C. e a civilização foi praticamente dizimada. Ela começa a reaparecer no século VIII a.C., e com isso surge o armamento bélico na arte desse período. Esse é também o tempo de Homero, contemporâneo dos primeiros textos do Gênesis.

Os dórios trouxeram consigo dois estilos diferentes de guerrear e dois tipos diferentes de armamento. Um estilo era a espada ou lança de bronze acompanhada de um escudo pesado de couro de touro que ficava junto ao corpo, a tiracolo. O guerreiro levantava o escudo e lutava por detrás dele. No outro estilo de armamento, que surgiu depois, o escudo era relativamente mais leve e brandido no braço esquerdo, enquanto as armas eram de ferro. Esses dois tipos de armamento muito distintos estão, ambos, representados por toda a *Ilíada*. O início da *Ilíada* pertence à Idade do Bronze, enquanto sua conclusão se deu no final da Idade do Ferro; assim apresentam-se os dois tipos de equipamentos bélicos.

Existe um conjunto de tabuinhas em Linear B encontradas no palácio de Nestor, em Pilos, no continente, e elas se referem à distribuição das tropas. Relatam que uma invasão vem chegando do norte durante o período da Guerra de Troia, na mesma época das invasões dórias. Portanto, os arianos entraram na parte sul do Egeu em levas. Lembremos que tanto os atacantes quanto os defensores de Troia pertenciam às mesmas famílias indo-europeias. Assim, daquelas tabuinhas de argila do palácio de Nestor nos chega esta última notícia do Período Heládico pré-ariano: os invasores vêm chegando do norte; relata-se a distribuição dos postos avançados e dos santuários para a proteção das mulheres e crianças. E depois, silêncio.

Figura 38. Ísis com Hórus infante.
Bronze, Período Tardio, Egito, *c.*680-640 a.C.

CAPÍTULO 4

# Deusas Sumérias e Egípcias[1]

O Campo Abstrato: Surgimento da Civilização

Para encontrar o fio da meada da próxima parte da estória, é preciso voltar até cerca de 4000 a.C e mudar o foco para o vale dos rios Tigre, Eufrates e Nilo. A agricultura e a domesticação de animais remonta a cerca de 10.000 a.C. na Europa Antiga, mas, nas terras chamadas de Crescente Fértil, a civilização não surgiu senão depois de 4000 a.C. As pessoas migraram dos primeiros assentamentos neolíticos da Ásia Menor e Sudeste Europeu para os vales dos grandes rios – e aí tem início as culturas avançadas. Fixar-se junto a esses rios imensos exigiu muita organização social a fim de administrar as cheias e a canalização das águas, mas a grande vantagem era que a inundação anual renovava a fertilidade do solo; assim comunidades de tamanho considerável puderam se desenvolver.

As primeiras cidades surgiram na Mesopotâmia em cerca de 3500 a.C. Ali, pela primeira vez, temos sociedades grandes com funções diferenciadas para os indivíduos. Numa comunidade nômade simples todos os adultos têm total domínio da herança cultural como um todo. As grandes comunidades se desenvolvem quando as pessoas conseguem fixar-se num lugar mantendo uma agricultura sempre viável. Mas esse desenvolvimento de uma ampla comunidade urbana acaba encontrando um grande problema mitológico porque as pessoas em comunidades grandes começam a ter tarefas diferenciadas e preocupações específicas. Os que tratam do escambo nunca tocam num arado. Surge o que na Índia se chamou de quatro castas: os sacerdotes, os governantes, os que cuidam do dinheiro e os servos. Isso significa que há um grupo diversificado de pessoas que precisam ser mantidas em coesão, e é nessa época que surge a imagem da mandala.

Em todas essas cidades o fenômeno central era o surgimento de um templo com seus sacerdotes. Desenvolvia-se um sistema de escrita e um sistema matemático de cálculo com base decimal ou sexagesimal, cuja unidade é 60, e que, desde então, serve para medir os círculos. A observação do céu, aliada à escrita, permitiu aos observadores registrar o que viam e prestou-se ao reconhecimento do percurso ordenado dos planetas através das estrelas fixas, das constelações e dos planetas visíveis. A Terra era a primeira, depois o Sol, mas então os sacerdotes astrônomos notaram a Lua, Mercúrio, Vênus, Marte, Júpiter e Saturno – os sete corpos celestes que deram nome aos sete dias da semana. Eles reconheceram que havia uma ordem matemática no movimento dos planetas e assim nasceu um conceito todo novo, a saber: a ideia de uma ordem cósmica que possuía natureza essencialmente matemática.[2]

Ora, as pessoas de todos os tempos sempre estiveram conscientes dos movimentos planetários, em especial do Sol e da Lua, mas, agora, elas passavam a relacionar esses movimentos a um sistema matemático. Acredito que essa seja provavelmente a transformação mais importante na noção de universo dentro da história da consciência humana. Os povos antigos, voltados para as plantas e animais, estavam interessados em fenômenos excepcionais: um animal diferente que me traz uma mensagem, uma árvore fantástica, ou um lago. Contudo, agora o interesse central não é mais com o excepcional, mas com a previsibilidade e a coordenação. Isso possibilita um desenvolvimento civilizacional inteiramente novo. Saltamos da Mãe Terra com seus filhos para a Mãe Cosmos e a ordem do universo, sendo a matemática de algum modo a chave para a natureza da Deusa Mãe, a quem esse mundo pertence.

A ideia de uma ordem cósmica matemática que encerra o mundo todo veio a ser abarcada na imagem da Deusa que mencionei acima. Não a Mãe Terra, mas a Deusa Cósmica, esfera circundante ou ventre celeste dentro de cujas fronteiras habitamos. A Deusa se tornou a figura dominante. As Moiras e as Nornas, tecelãs do destino, eram as deusas que governavam a passagem da vida, e esse poder impessoal está associado ao princípio feminino. Essa é a ideia simbolizada na iconografia fálica primitiva, que perdura na Índia nos símbolos do *liṅgam* e *yoni*, em que o órgão masculino é representado penetrando o órgão feminino de baixo para cima. E ao contemplar esse símbolo, que representa o derramar da energia divina transcendente para dentro da esfera do tempo e do espaço que todos nós habitamos, nos vemos por assim dizer dentro do ventre da Deusa observando e apreciando o mistério da criação contínua, a incessante vertente do princípio transcendente para dentro da esfera temporal. É dentro da esfera do tempo e do espaço que vivemos, dos pares de opostos, das categorias do pensamento. A deusa da lógica, e também a deusa do tempo e do espaço, limita o nosso pensamento e ação. E, assim, mesmo os nomes de deus, mesmo as formas de deus, onde quer que deus seja adorado, são os nomes e as formas dos filhos da Deusa. Ela é a divindade primária, a Mãe, e o ventre Dela nos engloba.

Inicialmente nós a vimos na arte das cavernas antigas como aquelas primeiras estatuetas esculpidas. Agora, nas mitologias inaugurais que dão origem a todas as tradições atuais, ela é a Mãe do mundo, dentro da qual até os deuses habitam. Além das fronteiras dela estaremos num local além dos conceitos, além de todas as categorias, além mesmo da categoria de ser e não ser. Ela é a primeira coisa que é.

Figura 39. Campo abstrato.
Cerâmica, Período Calcolítico, Iraque, *c.*5000 a.C.

Por volta de 4000 a.C. aparece pela primeira vez na arte das cidades sumérias o conceito de um campo estético organizado e delimitado – abstrações de vários tipos organizadas de modo ordenado e harmonioso. No prato de cerâmica da figura 39, encontrado na cidade suméria de Halaf, podemos ver a ideia do florescer no centro, uma pequena flor do universo. No centro está a flor e no centro da cidade estava o templo. A ênfase nos quatro quadrantes é muito importante e forma a unidade. Essa é a composição de toda a cidade, mostrando as quatro castas. Na arte do Paleolítico não se vê esse tipo de organização com fronteiras; há ali outra ordem – a da caverna com animais mais ou menos naturalistas. Mas esta é uma composição essencialmente estética para agradar a vista e coordenar os quatro quadrantes, as quatro castas. Fica evidente o problema dos quatro pontos e o centro – com ênfase no centro.

Figura 40. Imagem de suástica com animais em cerâmica.
Cerâmica, Período Calcolítico, Iraque, c.4000 a.C.

A figura da cruz era muitas vezes elaborada na forma de suástica, com as quatro direções da bússola movimentando-se em torno de um eixo – imagem do centro axial do movimento, do mundo no campo do tempo. Veja esta peça de Samarra (fig. 40), sua elegância estética, a simplicidade das formas. A suástica no centro é o eixo do mundo e é a Deusa, e em volta dela temos os animais.

Outra peça de cerâmica de Samarra (fig. 41) organiza o todo num padrão mais parecido com o da figura 39.

Figura 41. Formas femininas e escorpiões.
Cerâmica, Período Calcolítico, Iraque, c.4000 a.C.

Aqui a organização se baseia em quatro – e mais quatro pontos intermediários entre eles, formando oito. O cabelo esvoaçante das mulheres cria um desenho de suástica e, novamente, o feminino é o centro.

Dentre os templos mais antigos escavados e reconstruídos, estão os de Khafaje e um muito semelhante em Al-Ubaid, que data de cerca de 3500 a.C., dedicado à deusa Ninhursag.[3] Em todas as antigas cidades da Suméria o templo fica no centro da comunidade e é a maior estrutura encontrada. Os complexos dos templos dedicados à Deusa eram em forma de vulva de vaca.[4] A vaca sagrada, que ainda existe na Índia, é a forma animal da Mãe Universo. A deusa vaca é a Mãe Deusa do mundo, e de sua geração todas as bênçãos, toda a energia e todas as pessoas procedem.

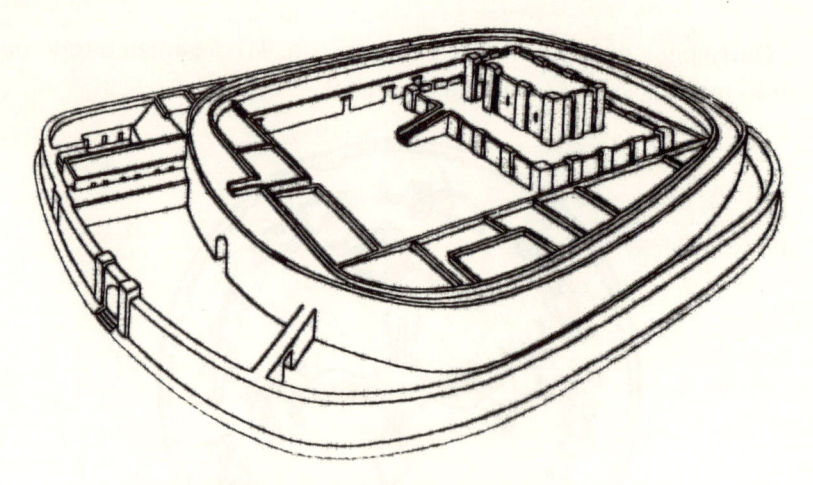

Figura 42. Templo Oval em Khafaje.
Reconstrução artística, Suméria, Iraque, c.3500 a.C.

Em seu estudo *The Myth of the Goddess: Evolution of an Image* [O Mito da Deusa: evolução de uma imagem], Anne Baring e Jules Cashford salientam:

> Ki-Ninhursag foi uma das principais deidades sumérias, "mãe de todos os viventes"; mãe dos deuses e da humanidade; mãe da própria Terra, do solo e das pedras, das plantas e safras que esta produziu [...].
> Sugere-se que o local para as mulheres darem à luz era parte do complexo do templo, que abrigava também o aprisco das ovelhas, o curral e o celeiro. Todos os produtos animais pertenciam em primeira instância à Deusa como Grande Mãe e, portanto, a seu templo, e de lá eram distribuídos pelas sacerdotisas e sacerdotes para seu povo e seus animais.[5]

Vale notar que no idioma sumério a palavra usada para designar *aprisco, ventre, vulva, virilha* e *colo* é a mesma.[6]

Figura 43. Frisa do templo de Al-Ubaid.
Pedra entalhada, Suméria, Iraque, 3000 a.C.

CAPÍTULO 4 – DEUSAS SUMÉRIAS E EGÍPCIAS

Ao mesmo tempo, em Al-Ubaid começam a surgir os zigurates. Nos complexos daqueles templos, os sacerdotes eram criadores de gado de uma raça muito especial, e o leite daquelas vacas era o leite da Deusa, a ambrosia sagrada, que era consumido pela família reinante. O leite era visto como uma matéria emblemática que levaria a mente pelo meandro de associações simbólicas a fim de meditar sobre a fonte misteriosa de nosso ser e também sobre o mistério da função que desempenhamos na sociedade.

Por tudo o que se sabe, os sumérios foram o primeiro povo altamente civilizado do mundo. Pensou-se por longos anos que os idiomas semíticos tinham sido os primeiros, depois se descobriu o sumério e, por muito tempo, os acadêmicos diziam: "Bem, esta é a língua secreta dos sacerdotes semitas". Eles custaram a reconhecer que essa tese não se sustentava. Finalmente ficou estabelecido que o sumério não tem relação quer com o semita, quer com os idiomas indo-europeus.

Figura 44. Touro da Lua e pássaro-leão. Terracota, Suméria, Iraque, c.2500 a.C.

E agora gostaria de apresentá-los, ou reapresentá-los, à Deusa Leoa. Na frisa suméria do Templo dos Touros de Uruk (fig. 44), vemos um ensaio do antigo tema: o leão-águia solar consome o touro-lua. O leão e a águia são símbolos que se equivalem ao poder solar. Isto é a Deusa. Este touro é um touro mitológico – das juntas de suas pernas emanam energias, e a dianteira direita está apoiada num crescente que se encontra sobre a montanha cósmica. Ele gera a energia da Terra, como se o touro fecundasse a Deusa Terra. Ele se importaria em ser consumido? Não. Ele está sorrindo. Esse touro representa aquele mistério da energia que se derrama para dentro do mundo e está continuamente sendo destruída e vivificada, como se vê na morte e ressurreição da Lua a cada mês.

Figura 45. Deus e Deusa, com serpente atrás, ao lado da Árvore da Vida. Sinete de argila, Suméria, Iraque, c.2500 a.C.

No sinete babilônico da figura 45, vemos a deusa serpente – igual à que vimos em Creta. Quando essa peça foi encontrada na década de 1920, pensou-se que representava o prelúdio de uma estória bíblica.

Contudo, nessa mitologia não há a Queda. A árvore que vemos aqui é a Árvore da Vida Eterna – o eixo do mundo da Deusa –, e a deidade lunar masculina marcada pelos chifres parece ter vindo para receber o fruto da Deusa, atrás de quem há uma serpente. Em termos bíblicos essa cena seria traduzida como Eva e a serpente dando a fruta à deidade masculina. Contudo, na mitologia suméria não há queda. "Venha e seja restaurado", diz ela.

O livro do Gênesis é na verdade uma tradução, para a linguagem da mitologia patrilinear hebraica, daquelas formas sumérias mais antigas que existiam milhares de anos antes de o Gênesis ser escrito.

No famoso vaso Warka, encontrado na antiquíssima cidade de Uruk (fig. 46), os sacerdotes são vistos nus, carregando os vasos até o alto da pirâmide ou templo-montanha. A parte quebrada do vaso é onde o rei estaria em pé, proferindo uma mensagem ou fazendo uma oferenda. Em frente há um outro sacerdote, que a serviço do rei carrega a oferenda da cidade até a sacerdotisa, que poderia se chamar a encarnação da Deusa – seu nome em Uruk era Inanna. As duas figuras postadas atrás dela são sinal da importância do templo nessa cultura.[7]

CAPÍTULO 4 – DEUSAS SUMÉRIAS E EGÍPCIAS

Figura 46. Vaso de Warka.
Alabastro entalhado, Suméria, Iraque, c.3000 a.C.

A Deusa era a mais elevada divindade em toda a cultura suméria, seja sob o nome de Inanna, seja de Ístar (como na *Epopeia de Gilgamesh*). Nesta cabeça esculpida (fig. 47) nós a encontramos num papel de tremenda importância, como musa. Essa máscara é a mais antiga representação da delicadeza e do encanto da cabeça feminina e não há nada que se assemelhe a ela no período. Os olhos certamente eram feitos de lápis-lazúli, as sobrancelhas eram talvez de lápis-lazúli, talvez de ébano, e sobre a cabeça teria sido posta uma peruca.

Nas primeiras formas do feminino nos períodos Paleolítico e Neolítico, vimos que a ênfase estava nos seios e quadris, na mulher como deusa do nascimento e da fertilidade. Nessa máscara contemplamos outro tipo de fertilidade que a Deusa representa – a fertilidade do espírito. Assim como o passado é transformado em futuro pela Deusa, também a vida material é traduzida para o espiritual. Essa cabeça é o feminino não como gerador da vida física, mas como musa, transformadora do espírito.

O nascimento virginal, o nascimento de nossa vida espiritual – eis o que está representado nessa peça. Outras representações da Deusa nesse aspecto carecem da delicadeza dessa cabeça, mas conseguem transmitir algo do que se passa.

Figura 47. Cabeça Warka. Mármore esculpido, Suméria, Iraque, c.3200 a.C.

Figura 48. Estatuetas da Deusa-Olho no início da civilização suméria. Alabastro, Síria, 3500-3000 a.C.

Nas denominadas estatuetas da Deusa-Olho (fig. 48), constatamos outra representação da mudança de foco no tocante à Deusa: de fonte de geração física para fonte de geração espiritual. Os olhos de algumas dessas estatuetas parecem ter sido coloridos de azul. O olho azul é o olho da abóboda celeste. Este é um ponto importante, pois ele nos distancia da Deusa como unicamente deusa da Terra, e da associação do feminino apenas com a fertilidade e a Terra. Existe uma ampla gama

## Capítulo 4 – Deusas sumérias e egípcias

de símbolos da Deusa que fazem outras referências que não só à Terra física. Toda a inspiração de vida, seja física ou espiritual, vem da Deusa.

Pode-se traçar o caminho da Deusa-Olho até as Ilhas Britânicas e a Escandinávia. Transportemo-nos ao início da Idade do Bronze, que, como mencionei, é uma liga de cobre e estanho. Em todos os lugares onde havia estanho – na Transilvânia, nos Bálcãs, na Cornualha –, havia uma comunidade de mineradores. Aqui surgem os belos trabalhos de bronze e ouro.

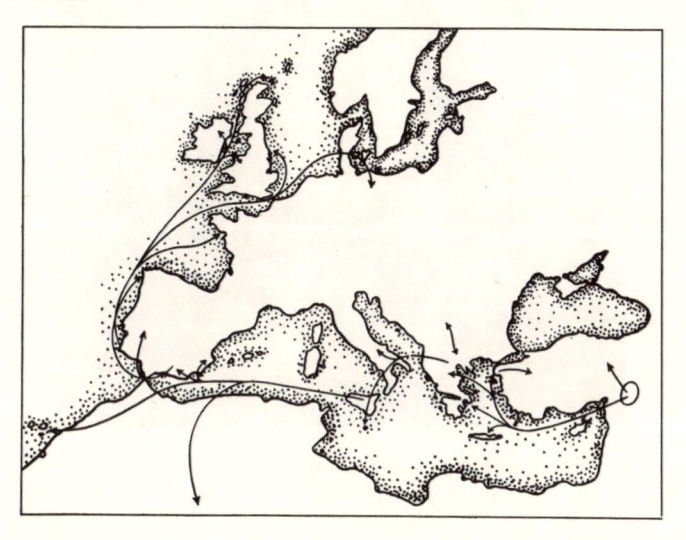

Mapa 4. Difusão da tradição e monumentos da Deusa-Olho.

Durante a década de 1920, o arqueólogo britânico Sir Leonard Woolley escavou o terreno em frente ao zigurate de Ur, e descobriu o que hoje se chama de Tumba Real de Ur.[8] Woolley não encontrou apenas o rei e a rainha sepultados ali, mas toda a corte, seus carros de boi, os condutores desses carros, os nobres, as dançarinas e os músicos.[9] Baseado no estado das ossadas, deduziu-se que a corte entrou no túmulo viva, e não se sabe se o rei foi vítima de uma morte ritual ou se morreu de causas naturais. Ele foi enterrado com sua corte, depois a sepultura foi preenchida de terra, e por cima foram sepultadas a rainha (cujo nome, Puabi, está inscrito num selo de lápis-lazúli) e sua corte. A mulher era a ordem cósmica e também aquela que despertava para a vida futura e, quando o homem morria, a mulher descia ao inframundo para trazê-lo de volta à vida. De novo temos o tema do *satī*.

*Deusas*

Figura 49. Toucado da rainha sacrificada Puabi.
Ouro, Suméria, Iraque, 2500 a.C.

O que é um herói na essência? Herói não é alguém que fez mil gols. Herói é alguém que deu a vida por uma causa ou por alguém. Esse ato está representado aqui no papel feminino da esposa que segue para o inframundo por seu marido, pois ela está unida a ele, e o traz de volta à vida eterna. Encontramos o mesmo tema na grandiosa estória da viagem de Ístar pelo inframundo para trazer o deus Tammuz, seu esposo, de volta à vida. Tal é o grande mito da Deusa: ela desce ao mundo dos mortos para trazer vida imortal a seu esposo e a si mesma. Essa imagem do papel da mulher não apenas como criadora do cosmos, mas como aquela que resgata, dentro do cosmos, é a base de todas as antigas tradições.

CAPÍTULO 4 – DEUSAS SUMÉRIAS E EGÍPCIAS

Figura 50. Inanna. Terracota, Suméria, Iraque, c.2300-2000 a.C.

Uma das mais antigas jornadas do herói consignadas em texto – possivelmente anterior ao *Gilgamesh* – é o mito sumério da descida da deusa do céu, Inanna, ao além-túmulo.[10] *A Descida de Inanna* foi gravado na forma de poema épico em tabuinhas de argila, datadas de cerca de 1750 a.C., que permaneceram enterradas por cerca de 4.000 anos nas ruínas de Nipur, centro cultural e espiritual da Suméria.[11]

> *Do "grande acima" ela voltou a sua mente para o "grande abaixo",*
> *A deusa, desde o "grande acima", ela voltou a sua mente para o "grande abaixo".*
> *Inanna, do "grande acima", ela voltou a sua mente para o "grande abaixo".*
> *Minha senhora abandonou o céu, abandonou a terra, ao mundo do além ela desceu.*
> *Inanna abandonou o céu, abandonou a terra, ao mundo do além ela desceu.*
> *Abandonou o reino, abandonou a condição de rainha, ao mundo do além ela desceu.*

Em cada um dos sete portais que Inanna atravessa a caminho do inframundo, ela é obrigada a remover um item de sua roupa e adereços, de modo que por fim chega nua ao reino de sua irmã, despida de todos os itens mundanos. Quando ela finalmente chega ao fundo, sua irmã Ereshkigal, que governa o mundo dos mortos, tira a vida de Inanna com "o olho da morte" e a pendura num gancho por três dias.

Ao ver que Inanna não voltou ainda do inframundo, seu aliado, Ninshubur, pede a ajuda de Enki, deus da artesania, que envia dois assistentes ao inframundo para tentar libertar a deusa. Quando estes chegam, veem Ereshkigal sofrendo as dores do parto e se mostram empáticos, assim conseguem a libertação de Inanna. Esta sobe ao mundo dos vivos, onde todos choravam sua ausência – todos menos seu marido, Dumuzi. Como Inanna precisa encontrar alguém para ocupar seu lugar no mundo dos mortos, ela escolhe Dumuzi.

## O Influxo Semítico: Sargão e Hamurábi

A aurora da Era do Bronze, logicamente, prenunciou a chegada dos invasores, com suas armas e mitologias masculinas. Na Mesopotâmica essa transição foi marcada pela chegada dos acádios semitas.

Figura 51. Sargão da Acádia. Bronze, Suméria, Iraque, *c.*2300 a.C.

O primeiro grande monarca semita foi Sargão I, que reinou por volta de 2300 a.C. Sua estória lhes parecerá familiar: sua mãe era uma mulher simples que vivia às margens do rio e, quando seu filho nasceu, ela fez uma cestinha de junco que selou com betume. Ela colocou seu filhinho na cesta, que foi levada pelas águas do rio até os jardins do palácio.

A cesta foi retirada do rio pelo jardineiro das terras do imperador, e a deusa Ístar se apaixonou pela criança. O imperador o olhou com respeito. Ele cresceu e tornou-se Sargão I.

Figura 52. Hamurábi recebendo a codificação das leis do deus Shamash. Granito esculpido, Babilônia, Iraque, 1780 a.C.

Hamurábi reinou como senhor da nova cidade-estado da Babilônia até sua morte em 1750 a.C. Em uma das estelas que registram seu famoso código legal (fig. 52), vemos Hamurábi recebendo as leis do deus Shamash, deus do Sol, de cujos ombros se projetam raios de luz. Nas mitologias dos povos guerreiros, pela primeira vez, descobrimos que o Sol é masculino e a Lua feminina.

Sargão (c.2300 a.C.) e Hamurábi († 1750 a.C.) marcam a incursão das tradições masculinas nas cidades-estado da Mesopotâmia – os semitas vieram saqueando desde o deserto Sírio-Árabe. Eles eram um povo guerreiro e impiedoso. Não perguntavam às estrelas "Será este o momento de eu ir para o túmulo?" Não deixariam ninguém fazer isso com eles, nem ofereceriam um substituto, nem deixariam que alguém assumisse o papel de comando.

O aparecimento dos semitas naquele mundo antigo da Deusa se expressa num novo tipo de mitologia: a memorável estória de Marduk, deus solar e celeste que enfrenta a deusa do abismo, Tiamat, avó de todos os deuses.[12] Segundo a estória, o panteão masculino assume o controle e passa a criar o mundo. Mas o que acontece então? Tiamat sai do abismo, Marduk a enfrenta, e ela é chamada demônio. Na verdade ela é a Mãe dos Deuses. Ele a mata, lhe retalha o corpo, faz o céu com a parte de cima do corpo dela e o inframundo com o abismo. Ele cria os homens usando o sangue dela, e assim por diante.

Vejam só que coisa encantadora Marduk fez com a Avó. Dessa forma o masculino começa a assumir o papel de criador.

No meu primeiro contato com esse texto pensei: "Bem, se ele não o fizesse, ela mesma o faria". Na verdade ela se torna o mundo. Ela dá seu corpo voluntariamente, mas faz com que pareça ter sido obra dele. Por outro lado, o segundo ponto demonstrado aqui – e isso é outra coisa aprendida da psicologia – é que, quando o masculino entra, há divisão, ao passo que, quando o feminino entra, cria-se união. Por exemplo, no mito que vimos antes, é a mulher do búfalo que une o que parecem ser opostos: o mundo animal e o humano. A mãe une seus filhos. É com a percepção de que o pai é diferente da mãe que surgem a separação e a diferenciação.

Assim, com as mitologias masculinas semitas, temos pela primeira vez a separação entre o indivíduo e o divino. Este é um dos temas mais importantes e decisivos na história da mitologia: a vida eterna e a integração com o universo não mais nos pertencem. Somos separados de Deus; Deus é separado de seu mundo; o homem está voltado contra a natureza e a natureza está voltada contra o homem.

Inexiste tal separação nas mitologias da Grande Mãe.

Há ainda outra coisa interessante sobre as mitologias semitas. Todas as outras mitologias que conheço têm como divindades primárias as representações da natureza: os deuses do céu e da terra e os poderes da natureza, que estão dentro de nós e também fora. E nessas mitologias o ancestral da tribo é sempre um deus secundário.

Nas mitologias semitas, a situação se inverte. A divindade fundamental em todas as tradições semitas é a divindade ancestral local. Como observei antes, quando se tem a mesma divindade que os outros, pode-se afirmar: "Aquele que você chama Zeus, nós chamamos Indra". Mas, se a sua principal divindade for uma deidade tribal local, não se pode fazer a mesma afirmação.

Portanto, temos aqui um padrão de exclusivismo, uma ênfase no social, nas leis sociais, e um viés antinatureza. Toda a história do Antigo Testamento mostra Iahweh indo contra os cultos naturais. A Deusa é chamada de Abominação, e ela e suas divindades são chamadas de demônios; não se lhes reconhece a condição divina. Além disso, predomina o sentimento de que a vida divina não está *dentro de nós;* a divindade está em algum lugar lá fora. A atitude de oração agora se exterioriza, ao passo que nos tempos antigos se buscava a interiorização voltada para o divino imanente. Depois dessa mudança, como chegar ao divino? Através de um grupo social especialmente bem dotado: a tribo, a casta, a igreja.

Temos, portanto, uma ênfase masculina que vai contra a ênfase na Deusa. Quando isso ocorre, nos termos da psicologia individual, há uma supervalorização do papel do pai: repudia-se a natureza, repudiam-se as mulheres. Isso é o que Nietzsche chama de a experiência de Hamlet, ou seja, fazer reverência ao pai e dizer a Ofélia: "Vá se afogar".

"Oh, se esta carne sólida, sólida demais, pudesse derreter".[13] Passamos a odiar nosso corpo, detestar a natureza, querer escapar de tudo isso. Completamente oposta é a atitude dos cultos à Deusa. Na tradição bíblica, que é a última grande tradição dessa linhagem semita, nem sequer existe uma deusa. Temos um Deus Pai sem uma Deusa Mãe – algo muito estranho.

O que acontece à Deusa Mãe? Ela é reduzida ao nível elemental. Ela é a água cósmica, que está ali onde o espírito de Deus paira sobre as águas. Ele ganha personificação humana, ela não. O Caos é exatamente Tiamat, a deusa do abismo, que agora foi privada até de sua personalidade. Toda essa configuração mitológica fez pesar sobre a nossa cultura uma grande tensão.

É interessante notar também que dentro da tradição judaica a aliança é representada pela circuncisão. Percebe-se assim que a mulher ficou totalmente de fora.

*Deusas*

Temos, portanto, a cisão mais radical já vista na história das civilizações e das mitologias entre o princípio masculino, que recebe todo o poder, e o princípio feminino, que é privado dele, sendo impugnado seu mundo de natureza e beleza. Toda beleza é rejeitada nessa tradição e considerada uma distração, uma sedução.

## Egito

É absolutamente estarrecedor o poder e o efeito do Egito sobre a história do mundo. Por volta de 4000 a.C. o vale do Nilo começou a ser habitado e pequenas vilas foram se espalhando pela região – junto com a Deusa. A história do Egito começa no norte, o Período Médio se dá no centro, e o Período Tardio acontece no sul. O Nilo é tudo: de um lado e de outro há somente deserto, ou seja, o Egito estava bem protegido. Só havia uma maneira de qualquer outro povo entrar lá – pelo delta do rio.

Figura 53. Estatueta da Deusa.
Terracota, Período Pré-dinástico, Egito, c.4000 a.C.

## Capítulo 4 – Deusas sumérias e egípcias

Num pequeno túmulo em Hierakonpólis, de cinco mil anos antes dos primeiros faraós, existem decorações nas paredes que mostram animais (fig. 54). A semelhança dessas figuras com aquelas encontradas no Iraque – os animais em movimentos circulares – sugere que o Egito recebeu sua civilização evoluída durante o período incipiente da Mesopotâmia. De fato, já está comprovado que a Mesopotâmia é uma cultura anterior. Portanto, em cerca de 3200 a.C. o estilo egípcio não havia ainda se consolidado.

Figura 54. Decoração mural do túmulo de Hierakonpólis.
Tinta e reboco, Período Pré-Dinástico, Egito, *c*.3500 a.C.

No norte do Egito temos um cultura pré-histórica neolítica até cerca de 3200 a.C. Depois vieram as primeiras dinastias, de 3200 a 2685 a.C., e em seguida o Antigo Império, época da construção das pirâmides. O Período Intermediário, entre 2280 e 2060 a.C., abarca da III à VI dinastia, duzentos anos de caos – mas todo historiador tem suas próprias datas para o Egito.

Depois do Período Intermediário vem um segundo período chave, o Médio Império, de 2200 a 1650 a.C. Nesse período, que abarca da XI à XIII dinastia, a capital é Tebas. Essa é a época em que os faraós eram enterrados nas encostas das montanhas porque as pirâmides estavam sendo saqueadas por ladrões de sepulturas.

Depois vem o segundo Período Intermediário, de 1650 a 1580 a.C., que é muito especial. Cem anos depois de Hamurábi, os povos do oeste da Ásia invadiram o Egito pelo delta do Nilo. Presume-se que essa tenha sido a época em que os hebreus chegaram ao Egito.

Contudo, esses asiáticos ocidentais foram expulsos do Egito por volta de 1580 a.C. Após a invasão, os egípcios decidem se defender, e começam pela costa até chegar à Turquia. Esse é o período que se chama de Império Egípcio; corresponde ao Egito que aparece em todas as estórias bíblicas.

Os persas conquistaram o Egito por volta de 525 a.C. Depois o Egito foi conquistado por Alexandre o Grande em cerca de 332 a.C., e pelos romanos em torno de 30 a.C., época de Cleópatra. Trata-se de uma história notável se considerarmos que o Egito não passava de uma fatia muito fina de vale ribeirinho.

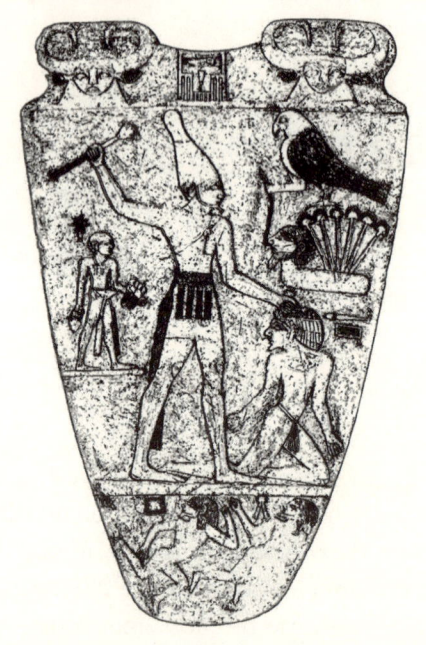

Figura 55. Paleta de Narmer.
Siltito entalhado, Antigo Império, Egito, c.3200 a.C.

Seja como for, por volta de 3200 a.C., surge aquele Egito que reconhecemos; é notável como o estilo aparece de repente. A Paleta de Narmer (fig. 55) mostra o rei do Alto Egito conquistando o rei do Delta e unindo os dois territórios. Na parte superior, de ambos os lados, temos cabeças de vaca – a deusa Hátor, que guarda o horizonte e é chamada de Casa de Hórus. O faraó usa o emblema da deusa no cinto, na frente, atrás e dos lados, e por isso se afirmava que ele preenchia o horizonte. Esse faraó é o primeiro de que temos notícia e era o mais alto deus. Ele encarna como o mais elevado poder da divindade, mas Hátor é o horizonte dentro do qual ele habita, é o poder aglutinador. O faraó usa um rabo de touro e, portanto, ele é a encarnação do deus Osíris, deus touro lunar, que morre e ressurge, morre novamente e ressurge – modelo de morte e ressurreição pelo qual passam muitas divindades. O falcão é Hórus, representado como totem do rei do Alto Egito, ao passo que a planta abaixo do totem representa o pântano de papiros, símbolo do Delta, que acaba de ser subjugado. A cabeça representa o rei do pântano de papiros nas garras de Hórus. Estes são os signos místicos dos fatos físicos: o rei com a coroa, segurando pelos cabelos o rei do Delta, e matando-o. O faraó conquistador ostenta a coroa do Reino do Baixo Nilo, e a seu lado vão os signos dos quatro pontos cardeais e de seu poder. De agora em diante o faraó terá duas coroações, uma como senhor do Sul e outra como senhor do Norte. Mais tarde as coroas serão unidas, de modo que em períodos posteriores a coroa será uma combinação dessas duas.

Figura 56. As pirâmides de Gizé. Antigo Império, Egito, c.2560-2540 a.C.

Durante a IV Dinastia (2613-2494 a.C.), foram construídas as quatro grandes pirâmides de Gizé. O simbolismo da pirâmide está ligado à cheia anual do Nilo, que por sua vez está associada à morte do deus Osíris, pois a umidade de seu corpo em decomposição fertiliza o solo. Quando a terra desaparece sob as águas da enchente anual, é como se o mundo tivesse voltado à sua condição inicial: tudo é apenas água. Quando baixa o nível do rio, aparecem outeiros primevos, símbolos da semente do universo, e isso é a pirâmide. O outeiro ou monte primevo é a Deusa e contém todo o poder generativo do universo, e dentro da pirâmide está o rei, enterrado como energia generativa dentro da montanha do mundo – ele é a contraparte de Osíris morto. A arquitetura egípcia tem um significado simbólico; o faraó é Osíris morto dentro do monte primordial, e esse outeiro é o primeiro sinal de vida que volta àquele mundo alagado no tempo de sua morte, e sua morte é o princípio fértil.

Figura 57. A Grande Esfinge.
Calcário esculpido, Antigo Império, Egito, c.2500 a.C.

A esfinge simboliza a continuidade do poder faraônico. Os faraós vêm e vão, mas eles são todos portadores, ou veículo, do poder faraônico. A esfinge é filha da magnífica deusa leoa Secmet com uma estranha deidade de nome Ptá, sempre representado em forma de múmia, mas que na verdade é um deus lunar. Os raios da Lua fertilizam a deusa leoa, e essa é a origem da esfinge.

No Egito, o céu é a deusa Nut, e a Terra é o deus Geb, seu esposo. O Sol nasce do ventre dela, no leste, passa por cima dela em seu trajeto diário de balsa, e entra em sua boca no oeste. Na manhã seguinte, ele nasce mais uma vez de seu ventre no oriente.

Tanto na mitologia mesopotâmica como na grega o céu é um deus e a Terra é uma deusa, pois a chuva vem do céu e fertiliza a Terra. Originalmente a Terra e o céu eram um só ser, que foram separados depois – e por vezes se pensa que isso foi causado pelo pecado, ou por mero acidente. Na grande estória grega, o Céu (Urano) estava deitado tão perto de Gaia, a Terra, que seus filhos não conseguiam sair do ventre dela. Ela então deu uma foice a seu filho Cronos, que castrou Urano e o empurrou para cima. No mito egípcio que estamos estudando, ocorre o oposto. A deusa é que se vê empurrada para cima (fig. 58).

Figura 58. A separação de Nut e Geb.
Manuscrito de papiro, Egito, data desconhecida.

## O Mito de Ísis e Osíris

A deusa Nut deu à luz dois casais de gêmeos. Os mais velhos são Osíris e Ísis, e depois vieram Néftis e seu consorte Set. Osíris é o senhor e gerador da cultura da sociedade. A deusa Ísis, sua irmã/noiva, usa um trono na cabeça. Ela simboliza o trono sobre o qual o faraó se senta, portanto, o trono do Egito é a Deusa, e o deus encarnado se senta nele como seu agente. Essa continuidade da Deusa é muito forte no Egito.

Mas certa noite Osíris dorme com Néftis pensando ser Ísis. Esse é o tipo de desatenção aos detalhes que nunca termina bem em estórias dessa natureza. O resultado é que seu irmão, Set, esposo de Néftis, decide se vingar. Set vai à desforra mandando construir um rico e belo sarcófago sob medida para Osíris. Numa noite, durante um belo festim, Set chega com o sarcófago e diz: "Quem couber neste sarcófago pode ficar com ele".

Bem, todos experimentaram, como no caso do sapatinho de Cinderela. Quando Osíris se deitou no sarcófago, vieram 72 cúmplices de Set, selaram o sarcófago, levaram-no e o jogaram no Nilo. E esse foi o fim de Osíris.

Figura 59. Osíris em pé entre Ísis e Néftis.
Baixo-relevo, Período Ptolomaico, Egito, século II a.C.

Assim como a deusa deve descer para resgatar seu marido na tradição mesopotâmica, também Ísis agora desce para encontrar seu marido Osíris. Ele flutua Nilo abaixo e o sarcófago acaba por encalhar numa praia da Síria (num lugar que hoje chamamos de Líbano), e ali, ao redor dele, uma linda árvore cresce e o encapsula.

Figura 60. Osíris e a Árvore Érica.
Baixo-relevo, Período Ptolomaico, Egito, século I a.C.

O rei da cidade síria mais próxima queria construir um palácio e, quando desceu até a beira-mar, sentiu o aroma dessa árvore tão agradável, tão encantador, que decidiu arrancá-la e colocá-la no palácio como pilar principal da sala de visitas (fig. 61). Nesse meio tempo, sua esposa acabava de dar à luz um menino.

Ísis veio de muito longe – e esses deuses têm uma intuição para coisas assim – e chegou justamente na praia que Osíris havia atingido. Ela se empregou como babá da criança que tinha acabado de nascer no palácio, em cujo pilar central da sala de visitas estava seu marido. À noite ela realizava um pequeno ritual: colocava o bebê na lareira para dar-lhe vida eterna e eliminar seu caráter mortal pelo fogo; transformava-se numa andorinha e voava em torno da coluna que encerrava seu marido, piando seu lamento.

Certa noite a mãe da criança entra e vê o corpinho de seu filho no fogo, uma andorinha tola a piar em volta da coluna e nada de babá. Ela grita e quase quebra o encantamento, de modo que a criança tem de ser resgatada para não ser incinerada.

Então a andorinha se transforma de novo em Ísis e declara que seu marido está dentro da coluna e que ela quer levá-lo para casa.

Ísis toma o pilar com seu marido dentro, põe em cima de uma balsa e vai para casa. Ela então abre o sarcófago e deita sobre seu marido, concebendo assim seu filho Hórus. Este é um momento importante no mito: Hórus, filho de Osíris, é concebido enquanto Osíris, seu pai, está morto. Ísis tem pavor de Set, que assumiu o trono, de modo que ela fica no Delta e ali dá à luz Hórus, em meio a muita dor.[14]

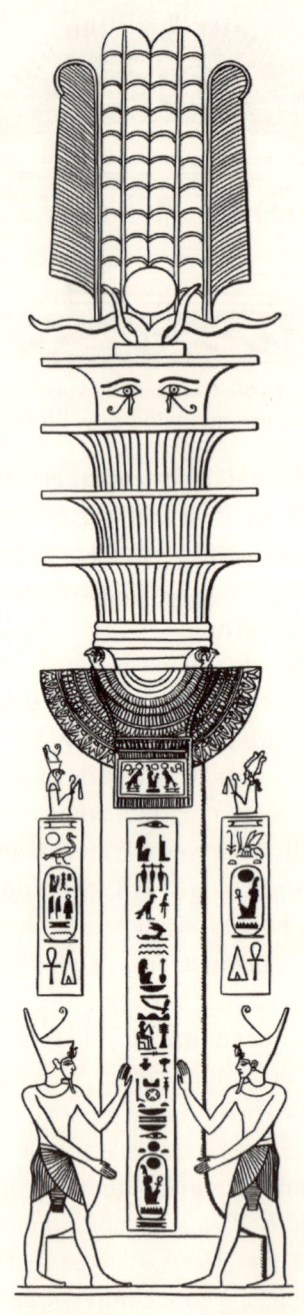

Figura 61. Pilar de Djed.
Baixo-relevo, Período Ptolomaico, Egito, século I a.C.

CAPÍTULO 4 – DEUSAS SUMÉRIAS E EGÍPCIAS

Ísis chega ao pântano de papiros e tem seu filho Hórus envolta em tristeza e dor. Durante as dores do parto seu único esteio são o deus Sol, Amon-Ra, e o deus Lua, Tot, guia dos mortos. Ísis é um dos principais modelos para a Madonna na tradição cristã; é o tema da mãe dando à luz sem a presença do pai, que segue como tema constante até o folclore e os épicos posteriores.

Enquanto isso, Néftis também dá à luz um filho, produto de sua união com Osíris. Ele tem cabeça de chacal e seu nome é Anúbis.

Um dia, Set está fora, caçando um javali – nosso velho conhecido ctônico, um javali de presas voltadas para baixo que representa a morte e a ressurreição. Set segue o javali até o pântano de papiros e encontra Ísis com o pequeno Hórus e o corpo de Osíris. Ele retalha o corpo de Osíris em quinze pedaços e os espalha para todo lado.

Figura 62. Ísis e Hórus no pântano de papiros.
Baixo-relevo, Período Ptolomaico, Egito, século I a.C.

De modo que Ísis precisa sair à sua procura novamente. Felizmente, dessa vez ela é acompanhada por Néftis e pelo pequeno Anúbis, menino com cabeça de chacal, que fareja tudo para encontrar os pedaços de Osíris. Dos quinze pedaços, eles conseguiram encontrar quatorze. O décimo quinto pedaço, que por acaso eram seus órgãos genitais, fora comido por um peixe. E assim Osíris morto passa a ser associado à fertilização do solo egípcio, que acontece todos os anos com a cheia do Nilo. Depois que seu corpo foi remontado por Ísis, Anúbis assume o papel do sacerdote egípcio e embalsama o corpo.

Esse é um rito de ressurreição, de restauração da vida. Quando os sacerdotes egípcios embalsamavam os corpos, eles usavam a máscara de Anúbis e reencenavam todo o mito.[15] Nos papiros e rituais, a pessoa que tinha morrido era chamada Osíris de Tal [Osíris seguido do sobrenome] e o objetivo do ritual era que Osíris de Tal fosse à presença do Osíris essencial e reconhecesse o poder divino como idêntico a si mesmo.

Hórus trava uma batalha com Set para vingar seu pai e, nesse embate, perde um olho. Esse olho, chamado de Olho de Hórus, é visto como o sacrifício que fez ressurgir Osíris dando-lhe a imortalidade; assim Osíris se torna o juiz dos mortos. O faraó morto era identificado com Osíris no inframundo, ao passo que o faraó vivo era identificado com Hórus.

Figura 63. Coração sendo pesado.
Papiro, Novo Império, Egito, 1317-1301 a.C.

Quando as pessoas morriam, eram embalsamadas, como foi Osíris, e guiadas por Anúbis até uma balança que pesava seu coração, tendo como contrapeso uma pena (fig. 63). A pena é símbolo do espiritual, e o coração é símbolo do físico. Se o coração não pesasse mais do que a pena, a pessoa seria digna da imortalidade espiritual. Caso contrário, um monstro aligátor demoníaco consumiria a pessoa.

A pena em cima da haste vertical da balança é a pena da deusa Maat, que representa o todo, que pode ser chamado de ordem cósmica, a ordem e a lei do universo.

Figura 64. Maat.
Baixo relevo pintado, Período Ptolomaico, Egito, século I a.C.

Figura 65. Ártemis. Escultura de bronze,
Período Clássico, Grécia, *c.*330-320 a.C.

Capítulo 5

# Deusas e Deuses do Panteão Grego¹

## O Número da Deusa

Deuses são metáforas transparentes que deixam ver a transcendência. Na minha visão da mitologia, as deidades, e até mesmo as pessoas, devem ser compreendidas dessa mesma maneira, como metáforas. Essa é uma visão poética. Ela deve ser compreendida da mesma forma como as palavras de Goethe no final de *Fausto*: *"Alles Vergängliche ist nur ein Gleichnis"* ("Tudo o que é transitório não passa de referência").² A referência é àquilo que transcende toda fala, todos os vocabulários, todas as imagens. Penso no estilo mais prosaico de reflexão sobre tais referências como sendo mais teológico do que mitológico. Na teologia o deus é considerado uma instância final, uma espécie de fato sobrenatural. Quando a deidade não é transparente, quando ela não se abre ao transcendente, ela não se abre ao mistério que é o enigma de nossa vida.

Nos sistemas mitológicos poéticos, o poder ao qual estamos nos dirigindo lá fora é uma imagem amplificada do poder que opera dentro de nós. Nossa deidade é uma função de nossa própria habilidade de vivenciar e conceber o divino. É reflexo de nossa própria posição na hierarquia espiritual. Como afirma a *Chāndogya Upaniṣad* em cerca de 900 a.C. na Índia, *"Tat tvam asi"* (Tu és aquilo). O mistério de nosso ser é aquele que não conseguimos conceber, que jaz além do alcance da língua, ao qual aludimos metaforicamente através das imagens do nosso panteão. Há também um ditado na *Bṛhadāraṇyaka Upaniṣad*:

"As pessoas dizem 'Adore esse deus! Adore aquele deus!' – um deus atrás do outro, este universo inteiro é em si criação de Deus!"[3] Aqueles que buscam sua adoração *lá fora* não compreendem. Voltando-nos para dentro, *aqui* encontramos as pegadas do mistério do ser.

Essa é uma ideia que já aparece no *Livro Egípcio dos Mortos*, onde a pessoa que morre é chamada Osíris de Tal. O falecido está a caminho, na jornada pelo inframundo e além, a fim de chegar ao trono de Osíris, deus que morreu, ressurgiu e que julgará os mortos exatamente no modelo de Cristo. O indivíduo a caminho de Osíris é também Osíris. Ele é você. No meio da jornada, Osíris de Tal se dá conta de que todas as deidades que já cultuou não são nada mais que funções de seu próprio mistério. Ele passa por uma área cinzenta no inframundo e diz: "Meu cabelo é o cabelo de Nu, meu rosto é a face de Re, meus olhos são os olhos de Hátor". Cada parte do meu corpo é parte de algum deus.[4] E então ele diz: "Eu sou ontem, hoje e amanhã e tenho o poder de nascer uma segunda vez. Eu sou aquele mistério que deu nascimento aos deuses".[5] Esta é a compreensão culminante na iniciação mitológica: que você mesmo é aquilo que vê refletido lá fora em seu panteão, e deve vir a reconhecê-lo como algo que habita dentro de você.

Contudo, na mitologia prosaica, que chamo de "teologia", o deus é visto como instância final: ele não está *aqui dentro*, ele está *lá fora*, e você não deve se *identificar* com ele, deve se *relacionar* com ele. Faço, portanto, uma distinção entre esse sistema e o outro que aponta para uma identidade com aqueles poderes, ou com a operação dessas forças misteriosas dentro de nossa vida, através de nossos próprios órgãos e revelados em nossas visões oníricas. Quando os lendários iogues da Índia, adoradores de Śiva como Deus, chegam a essa percepção, eles se vestem como Śiva e dizem: "*Śivo'ham*" ("Eu sou Śiva"). Agora, nesta vida, podemos viver como se fôssemos manifestação de Śiva e, vivendo dessa forma tempo suficiente, agindo de modo coerente com essa fé e crença, chegaríamos finalmente à percepção de que de fato o somos. No budismo xintoísta, isso é chamado de "fase do despertar", depois da qual saberemos que ninguém pode nos privar de nossa vida interior de consciência e energia que sustenta as estrelas, as galáxias, os pássaros na floresta e as árvores porque, agora sabemos, ela sustenta também a nós. Somos partícipes desse mistério eterno.

CAPÍTULO 5 – DEUSAS E DEUSES DO PANTEÃO GREGO

Na perspectiva "teológica", segundo a qual a deidade que nos criou é um fato externo, afirmar "Eu sou o divino" é o cúmulo da blasfêmia. Aliás, Cristo foi crucificado por dizê-lo. As religiões bíblicas – judaísmo, cristianismo e islamismo – são religiões de relacionamento e não de identidade, e são institucionalizadas. Como se relacionar com Deus? Sendo membro de uma dada comunidade. Há dois tipos de comunidade. Uma é a biológica, e nesse caso se inserem as religiões tribais nas quais se vem ao mundo na comunidade de deus. À outra chamo de religião mundial, na qual o batismo nos introduz na comunidade, única capaz de estabelecer nosso relacionamento com Deus.

As três grandes religiões mundiais são o budismo (que é uma religião muito mais mitológica do que relacional), o cristianismo e o islamismo. Ora, o budismo está ligado ao hinduísmo assim como o cristianismo e o islamismo estão vinculados ao judaísmo. Hinduísmo e judaísmo são religiões tribais. A pessoa nasce hindu, e não apenas hindu, mas hindu desta ou daquela casta. Igualmente, nasce-se judeu. Esse é um entrave para os judeus dos dias de hoje que venham a se desiludir com os aspectos teológicos desse credo, visto que, mesmo perdendo sua religião, eles não deixam de ser judeus. Há um vínculo duplo.

Judaísmo, cristianismo e islamismo são bem diferentes das religiões hinduístas, pois são religiões mais prosaicas que poéticas, ao passo que o hinduísmo e o budismo são fundamentalmente metafóricos.

Nas mitologias da Deusa encontradas na Europa Antiga e na Europa Clássica, estamos diante de um conjunto de evidências que data das origens da agricultura e da domesticação de animais. Os primeiros pequenos grupos de caçadores coletores nômades enfrentaram um problema psicológico totalmente diverso daquele encarado pelas comunidades sedentárias posteriores, nas quais começam a surgir sociedades diferenciadas. Nas configurações nômades iniciais, todos os adultos dentro de uma dada comunidade dominavam a totalidade da herança cultural. Ainda assim, havia distinções nessas sociedades. A primeira distinção significativa era entre os papéis feminino e masculino. A segunda era entre os grupos etários: velhos, adultos, jovens e crianças. Finalmente, fazia-se a diferença entre a comunidade em geral de um lado, e o xamã de outro. Xamã é alguém que já vivenciou uma crise psicológica profunda e encontrou dentro de si as energias dinâmicas simbolizadas nos mitos da sociedade.

Contudo, quando as cidades despontaram no Oriente Próximo por volta de 3500 a.C., desenvolveu-se ali uma sociedade diferenciada e especializada de fato. Havia agora famílias governantes profissionais, sacerdotes profissionais, comerciantes profissionais, agricultores profissionais e por fim artesãos profissionais: ceramistas, marceneiros, e assim por diante. Nessa época desenvolveu-se uma fortíssima mitologia sociológica, cujo significado passa a mensagem de que, apesar das diferenças, somos todos um só. Essa visão está manifestada de forma clara no sistema de castas hindu: somos todos um só corpo e cada indivíduo é uma célula em algum dos grandes órgãos desse corpo. Os brâmanes, ou sacerdotes, são a cabeça do corpo social. Os xátrias, ou casta governante, são os braços e as mãos da sociedade, que fazem cumprir a lei dada pelos brâmanes. Os vaixias, ou mercadores, são o corpo, o torso da sociedade. Estas três são conhecidas como as castas nascidas duas vezes e recebem educação e formação intelectual. Depois vem a quarta casta, bem separada das outras: os sudras, que constituem as pernas e os pés, o apoio do corpo.

Por volta de 3500 a.C. no Oriente Próximo (período chamado de Uruk B Sumério), os sacerdotes iniciaram a observação sistemática do céu. A escrita se desenvolveu e surgiu a contagem do tempo e do espaço com base no sistema decimal e no sistema sexagesimal (fundado no número 60), que continuamos a utilizar para marcações rotineiras, quer sejam segmentos de tempo ou de espaço.

Graças a esses sistemas de escrita e registro, foi possível traçar com precisão o movimento dos planetas através das constelações fixas. Os astros visíveis são a Lua, Mercúrio, Vênus, o Sol, Marte, Júpiter e Saturno. Os sacerdotes logo perceberam que eles se moviam numa velocidade matematicamente determinável através das estrelas fixas. A mitologia do ciclo de tempo, de uma ordem cósmica determinada de modo matemático deriva disso. As mitologias primitivas anteriores estavam interessadas no excepcional: uma árvore especial, esta pedra interessante, pequenas formas estranhas, um animal que se comporta de maneira peculiar. Nessa nova mitologia cósmica, o interesse se volta exclusivamente para a grande ordem, portanto, a matemática mística tem origem nesse período. Já que a grande ordem cósmica é o ventre que nos circunda e dentro do qual toda vida acontece, ela se identifica com o poder feminino, a Deusa, o Universo Mãe.

CAPÍTULO 5 – DEUSAS E DEUSES DO PANTEÃO GREGO

Esse universo tem uma matemática inata, e o número 9 se torna o grande número da Deusa. Nove, o número das musas, é três vezes três, a tríade das Graças. As três Graças são (como veremos) os três aspectos de Afrodite, mas também o ritmo de sua energia: a que entra no mundo, a que volta, e a união desses dois movimentos na própria Afrodite. Outro número interessante é 432: some os algarismos e o resultado é nove. Na Índia, os Puranas afirmam que 43.200 é o número de anos do *Kālī Yuga*, último e atual ciclo que perfaz um ciclo maior, ou *mahāyuga*, de 4.320.000 anos. Certa vez eu estava lendo o *Edda Poético*, da Islândia, uma das grandes sagas nórdicas, e ali se diz que, no salão dos guerreiros de Valhala, destino de todos os grandes guerreiros mortos, há 540 portas e, no final do ciclo do tempo, quando o mundo tem fim e recomeça, 800 guerreiros passarão por cada uma daquelas portas para travar batalha com os antideuses na destruição mútua do universo. Bem, eu notei que 800 multiplicado por 540 dá 432.000.

No século II a.C. um sacerdote da Babilônia chamado Berossos descreveu, em grego, a mitologia dos caldeus da Babilônia, observando que, desde o início da primeira cidade (nessa tradição, a cidade de Kish) até a chegada do dilúvio mitológico (nos moldes do de Noé), haviam se passado 432.000 anos. Eis que surge esse mesmo número de novo na mitologia da Mesopotâmia do século II a.C. Durante esse período de 432.000 anos, apenas dez reis governaram.

Onde mais podemos encontrar reis longevos assim? Voltando-nos para a Bíblia, quantos patriarcas há de Adão a Noé, incluindo Adão? Dez. Quantos anos se passaram entre Adão e o dilúvio de Noé? Esses grandes e longevos patriarcas viveram 1.656 anos. Passei cerca de três dias febrilmente tentando fazer contas com o número 1.656 para chegar a 43.200. Não sou matemático, então pensei com meus botões que *alguém, em algum lugar, já deve ter feito isso*.

Esse alguém foi um assiriologista judeu chamado Julius Oppert, em 1872. Procurei sua obra chamada *As datas do Gênesis* e lá encontrei: tanto o total de anos de reinado dos reis antediluvianos descrito por Berossos quanto o número de anos dos patriarcas antediluvianos do Gênesis têm 72 como fator, sendo que 72 é o número de anos necessários para avançar um grau zodiacal na precessão dos equinócios: 432.000 dividido por 72 é igual a 6.000; ao passo que 1.656 dividido por 72 dá 23, ou seja, a razão é de 6.000 para 23.

No calendário judaico se considera que um ano tem 365 dias. Depois de 23 anos (mais cinco dias dos anos bissextos desse período), teremos 8.400 dias ou 1.200 semanas de sete dias. Multiplicando 1.200 por 72, para encontrar o número de semanas em 1.656 anos (23 x 72), chegaremos a 86.400, que é o dobro de 43.200.

Esta foi uma descoberta espantosa. Um número escondido na Bíblia e explicitado em Berossos.

Portanto, deparamo-nos com o mesmo número que aparece na Islândia, na Índia, na Babilônia e na Bíblia. Qual é a sua origem?

Passei a me colocar outra questão: devido à precessão dos equinócios, estamos entrando na Era de Aquário. Atualmente, estamos na Era de Peixes, e antes estávamos na Era de Áries, e antes disso na de Touro, e assim por diante. Quantos anos leva o ciclo total do zodíaco equinocial? Leva 25.920 anos. Divida esse número pela base sexagesimal 60 e o resultado é 432.

Um amigo certa vez me enviou um livro intitulado *Aeróbica*. Ele queria me ajudar a aprender a quantidade necessária de exercícios para manter uma condição física perfeita. Fui lendo até chegar a uma nota de rodapé que afirmava que um homem saudável tem um ritmo cardíaco em repouso aproximado de um batimento por segundo, sessenta batimentos em um minuto. Em doze horas teremos 43.200 batimentos. Portanto esse número do ritmo do universo é o número do ritmo de nosso próprio coração. O microcosmo e o macrocosmo representam uma única ordem cósmica. Quando estamos saudáveis, nosso ritmo está em sintonia com o do universo. Quando nos desviamos, nosso ritmo se desestabiliza. Todo o fundamento da mitologia é o ritmo. O ano ritual é o ano rítmico e, através da sucessão das estações, nos mantemos no compasso do universo e somos chamados a voltar a ele. A doença é um descompasso, e o ritmo do mito é o que nos traz de volta, por isso temos as mitologias de cura. Hoje em dia, os mitos e rituais que eram usados pelos caçadores navajos estão sendo empregados para trazer as pessoas de volta à harmonia – para ajudá-las a se tornarem transparentes ao transcendente.

O grande número rítmico é o 9. Somando 4 + 3 + 2 = 9, e esse é o número da Deusa. Na Índia a Deusa tem 108 nomes, e nos seus grandes templos o sacerdote derrama sobre a *yoni*, que é o altar, um pó vermelho que as mulheres colocam na testa, e vai contando e recitando os 108 nomes da Deusa. Multiplicando 108 por 4, temos 432. No pensamento budista há 108 desejos que nos prendem a este vale de lágrimas da ilusão – de Māyā. Cento e oito é o número da Deusa agora, depois, no equinócio, no solstício, ao amanhecer, no ocaso, ao meio-dia, à meia-noite, e assim por diante. Ela é o nosso continente e o nosso elo com a vida.

Evidentemente $1 + 0 + 8 = 9$. Nos países europeus, três vezes ao dia, soa o toque do *Angelus,* que badala: um, dois, três; um, dois, três; um, dois, três; um, dois, três, quatro, cinco, seis, sete, oito e nove. A prece do *Angelus* evoca a Anunciação, declaração do anjo do Senhor a Maria de que ela concebera um filho pelo Espírito Santo. Portanto, a prece alude ao derramar da energia divina no mundo.[6]

As deusas gregas são manifestações locais dessa mitologia.

Examinamos as profundas raízes arqueológicas da Deusa na Europa Antiga, onde desde os tempos mais primevos das comunidades agrárias ela se tornou a figura dominante, tanto como centro cósmico como quanto protetora circundante. Os povos guerreiros indo-europeus invadiram o continente europeu no quarto, terceiro e segundo milênio a.C., promovendo uma colisão de duas mitologias totalmente opostas – uma na qual a linha materna é dominante e os indivíduos são relacionados principalmente à mãe, e a outra, patrilinear, na qual a identidade do indivíduo é marcada pelo pai.

Na tradição grega, esse embate chega a seu ápice em *Eumênides* – da trilogia de Orestes –, quando Apolo e Atena, representantes da linha masculina, liberam Orestes da culpa do matricídio por ele cometido.

Na *Odisseia* vemos o poder feminino voltando e conquistando poder e glória. Ao contemplar o panteão do classicismo grego e sua evolução, é possível observar que as divindades mudaram de caráter, foram sendo recombinadas e foram tomando novos contornos à medida que a própria sociedade mudava. Um panteão mitológico é fluido e, à medida que se transformavam as necessidades e percepções da sociedade, também se modificaram os relacionamentos e os deuses. Na realidade, as deidades são condicionadas pelo tempo e espaço, formadas a partir de ideias e imaginações tradicionais herdadas, mas arquitetadas segundo o contexto local de tempo e espaço.

Uma das grandes desvantagens de uma tradição literária e escritural, como é o caso da tradição bíblica, é esta: uma deidade ou contexto de deidades cristaliza-se, petrifica-se num dado tempo e lugar.

A deidade é impedida de continuar a crescer, de se expandir, de englobar novas forças culturais e descobertas científicas – e o resultado é esse conflito fictício entre ciência e religião. Uma das funções da mitologia é apresentar uma imagem do cosmos que o retrata como portador de sua realização mística, de modo que, contemplando qualquer de suas partes, seja possível ver um ícone, uma imagem sagrada, e que os muros do tempo e do espaço se abram para a profunda dimensão de mistério, uma dimensão dentro de nós, e também fora.

Tal dimensão pode se abrir através da ciência de hoje ainda mais espetacularmente do que se abriu através da ciência do segundo milênio a.C. Não existe de maneira nenhuma conflito entre a ciência, a disposição religiosa e a compreensão mitológica – mas *há,* sim, um conflito entre a ciência do século XX d.C. e a ciência do século XX a.C. E o que aconteceu com a nossa religião foi que ela se petrificou no século IV, no tempo de Teodósio, quando a autoridade de Bizâncio decaiu por ter Santo Agostinho estabelecido quais crenças deviam ser aceitas. Daí veio a petrificação da nossa tradição e a cisão entre a visão científica e a visão religiosa.

Nada disso aconteceu no mundo grego. Uma das coisas boas sobre a Grécia é que nunca houve escritura. Pelo contrário, os gregos circulavam no mundo lúdico de Homero, pelos hinos homéricos, pelos contos de Hesíodo e outros. Há versões das estórias em que Eros é o mais jovem dos deuses, em outras (como o *Banquete* de Platão) nas quais ele é o primogênito e o mais velho. Os gregos possuíam rituais, mas não havia uma autoridade com o poder de dizer peremptoriamente: "Vai ser assim e pronto!"

De certa forma, isso vale também para a Índia, pois ali nunca houve um único culto ortodoxo, nenhuma autoridade em posição para dizer: "É assim que se deve crer". De sorte que houve uma proliferação de cultos, e os indivíduos podiam encontrar seu próprio caminho até a deidade através de uma ampla gama de manifestações. Houve uma tremenda explosão de formas de interpretar o mistério apresentado nesses símbolos tanto no mundo grego como nos primeiros séculos da cristandade.

E, assim, a Grande Deusa aparece nos mitos gregos sob muitos disfarces.

## Ártemis

Olhemos mais de perto para uma gloriosa deidade como Ártemis, por exemplo. O maravilhoso no mundo grego é que ela se manifesta numa infinidade de modos diferentes nos variados cultos. Martin Nilsson, grande autoridade em religião da Grécia Clássica, afirma que ela era a deusa primeva.

Figura 66. Leto, Ártemis e Apolo.
Cratera de figuras vermelhas, Período Clássico, Grécia, c.450 a.C.

Na tradição clássica familiar, Ártemis era conhecida como a deusa virgem, mas esta é apenas uma das definições de seu personagem e papel.[7] Como toda deusa, ela é uma deusa total. Através dela, gostaria de introduzir um conjunto de problemas.

Ei-la nos hinos homéricos:

*Canto a brilhante Ártemis*
*sua seta dourada,*
*sua caça aos cervos,*
*seu orgulho das flechas,*
*a sagrada virgem,*
*a irmã de Apolo*

da espada de ouro,
Ártemis
Ela adora caçar
na sombra das montanhas
e no vento
sobre os picos
ela se encanta ao levar seu arco,
arco de ouro puro,
que ela puxa
e lança
setas atrozes.
Os picos
de grandes montanhas
tremem.
A floresta
em sua penumbra
grita
com o clamor dos animais
assustadoramente.
A terra inteira
treme
e até o mar
e os peixes.
Ela tem um coração forte,
entra e sai correndo
por toda parte.
Entra e sai
matando
todo tipo de animal.
E quando está satisfeita,
quando terminou
de perseguir animais,
quando sua mente se divertiu,
ela desarma seu arco.
Ela segue para a grande casa
de Apolo,

*seu irmão amado,*
*na terra das pradarias,*
*Delfos,*
*para ordenar*
*um coro*
*de Graças*
*e Musas.*
*E depois de pendurar*
*seu arco desarmado*
*e guardar suas flechas,*
*ela veste*
*sobre o corpo*
*um lindo vestido.*
*Ela dá início às danças*
*e seu som*
*é celestial.*
*A canção fala de Leto*
*cujos tornozelos são belos.*
*Leto*
*cujos filhos se destacam;*
*melhores entre os deuses,*
*melhores em conselho,*
*melhores em atos.*
*Adeus,*
*Filha de Zeus*
*e de Leto,*
*de Leto dos lindos cabelos.*
*Pensarei em você*
*Nos meus outros poemas.* [8]

    Originalmente Ártemis estava associada ao urso. É provável que o urso tenha sido o primeiro animal a ser adorado no mundo, e esta deusa é muito antiga. Em Brauron, santuário importantíssimo a leste de Atenas, havia um festival em que as meninas que dançavam em honra de Ártemis eram chamadas de "ursinhas". Na Europa o nome de Ártemis está relacionado com Artur, e os dois nomes estão ligados a Arcturus e a urso.

Ártemis e Apolo são deidades com origens totalmente diferentes, apesar de terem sido combinadas na tradição da Grécia Clássica para aparecer como irmão e irmã, nascidos de Leto, na ilha de Delos. Leto, filha dos titãs Coios e Febe, segundo Hesíodo, foi esposa de Zeus antes de Hera. Quando Leto estava grávida de Ártemis e Apolo, foi impiedosamente perseguida por Hera, até que chegou à ilha de Delos. Ártemis nasceu primeiro e ajudou sua mãe no parto de Apolo, daí seu título de Ilítia (que se acredita ter sido um dos nomes da deusa na cultura minoica): "Ártemis Ilítia, venerável poder, que trazes alívio na hora temível do parto".[9]

Numa conjunção tardia de ideias antigas, os gêmeos representam dois poderes: Apolo é a força protetora e a mente racional, e Ártemis é o poder da natureza. Personificadas em Ártemis estão as forças da natureza que constituem todo o mundo natural.

Figura 67. Ártemis com cervo.
Relevo em mármore, Período Clássico, Grécia, século V a.C.

Ártemis está associada ao arco, portanto, à caça. Nesse papel, a morte que ela inflige é doce e rápida. Os muçulmanos têm um ótimo ditado sobre o anjo da morte: ao se aproximar, o Anjo da Morte parece terrível, mas, quando finalmente chega, ele é doce.

Originalmente a própria Ártemis era um cervo, e ela é a deusa que caça cervos. Os dois são aspectos duais do mesmo ser. A vida mata a vida o tempo todo, e também a deusa mata a si mesma no sacrifício de seu animal. Cada vida é sua própria morte, e aquele que nos mata é de algum modo o mensageiro do destino que era seu desde o início. O mesmo acontece com o animal e a deidade. Se o animal mata a deidade, como o javali matou Adônis, ou se a deidade mata o animal, como Ártemis caça os cervos, trata-se de dois aspectos de um mesmo mistério da vida.

Actéon estava caçando cervos com seus cães e seguiu um riacho até sua nascente. Lá, na piscina da nascente, banhava-se nua a deusa Ártemis com suas ninfas. Actéon, pobre coitado, viu aquele glorioso corpo nu e olhou para ela, não com olhos de adoração, mas de desejo.

Figura 68. Ártemis e Actéon.
Cratera de figuras vermelhas, Período Clássico, Grécia, 470 a.C.

Essa é uma maneira inapropriada de se relacionar com uma deidade. Vendo aquele lampejo nos olhos dele, Ártemis simplesmente espirrou água nele e transformou-o em cervo. Então os próprios cães de Actéon se encarregaram de devorá-lo. Como os marinheiros dos navios da Odisseia, os cães representam os apetites baixos, ao passo que o cervo simboliza a mera natureza animal; foi isso que de fato consumiu Actéon quando ele se viu na presença da própria Deusa.

Eis o problema do encontro com a deidade: se não estivermos preparados, cometeremos algum erro e seremos despedaçados. A deidade representa uma dada concentração e foco de poder, um centro de força. Nos mitos, a personalidade do ser humano individual representa um foco de poder espiritual mais tênue do que aquele da deidade, portanto, o mortal deve se preparar para esta incongruência entre campos de força através da meditação, para colocar a mente no modo apropriado para contemplar a deidade enquanto tal – em outras palavras, nua.

Como um circuito elétrico com um fusível incapaz de suportar a voltagem, se a força for maior que a capacidade do indivíduo, ele cai. Antes de se aproximar de um deus ou deusa há maneiras de se preparar, de se proteger para poder ir ao encontro, receber e conter o poder da deidade.

Os inúmeros poderes que foram reunidos em Ártemis são indicados por suas várias imagens e atributos. Ela se apresenta como cervo e banhando-se como ninfa aquática, o que nos remete de volta à deusa peixe da Europa Antiga de 6000 a.C. (fig. 19).

Na Suméria, vimos a Deusa representada pela suástica em seu papel de Senhora das Coisas Selvagens (fig. 40). Sob esse disfarce, ela é a Mãe Mundial – ou seja, o mundo inteiro é dela e todos são seus filhos. Também nos mitos gregos, a Senhora das Bestas aparece no avatar de Ártemis. Como observam Baring e Cashford:

Ártemis se tornou a Deusa dos Animais Selvagens, título que ela recebeu na *Ilíada – Potnia Theron –*, herdando esse papel da Deusa paleolítica dos Animais Selvagens e da Caça.[10]

Todos os animais da floresta estão sob a proteção de Ártemis e, na versão tardia, um pouco mais sentimental da tradição literária, ela é concebida como caçadora. Em sua feição mais cósmica, os lobos e grous estão associados à deusa-como-iniciadora, e a suástica representa o ciclo do tempo. Esta é a imagem implícita naquele número 432.000 – trata-se do ciclo da revolução das esferas.

*Capítulo 5 – Deusas e deuses do panteão grego*

Figura 69. Ártemis como senhora das bestas.
Vaso de figuras negras, Período Arcaico, Grécia, *c.*570 a.C.

Esse formidável conjunto de significados foi reunido em uma única grande deusa; tudo isso é Ártemis.

Os pombos na coroa da estatueta da figura 70 significam que a deusa a quem a sacerdotisa serve é *Potnia Theron*, Senhora dos Animais Selvagens. Os chifres de touro no centro sugerem os ritos sacrificiais do touro que eram parte do culto e adoração da deusa, como vimos na iconografia simbólica de Çatal Hüyük e Cnossos. As pombas e os chifres simbolizam o poder da Deusa nos âmbitos da vida e da morte.

Figura 70. Sacerdotisa da Deusa.
Terracota minoica, Creta, 1500-1300 a.C.

O centro do culto de Ártemis era na cidade de Éfeso, na costa ocidental da Ásia Menor. Na estátua de seu templo (fig. 70), a coroa de Ártemis Efésia é circundada por um resplendor ornado por animais com chifres; ela está de braços levantados. Seu pesado colar traz os signos do zodíaco (fig. 71). Sobre seus braços vemos leões e a coluna de seu corpo está coberta de animais, como leões, touros e carneiros. Na base da estátua temos resquícios dos cascos dos cervos que originalmente flanqueavam a deusa.

Em seu livro *The Eternal Present: The Beginnings of Art* [O eterno presente: os primórdios da arte], Siegfried Giedion disse sobre esta estátua:

CAPÍTULO 5 – DEUSAS E DEUSES DO PANTEÃO GREGO

O mais revelador de todos os seus traços são, talvez, os cascos de cervo sobre o pedestal, tudo o que restou dos dois cervos em tamanho natural que a flanqueavam. Esses cascos sozinhos nos dão a pista sobre as origens dessa deidade, que sofreu tantas transformações [...]. As origens desse ídolo de culto estão fincadas na pré-história. [...] Ártemis Efésia é resultado de um longo processo de antropomorfização que começou quando o domínio e a veneração do animal foram substituídos pelo poder das deidades em forma humana.¹¹

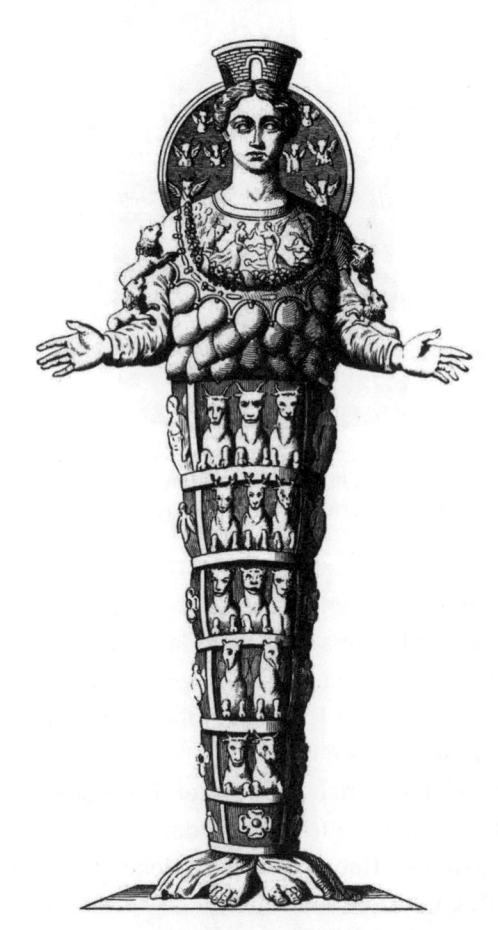

Figura 71. Ártemis Efésia.
Mármore esculpido, Período Helenístico, Turquia, século I a.C.

Figura 72. Hekateion.
Pedra entalhada, Período Clássico, Grécia, c. século III a.C.

Ártemis junto com Selene e Hécate formam uma das tríades gregas representadas na Europa Antiga pelas imagens da Deusa em três corpos ou três pessoas unidas. Isso se verifica nessa estatueta (fig. 72) em que Ártemis é parte de Hécate tripla. Fundamentalmente temos uma coluna – a mãe deusa é o eixo do mundo. Em volta dela há três representações da Deusa, incluindo Ártemis e Hécate – que representa o inframundo ctônico, aspecto mágico da Deusa – e depois, dançando de modo descontraído e fluente em volta delas, temos as três Graças.

Ártemis é que concede a abundância: Nossa Senhora das Coisas Selvagens e a Mãe de Tudo dos muitos seios, que produz a totalidade das entidades do mundo natural. Trata-se, portanto, de algo muito, muito diferente da imagem da deusa virgem e simples caçadora que normalmente associamos a seu nome.

CAPÍTULO 5 – DEUSAS E DEUSES DO PANTEÃO GREGO

## APOLO

*Apolo,*
*é a ti*
*que o cisne canta*
*tão alto*
*acompanhado*
*de suas próprias asas*
*batendo,*
*batendo ao chegar ao*
*turbilhonante*
*rio Peneu.*
*É para ti*
*que o poeta dá forma*
*à linguagem*
*segurando nas mãos*
*uma lira estridente.*
*Primeiro, por último e*
*sempre para ti.*
*Eis a minha oração,*
*eis a minha canção*
*a ti, ó Deus!* [12]

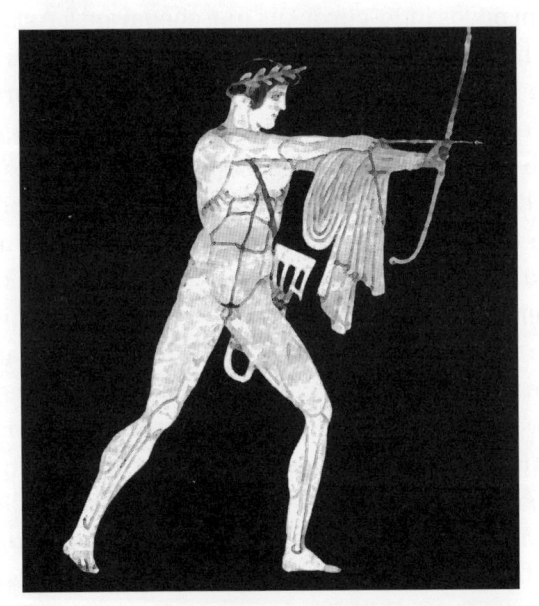

Figura 73. Apolo.
Cratera de figuras vermelhas, Período Clássico, Grécia, 475-425 a.C.

Figura 74. Rei hitita Tudhalia IV abraçado ao deus Sharruma. Baixo-relevo hitita, Turquia, século XIII a.C.

Nilsson sustenta que Apolo era originalmente associado aos hititas.[13] Os hititas eram povos indo-europeus que chegaram à Ásia Menor quando os gregos homéricos desciam para a península grega, de modo que há de fato um relacionamento ancestral. Os hititas entraram na região do mar Egeu e estabeleceram um novo tipo de relacionamento com os gregos. Apolo esteve do lado dos troianos na Guerra de Troia e desde então se acredita que ele descende em última instância de Yazilikaya, Porsuk Çayi e Alaca Höyük – regiões dentro do grande domínio hitita.

Na entrada do grande santuário de Yazilikaya, na montanha, hoje na Turquia, encontra-se a imagem (fig. 74) do deus hitita Sharruma protegendo o rei. No tocante a tais santuários, vimos anteriormente o tema dos guardiões – leões ou leopardos – que representam o limiar entre o mundo das experiências seculares e o âmbito do transcendente. A palavra hitita *upulon* significa "portão" ou "guardião dos muros", e Nilsson sugere que se trata de um antecessor de Apolo. Da mesma forma, Nilsson argumenta que a palavra babilônica *ubulu,* que também significa "portão", é um reforço linguístico à tese de que os antecedentes de Apolo o têm como guardião do portal, ou figura protetora na entrada dos templos.

CAPÍTULO 5 – DEUSAS E DEUSES DO PANTEÃO GREGO

Figura 75. Apolo Belvedere.
Cópia romana de mármore de estátua grega de bronze, 350-325 a.C.

Quando os gregos incorporaram Apolo ao seu panteão, ele foi caracterizado como irmão gêmeo de Ártemis – o deus da cultura humana como contrapeso à deusa da natureza.

Observem a serpente que sobe pela coluna na imagem do famoso Apolo Belvedere (fig. 75).

Com o passar do tempo, Apolo foi associado à cura e à serpente, que ainda hoje vemos no caduceu – bastão de Asclépio – representando o poder da vida no campo do tempo, o descartar do passado e o avançar para o futuro: o desvencilhar-se da morte. Esse é o poderoso papel que mais tarde será dado ao deus Asclépio.

A grande figura feminina associada a Asclépio é sua filha Hígia, deusa da saúde, de quem nos vem a palavra *higiene*, e que também está ligada à figura da serpente. Trata-se da mesma serpente que foi amaldiçoada no livro do Gênesis, mas, nesta cultura, como em boa parte das culturas não bíblicas, ela representa a vitalidade da energia e da consciência espiritual da vida no corpo e na esfera do tempo, a vitalidade da consciência espiritual da vida no mundo. Na peça esculpida (fig. 76), Hígia aparece em pé junto à serpente. A própria Deusa alimenta o animal simbólico que representa a vitalidade dos viventes. Sua alegoria nos fala de uma situação de higiene, ou das austeridades e disciplinas da boa saúde: devemos oferecer vida, alimento e sustento ao poder serpentino de nosso corpo, prática que nos mantém com boa saúde e que afasta o espectro da doença.

Na figura 76, vemos Asclépio com sua *śakti,* Hígia. Asclépio se apoia num bastão que pode ter sido de Héracles,[14] mas que aparece circundado por uma serpente, símbolo de seu culto. O braço de Hígia repousa sobre um tripé que remete ao templo de Apolo em Delfos. Quando escrevi sobre essa peça em meu livro *The Mythic Image* [A imagem mítica], observei que "acima dela há utensílios rituais a sugerir o simbolismo dos cultos de mistério: à direita um jarro de vinho com uma cobra que dele emerge, e à esquerda uma cesta *(cista mystica)* que contém uma segunda serpente junto a uma criança divina. Abaixo, perto da deusa, a criança aparece novamente, em pé".[15]

Figura 76. Asclépio e Hígia.
Relevo em marfim, Império Romano tardio, Itália, final do século IV.

CAPÍTULO 5 – DEUSAS E DEUSES DO PANTEÃO GREGO

Asclépio, deus da medicina, assume o papel que foi de Apolo no passado, e que Apolo havia herdado de uma divindade anterior – que não conhecemos. Como aponta Nilsson, sempre que se encontra um santuário de Apolo, é certo que ele chegou ali e tomou o lugar de algum outro deus anterior que exercia o papel de protetor, de um modo ou de outro.

O grande templo de Asclépio em Epidauro era um centro de tratamento ao qual as pessoas acorriam para restabelecer a saúde. Mas, como se processava a cura em Epidauro? Ali havia um bonito santuário, grande, glorioso, cheio de harmonia e beleza, que continha dormitórios, templos e parques. O indivíduo doente vinha ao santuário para meditar e rezar sob as instruções de um sacerdote, mas depois ia dormir e sonhar no santuário do deus e, no sonho, o poder da cura aparecia.

Carl Kerényi, em sua bela obra, embora um tanto difícil, *Asklepios*, chama nossa atenção, com grande ênfase, para os vários níveis de expressão e linguagem onírica na medicina clássica.

Sobre os santuários curativos de Asclépio, diz Kerényi:

> O próprio paciente recebia a oportunidade de operar a cura, cujos elementos ele trazia dentro de si mesmo. Para tanto, criava-se um ambiente que, assim como nos modernos spas e estações de águas, ficava-se o mais distante possível dos elementos perturbadores e insanos do mundo exterior. A atmosfera religiosa também ajudava os recônditos mais profundos do homem a realizar suas potencialidades curativas. Em princípio, o médico era excluído do mistério individual da recuperação.[16]

Figura 77. O deus serpente Anfiarau.
Relevo, Período Clássico, Grécia, século IV a.C.

Figura 78. Ônfalo de Delfos.
Mármore esculpido, Período Clássico, Grécia, século IV a.C.

Uma oferenda votiva muito esclarecedora (fig. 77) mostra um jovem sonhando em um dos dormitórios. Ele sonha consigo mesmo sendo curado por um deus que toca seu ombro; ao mesmo tempo, sonha com um poder serpentino que emerge de seu corpo e toca seu ombro. São dois aspectos de um mesmo ato. Com efeito, eles sabiam das coisas! Toda a função da vivência de Epidauro é despertar aquele poder curativo em nós mesmos e promover uma cura psicossomática. Esse relevo mostra exatamente isto: o rapaz sonha com aquele poder ofídico que sai de seu corpo enquanto, ao mesmo tempo, sonha que o deus o cura. Os sonhos dizem duas ou três coisas simultâneas e nesse caso ele tem dois modos de compreender a imagem onírica.

Em Delfos percebemos como o mundo clássico era diferente de todos os outros. O ônfalo é o umbigo do mundo, o *axis mundi*, e era guardado por Apolo. A ênfase na primeira deusa da Terra se mostra no tema do umbigo, pois o ônfalo é o umbigo da Deusa em Delfos.

Na figura 79 vemos uma daquelas estatuetas da Deusa do sexto milênio a.C. e ali está o umbigo, no centro do quadrângulo cósmico. Ela é o centro do mundo; é ela que abarca em si o mundo todo.

A cidade de Delfos era sede do oráculo. A sacerdotisa que entrava em transe respondia consultas, fossem questões de Estado ou perguntas pessoais. Da pessoa mais humilde à mais elevada, todos podiam recorrer a ela e receber respostas.

Quando Atenas se viu sob a ameaça dos persas, os atenienses foram até o oráculo de Delfos perguntar o que deviam fazer.

O oráculo deu-lhes o seguinte conselho: "Usem suas paredes de madeira". Isso foi interpretado como: "Embarquem em seus navios, abandonem a cidade. Deixem os persas dominarem a cidade. Entrem nos navios".[17] Eles obedeceram e destruíram toda a temível força naval de Xerxes exatamente dessa forma.

O indivíduo podia ir e fazer suas perguntas, que eram sempre respondidas de modo enigmático por uma mulher que inalava uma espécie de fumaça ou vapor, sentada em uma trípode, sem dúvida em estado de transe. Ela era chamada "pitonisa" por ser consorte da serpente cósmica – a deidade anterior dessa região fora o píton. Essa cobra foi ceifada por Apolo (feito que lhe valeu o epíteto de Apolo Pítio), que então passou a exercer seu domínio sobre aquele templo. Novamente surge o tema de Apolo que vem e domina. Ele agora é o protetor do oráculo. Esta é a dinâmica quando uma nova mitologia chega: as deidades antigas são mortas e sua energia é incorporada pelo novo deus.

Figura 79. Deusa do Umbigo do Mundo.
Terracota, Período Neolítico tardio, Hungria, c.5500-5000 a.C.

Sentados no teatro em Delfos, tem-se como pano de fundo o monte Parnaso, onde habitavam as Musas. A vida espiritual grega lançou raízes e floresceu ali. Fica fácil ver como ela está próxima do mundo natural.

Martin Buber afirma em seu livro *Eu e Tu:* "O *eu* que se relaciona com o *tu* é diferente do *eu* que se relaciona com *aquilo*". [18] Reflita nisso. Pergunte a si mesmo: Será que eu me relaciono com um animal como *tu* ou como *aquilo*? Existe uma grande diferença.

Em Delfos vive-se num ambiente que é um *tu*. O ambiente vive – as árvores, os pássaros, os animais, todos são vistos como *tu*. Se você vive, como eu, numa cidade como Nova York, seu ambiente é formado por prédios feitos de tijolos mortos e coisas assim, e nós nos relacionamos com o entorno como uma coisa. Esse é um dos motivos pelos quais é difícil surgir poesia legítima, autêntica, na cidade. A poesia urbana é caracterizada por métricas complexas e problemáticas, vários modos de lidar com a linguagem e artifícios desse tipo, muito interessantes para os críticos literários; mas quem lê esses poemas? São muito raros os poetas que conseguem ter uma verdadeira revelação e transformar a cidade em um *tu*. No mundo grego não se entrava na psicologia do objeto, apenas na psicologia do *eu* e *tu*, modo místico no qual adentramos quando nos relacionamos com nosso ambiente como um ser vivo.

Figura 80. Febo Apolo.
Cratera de figuras vermelhas, Período Clássico, Itália, século V a.C.

*Capítulo 5 – Deusas e deuses do panteão grego*

Outro papel de Apolo é como deus Sol Febo Apolo. Na figura 80, ele conduz a quadriga solar pelo céu; raios de Sol circundam sua cabeça enquanto efebos (meninos-estrelas) caem no mar. Esse é um exemplo de como variadas deidades foram reunidas em uma só, fazendo parecer que toda aquela mitologia seja algo que nunca existiu antes.

## Dionísio

O teatro era um dos grandes santuários religiosos. Era um campo dedicado fundamentalmente a Dionísio, onde se apresentavam temas míticos através de uma espécie de encenação ritual. Ritual é a encenação de um mito e, participando de um ritual, estamos participando do mito. Do ponto de vista simbólico, mito é a manifestação de forças espirituais e, participando do mito, estamos ativando forças espirituais correlatas dentro de nós. Mas, em vez de promover a mera participação individual num gesto ritual, temos no teatro uma comunidade participando da encenação do mito em forma de tragédia ou comédia.

Figura 81. Teatro de Delfos.
Calcário, Período Clássico, Grécia, século IV a.C.

Um dos aspectos mais interessantes da tradição clássica é que nela encontramos reunidas duas deidades diametralmente opostas: Apolo representa o princípio da racionalidade; Dionísio representa aquilo que nós chamaríamos de inconsciente. Dionísio, que numa tradição do Oriente Próximo estaria associado aos poderes demoníacos e que era um não deus – um antideus – reconhecidamente partilhou o poder de Apolo, o que resultou na ideia de equilíbrio e interação entre os dois. Nos séculos VII, VI e V a.C., os gregos viveram um período em que a tradição apolínea cedeu lugar à dionisíaca, com os terríveis ritos orgíacos que foram o escândalo daquela época. Mas Dionísio afinal se fundiu à tradição e suas canções arrebatadoras com sátiros e obscenidades passaram a servir como vivaz contraponto ao princípio apolíneo.

O melhor estudo sobre Apolo e Dionísio continua sendo *O nascimento da tragédia,* de Friedrich Nietzsche. Nessa obra ele afirma que, quando a mente rompe as barreiras e toca o transcendente, ela é tomada por espanto, terror e fascinação, e dessa descoberta derivam as artes.[19] Os dois focos da nossa atenção devem ser, portanto, o assombro e o maravilhamento diante do mundo como tal e de todos os que o habitam.

Dentro do campo da diferenciação, dentro do campo do tempo, existem as formas que são manifestações do poder transcendente, e o artista, ao criar a forma, nos proporciona um senso de imanência do transcendente nesse corpo. O corpo se torna como que onírico em seu assombro. Esse é o aspecto apolíneo.

Por outro lado, talvez nos interesse a formidável energia que destrói tudo e faz surgir coisas novas – ou seja, o aspecto da projeção que se opõe ao aspecto que dá forma, e tal é o princípio dionisíaco.

O apolíneo representa a fascinação com aquilo que existe nesse momento pungente, fugidio, enquanto o dionisíaco representa a identificação com a energia que se projeta, desestruturando e criando novas formas. Os dois devem funcionar juntos na arte.

Nietzsche vê a escultura como a principal forma artística de representação, e a música como a principal forma artística que revela a dinâmica do tempo e do processo. Portanto, devemos ter ambas numa obra de arte. Se a dinâmica não ganhar forma, teremos somente o grito, o brado; e, se a forma não levar em conta a dinâmica, teremos apenas um fóssil, uma escultura morta e árida.

CAPÍTULO 5 – DEUSAS E DEUSES DO PANTEÃO GREGO

Ao combinar as duas, é possível romper a barreira e chegar ao mistério, o *mysterium tremendum et fascinans*. Quando se irrompe na esfera do sublime, a experiência é a desse *tremendum*. Por esse motivo é que a religião fala do temor a Deus; outro nome para isso é amor a Deus. Enquanto não se vivenciam esses dois aspectos, é impossível capturar o sentido do mistério, do quanto ele é avassalador para nossa vida, ideias e tudo o mais.

Goethe escreveu que *"der Menschheit bestes Teil"* (a melhor parte da humanidade) é esta vivência, o *Schaudern* ("tremor")[20] – espécie de choque numênico, percepção de como somos precários dentro da vasta explosão que é o universo. E esta é a realização que se obtém através de Dionísio.

## Zeus

Por fim, nesse contexto, gostaria de abordar os deuses arianos. Zeus, que chega à Grécia com os indo-europeus, não tem ligação alguma com o culto à Deusa dessa região. O nome dele está relacionado com a palavra grega θεός (*theos*, deus), que por sua vez se liga ao sânscrito देव (*deva*, deus). Os deuses do mundo sânscrito estão ligados, portanto, aos deuses arianos do mundo clássico. Zeus é claramente um deus indo-europeu que chegou à Grécia com os povos invasores no quarto, terceiro e segundo milênio antes de Cristo.

> *A Zeus,*
> *que é o melhor deus*
> *e o maior*
> *eu cantarei.*
> *Ele vê longe*
> *ele governa*
> *ele finaliza as coisas*
> *ele conversa sabiamente*
> *com Têmis a seu lado.*
> *Sê bondoso,*
> *filho de Cronos*
> *que vê longe.*
> *És o mais famoso,*
> *és o mais grandioso.*[21]

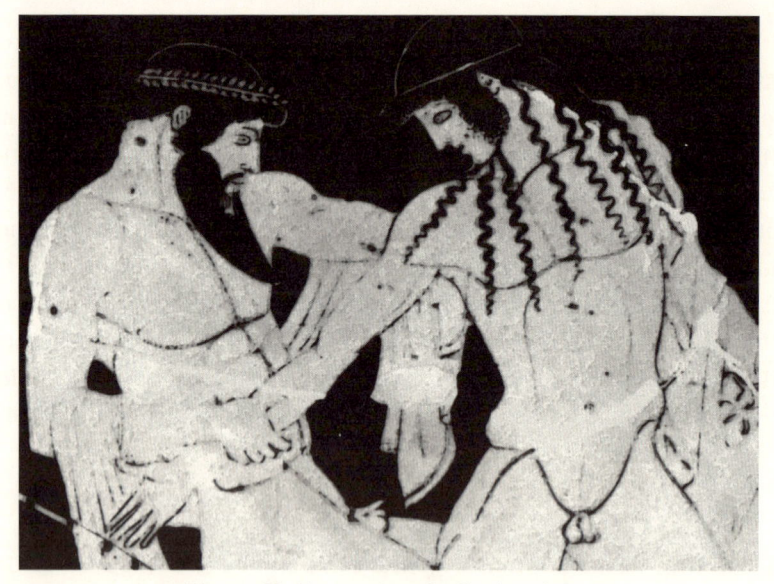

Figura 82. Zeus raptando Ganimedes.
*Kylix* de figuras vermelhas, Período Clássico, Grécia, *c*.475-425 a.C.

O hino homérico a Afrodite nos conta como Ganimedes chegou ao Olimpo:

> O sapientíssimo Zeus levou Ganimedes dos cabelos dourados por causa de sua beleza para viver entre os Imortais e servir bebida para os deuses na casa de Zeus, uma maravilha de olhar, honrado por todos os Imortais quando tira o rubro néctar do vaso dourado [...] não morre e não envelhece, como os próprios deuses.[22]

O *kylix* da figura 82 mostra Zeus raptando Ganimedes para torná-lo o criado que lhe serve bebidas à mesa do Olimpo. Esse é o papel dos ritos masculinos que mencionei acima: separar o menino do mundo materno. Entretanto, Zeus acaba se ligando às mitologias mais antigas. Zeus é absorvido pela tradição matrilinear mais antiga que prevaleceu por mais tempo.

Na figura 83, o vemos com Hermes e Leto, mãe de Apolo e Ártemis, segundo a tradição clássica.

Lembremo-nos de que Ártemis veio da cultura minoica; Apolo teve origem nos hititas; Leto era a Deusa Mãe da Europa Antiga; e Zeus era o chefe lançador de raios do panteão indo-europeu. Em outras palavras,

CAPÍTULO 5 – DEUSAS E DEUSES DO PANTEÃO GREGO

temos quatro divindades totalmente diferentes, provenientes de quatro regiões díspares, reunidas num mito sincrético que amalgamou mitologias contrárias e conflitantes. O problema era unir essas duas sociedades: a da Deusa Mãe e a do deus masculino.

Figura 83. Zeus, Leto, Hermes e Ártemis.
Mármore esculpido, Período Clássico, Grécia, século IV a.C.

Em geral as deidades desses povos guerreiros não se sujeitam à Deusa. Os deuses indo-europeus não nascem – são poderes eternos que representam as forças da natureza e do espírito dentro de nós, a nossa natureza interior. Mas na Grécia ela assume o controle e dá nascimento ao pequeno Zeus. Cronos, pai de Zeus, havia castrado seu próprio pai, Urano, e, portanto, temia que seus filhos o castrassem também. Por isso começou a devorar seus próprios filhos assim que nasciam. Reia, sua esposa, pôs uma pedra embrulhada em cueiros no lugar do pequeno Zeus recém-nascido, e o transferiu secretamente para o monte Ida, em Creta, onde se encarregaram dele as ninfas e os curetes – jovens guerreiros. Estes realizaram uma grande dança, batendo escudos e espadas a fim de fazer mais barulho que o choro do bebê e, assim, impedir que Cronos encontrasse o pequeno Zeus.

Na figura 85, vemos o casamento de Zeus e Hera. Ela está para se despir e ele, apaixonado, a contempla.

Enquanto a mitologia olímpica clássica aponta Hera como esposa de Zeus, na verdade ela é uma deusa muito mais antiga, anterior ao sincretismo indo-europeu da Idade do Bronze. Ela era, portanto, independente e mais poderosa que Zeus na época do aparecimento dessa mitologia. Como aponta Harrison:

> Em Olímpia, nos tempos históricos em que Zeus teria reinado supremo, o antigo Heraion, onde Hera foi cultuada sozinha, já existia muito antes do templo de Zeus [...]. O próprio Homero se sentia vagamente atormentado pela memória dos dias em que Hera não era esposa, mas Senhora por seu próprio direito.[23]

Figura 84. Curetes dançando em torno de Zeus bebê.
Relevo em terracota, local desconhecido, data desconhecida.

CAPÍTULO 5 – DEUSAS E DEUSES DO PANTEÃO GREGO

Figura 85. Casamento de Hera e Zeus.
Mármore esculpido, Período Clássico, Sicília, c.450-425 a.C.

Baring e Cashford continuam:

Numa das estórias, até o casamento [de Hera] é conseguido através de subterfúgio: durante uma tempestade, Hera foi separada de outras deusas e deuses e fica sentada sozinha sobre a montanha (onde seu templo depois foi construído). Zeus se transforma em cuco e, todo molhado e arrepiado pela chuva, se aninha no colo de Hera. Compadecida do pobre animalzinho, ela o cobre com seu manto e Zeus se revela. Aqui Zeus é descrito como o intruso que consegue o casamento por ardil, e não como um grande deus que o exige por direito.

Kerényi comenta: "por esta criação mitológica sem igual, Zeus é *precisamente inserido na história da religião de Hera em Argos*".[24]

## Ares

*Ares, força superior,*
*Ares, condutor da biga,*
*Ares de elmo áureo,*
*Ares de coração valente,*
*Ares que leva o escudo,*
*Ares, guardião da cidade,*
*Ares em armadura de bronze,*
*Ares de poderosas armas,*
*Ares incansável,*
*Ares implacável com a lança,*
*Ares, muralha do Olimpo,*
*Ares, pai da Vitória,*
*que se deleita na guerra,*
*Ares, ajudante da Justiça,*
*Ares, que derrota oponentes,*
*Ares, líder dos justos,*
*Ares que porta o cetro da virilidade,*
*Ares que revolve seu brilhante ciclo ardente*
*por entre o curso dos sete sinais etéreos*
*onde corcéis flamejantes o elevam eternamente*
*sobre a terceira órbita!*
*Ouve-me,*
*defensor da humanidade,*
*dispensador da doce coragem da juventude.*
*Do alto céu envia*
*à nossa vida*
*tua bondosa luz,*
*e teu poder marcial,*
*para que eu possa repelir*
*dos meus pensamentos*
*a cruel covardia,*
*e aplacar o enganoso sobressalto*
*do meu espírito,*
*e conter a voz aguda do meu coração*
*que me incita a*
*adentrar a pavorosa confusão da batalha.*

CAPÍTULO 5 – DEUSAS E DEUSES DO PANTEÃO GREGO

*Tu, deus feliz,*
*dá-me coragem.*
*Que eu permaneça*
*dentro das leis seguras da paz*
*e assim escape*
*das batalhas com inimigos*
*e do destino da morte violenta.*[25]

Figura 86. Ares e Afrodite.
Afresco romano, Itália, data desconhecida.

Outra deidade oriunda do contexto indo-europeu é Ares, deus da guerra. Ele está ligado a Afrodite, deusa da estrela da manhã, como Inanna e Ístar. Como estas, Afrodite é a Grande Deusa, personificação do divino feminino. Vejamos como Ares entra num relacionamento com ela.

As principais deidades das tradições patriarcais eram masculinas. O exemplo mais extremo dessa ênfase masculina é o nosso Antigo Testamento, no qual as deusas estão ausentes. Na tradição bíblica as antigas deusas foram simplesmente eliminadas, ao passo que os gregos, como vimos, trataram de casar o deus com a Deusa, ou transformar o deus em protetor da Deusa. Eles estabeleceram um relacionamento que amarrava eles próprios e suas deidades à terra e ao culto local de modo interativo.

Esse é um contraste marcante em relação ao padrão observável na estória de Judá e Israel e a tentativa javeística de impor o culto a Iahweh a outros povos semitas que chegavam àquela terra. A história do Antigo Testamento, na verdade, é a história de reis que abandonaram Iahweh para fazer sacrifícios no alto das montanhas aos deuses e deusas do mundo natural, e da tentativa dos javeístas de estabelecer sua deidade em face dessa prática.

Isso não acontece entre os gregos. Ao contrário, ali se desenvolve um relacionamento entre os aspectos masculino e feminino do divino.

## Atena

> *Iniciarei o meu canto por*
> *aquela grande deusa,*
> *Palas Atena,*
> *de olhos faiscantes,*
> *tão astutos,*
> *seu coração inexorável,*
> *virgem formidável*
> *protetora das cidades,*
> *poderosa*
> *Tritogenia,*
> *que o próprio Zeus*

*produziu de sua sagrada cabeça –*
*envolta na brilhante armadura de ouro*
*que ela usa –*
*que espanto*
*provocou naqueles imortais*
*que a viram*
*saltar subitamente*
*de sua sagrada cabeça*
*brandindo*
*afiada lança,*
*saída de Zeus*
*que segura a égide!*
*O próprio grandioso Olimpo*
*sacudiu violentamente*
*sob o poder*
*dos olhos brilhantes,*
*a terra gemeu*
*dolorosamente e o mar*
*levantou-se em ondas escuras*
*espumantes*
*até que de súbito*
*o oceano salgado parou.*
*O glorioso filho do Hipérion,*
*o Sol, estancou*
*seus corcéis de ágeis cascos*
*por longo tempo*
*até que a moça*
*tomou sua armadura divina*
*de seus ombros imortais.*
*O sábio Zeus*
*riu*
*assim, saudações a ti,*
*filha de Zeus,*
*que empunhas a égide*
*me lembrarei de ti*
*em muitas canções.*[26]

## Deusas

O nascimento de Atena da cabeça de Zeus é outro exemplo de como a cultura patriarcal assimilou a Deusa. Métis, uma oceânide titânica e, em uma das versões, a primeira esposa de Zeus, está grávida. Um oráculo diz a Zeus que Métis terá dois filhos: um será sábio e poderoso, mas o segundo o matará. Zeus não gosta dessa ideia, então transforma sua esposa numa mosca e a engole. Por fim, Métis dá à luz. Então um dia Zeus sente uma terrível dor de cabeça e manda chamar Hefesto, que, com seu machado, racha a cabeça de Zeus – e dali salta Atena, completa e armada.

Figura 87. Atena de Pireu. Bronze, Período Clássico, Grécia, c.360-340 a.C.

Capítulo 5 – Deusas e deuses do panteão grego

Figura 88. O nascimento de Atena.
*Kylix* de figuras negras, Período Arcaico, Grécia, c.560 a.C.

Figura 89. Atena com Jasão vomitado pelo dragão.
Vaso de figuras vermelhas, Período Clássico, Grécia, c.490-480 a.C.

Figura 90. Atena com Górgona e serpentes.
Ânfora de figuras vermelhas, Período Clássico, Grécia, c.530-520 a.C.

Esta peça notável (fig. 89) foi divulgada pela primeira vez por Jane Harrison. Nela vemos Atena usando um peitoral com a cabeça da Medusa – a mesma deusa em seu aspecto apotropaico, perigoso, repelente, com a língua para fora – e em suas mãos está a coruja de Atena, seu pássaro totêmico. Esta é Atena em sua feição de inspiradora e protetora, ou *śakti* dos heróis. Vemos Pégaso em seu elmo – ele que nasceu quando a Medusa foi decapitada. Não se devia olhar para a cabeça da Medusa, pois ela transformaria em pedra quem a olhasse. Por isso Atena ofereceu o escudo a Perseu, que, olhando para o reflexo da Medusa no escudo, conseguiu decapitá-la. Quando Perseu colocou a cabeça dela num saco para levar embora, Pégaso nasceu do pescoço cortado. A cabeça da Medusa se torna então a Górgona do peitoral de Atena.

CAPÍTULO 5 – DEUSAS E DEUSES DO PANTEÃO GREGO

Figura 91. Deusa com serpentes. Faiança minoica, Creta, c.1600 a.C.

Nas peças das figuras 90 e 91, vemos as deusas que estão por trás de tudo: a grande Deusa de Creta. *Atena* significa "protetora do porto" – assim podemos ter uma Atena de Atenas, Atena de Pireu, Atena de Éfeso. Ela remonta à figura protetora com serpentes dos tempos micênicos e minoicos (fig. 91). Esse é um exemplo perfeito do modo como as deidades eram assimiladas e transformadas em formas clássicas.

Figura 92. Páris raptando Helena.
Relevo em mármore, Roma, Itália, data desconhecida.

## Capítulo 6

# Ilíada e Odisseia

## O Retorno à Deusa[1]

A *Ilíada* representa o mundo de orientação masculina dos povos indo-europeus no qual figuram predominantemente Zeus, Apolo e os deuses do Olimpo. Depois da *Ilíada,* segue-se a *Odisseia,* em que vemos o retorno da Deusa.

Foi Samuel Butler quem afirmou que a *Odisseia* teria sido escrita por uma mulher.[2] É marcante a mudança de disposição e atmosfera em relação à *Ilíada* e sua psicologia orientada para o masculino, a guerra e as conquistas, visto que na *Odisseia* é muito importante aprender com a Deusa sobre a vida. Gostaria de contar a estória da *Ilíada* e da *Odisseia* dando-lhes um pequeno toque da minha visão pessoal.

A *Odisseia* é um conto sobre as andanças de Odisseu [em grego, Odisseus; na forma latina, Ulisses] desde o momento em que sua frota é varrida pelos deuses até sua volta para casa, jogado pelas ondas, adormecido, em Ítaca. Na primeira parte da estória, ele interage com seres humanos sobre a face da Terra. Depois de aportar na Terra dos Comedores de Lótus ou Lotófagos, ele se encontra na região dos mitos e monstros, e os personagens que encontra são todos mitológicos: os Cíclopes, Cila e Caribdes, os lestrigões, monstros; Circe, Calipso e Nausícaa, todas ninfas. Quando ele finalmente acorda e se vê de novo na terra natal, vai até seu palácio e descobre que, durante sua ausência, os pretendentes de sua esposa o haviam usurpado. Daí vem o desfecho – a expulsão dos pretendentes e o reencontro com Penélope.

*Deusas*

Voltemos nossa atenção para Circe, Calipso e a pequena Nausícaa. Ao examinar essas personagens, vemos que Circe é a tentadora, Calipso a esposa, e Nausícaa a virgem. Agora, recordemos a causa da Guerra de Troia: três mulheres, Afrodite, Hera e Atena, competem num concurso de beleza tendo Páris por juiz. Estes são os princípios dominantes da Deusa e representam aspectos da manifestação do poder feminino.

## O Julgamento de Páris

Afrodite é o impulso erótico absoluto e corresponde a Circe na *Odisseia*. Hera é a esposa de Zeus, a matrona, a dona de casa mãe do universo, e sua contraparte é Calipso, com quem Odisseu viveu sete anos. Atena é a deusa virgem, nascida do cérebro de Zeus, filha do Pai, inspiradora e patrona dos heróis, cuja contraparte é a pequena Nausícaa. Cada uma delas representa um dos aspectos do poder feminino, aspectos da energia da vida: *śakti*.

Figura 93. O Julgamento de Páris.
*Stamnos* de figuras vermelhas, Período Clássico, Grécia, *c*. século V a.C.

Quando Páris é convidado a julgar as três deusas, afirma Jane Harrison em seu maravilhoso livro *Prolegomena to the Study of Greek Religion* [Prolegômenos ao estudo da religião grega], isso corresponde a humilhar a Deusa. Ali se encontravam as três maiores deusas clássicas, os três aspectos da única Deusa que se manifesta nessas três formas. Então chega Páris, um jovem lânguido, e as julga como se fosse um concurso de beleza barato! E elas, pasmem, lutam por seu voto fazendo promessas e oferecendo propina.

Afrodite diz: "Escolha a mim e eu lhe darei Helena de Troia; Helena, a mulher mais bela do mundo – infelizmente já casada com Menelau – mas, que importa? Eu a conseguirei para você".

Hera diz: "Escolha a mim e eu lhe darei majestade, dignidade e poder entre os homens".

E Atena diz: "Escolha a mim e eu lhe darei fama heroica".

Como observa Jane Harrison, na verdade, esse jovem está elegendo a carreira da sua vida; está decidindo qual dessas deusas padroeiras ele adotará. Ele está escolhendo sua orientadora espiritual, guardiã e guia. A reinterpretação disso é nada menos que a patriarcal humilhação da Grande Deusa.

Temos aí a suposta causa da Guerra de Troia, dos dez anos de coisas de machão: mulheres e butim. Quando Aquiles o grande herói grego, se retira e vai remoer as mágoas na barraca, qual é sua grande discussão com Agamênon? A alegação do motivo que fez Aquiles negligenciar a guerra? Teria sido estratégia ou tática? Não. Eles brigam para ver quem fica com a loira.

Ora, essa é uma atitude diante do feminino totalmente diferente daquela que seria um diálogo adequado entre os gêneros.

Depois que Odisseu luta dez anos nessa guerra, ele parte para casa com sua frota de doze navios. Assim que ouvimos mencionar o número doze, sabemos que se trata de uma situação mitológica. Os doze navios representam aspectos da própria essência de Odisseu. Ele e seus homens descem em outras paragens a caminho de casa e lá estupram mulheres e destroem cidades só para se divertir. Mas, quando retornam a seus navios, os deuses proclamam: "Isso não é jeito de um homem voltar para sua esposa!" Ele precisa ser reapresentado, ou, como dizem hoje em dia, posicionado a respeito.

Então, por dez dias os deuses jogam os navios de lá para cá ao sabor da tempestade, até que aportam na Terra dos Lotófagos. Daqui em diante eles estão na esfera dos sonhos e visões, no mundo do mito. Odisseu encontrará três ninfas e nenhuma delas pode ser manipulada, pois ele precisa encontrar-se com o princípio feminino segundo as condições do feminino. É óbvio que ele recebe ajuda de Hermes, e é interessante notar que na *Odisseia* o deus guardião do herói guerreiro não é Ares, deus da guerra, nem Apolo, nem Zeus, mas Hermes: o deus mensageiro que guia as almas para o renascimento e para a vida eterna. E por meio da iniciação concedida pelas três deusas desprezadas no início pelo Julgamento de Páris, ele se prepara para voltar para casa e para sua esposa, Penélope, salvando-a dos pretendentes espoliadores.

Com Penélope se apresenta outro tema interessante: o da tecelagem. Durante a ausência de Odisseu, todo dia, o dia inteiro, ela tecia um tapete que, à noite, ela desmanchava. Trata-se de um artifício para manter afastados os pretendentes, pois ela havia prometido escolher um deles assim que terminasse de tecer o tapete. Todas as figuras femininas com quem Odisseu trava contato retomam esse tema. Circe das Madeixas Trançadas que tece uma tapeçaria; Calipso também dos cabelos em tranças, que tece uma tapeçaria; e a pequena Nausícaa, lavando a roupa. Esta é a fêmea como Māyā, tecelã do mundo da ilusão, criadora da tapeçaria do mundo.

Odisseu tinha uma vara de 360 javalis (número de dias do ciclo do ano convencional nas antigas tradições) e foi ferido na perna pela presa de um deles. Adônis foi morto por um javali. O herói irlandês Diarmuid teve sua vida ceifada por um javali. Osíris, o deus egípcio que morre e ressuscita, foi morto por seu irmão Set enquanto caçava um javali – esse relacionamento com o javali ctônico, com o deus morto e ressurreto, é um tema que permeia toda a mitologia e toda a *Odisseia*.

A configuração da Lua e do Sol no mesmo signo do zodíaco no equinócio de primavera só se repete a cada vinte anos. Quanto tempo Odisseu ficou longe de Penélope? Vinte anos. O problema de coadunar a mitologia lunar e a solar era bastante grave nesse período e a estória está imersa nesse contexto.

Conforme observei acima, o Sol, que não tem sombra e que representa a vida eterna, é símbolo da consciência desvinculada do campo do tempo e do espaço. Mas a Lua, que morre e ressurge todo mês, é justamente a consciência *dentro* do campo do tempo e do espaço. A realização seria perceber que as duas consciências são uma só, que a nossa vida temporal e a eterna são uma só. A pergunta "Haverá vida após a morte?" perde o sentido se vivenciamos o princípio eterno aqui e agora. Este é o ponto principal. Qual é o relacionamento entre a vida lunar e a vida solar que estamos vivendo? Tal é o problema representado na *Ilíada* e na *Odisseia* pelo esforço de coadunar as duas mitologias. E a resposta chega em termos dos poderes da Deusa.

Como disse, cada uma daquelas deusas é a Deusa inteira, e as outras são facetas de seus poderes. Afrodite é a deusa divina cujos poderes são refletidos por todo o mundo como o poder do amor, da dinâmica da energia representada por Eros, que é seu filho e uma das mais importantes deidades do panteão clássico. No *Banquete*, de Platão, ele é o deus original do mundo. Afrodite, em seu aspecto de luxúria, desempenha um papel na tríade na qual Hera e Atena também atuam, mas poderia muito bem fazer todos os papeis sozinha. Como Deusa total, ela é a energia que dá suporte à *śakti* de todo o universo. Em sistemas posteriores, as Três Graças passaram a representar três aspectos do poder de Afrodite: enviar energia para dentro do mundo, tragar a energia de volta para a fonte, e unir esses dois poderes.

Na mitologia mais antiga, a Deusa era vista como a principal força criativa do universo. Quando da inserção da mitologia masculina pelos povos indo-europeus, observamos uma mudança na ênfase. Como mencionei antes, na versão contada por Hesíodo, o deus celeste Urano estava deitado tão próximo à sua mãe Gaia, que era também sua consorte, que os filhos do ventre da Deusa não conseguiam nascer. Pela mágica de seus antigos poderes, Gaia deu a Cronos, filho mais velho e corajoso do seu ventre, uma foice para castrar seu pai. Então Cronos castra Urano e separa o céu da Terra.

Figura 94. O nascimento de Afrodite. Mármore esculpido, Período Clássico, Grécia, ou talvez Itália em estilo grego, *c*.470-460 a.C.

O tema da separação do céu e da Terra aparece na maior parte das mitologias sob uma forma ou outra. Ele surge no mito egípcio de Nut, deusa do céu, que é empurrada para cima e para longe do deus Terra Geb. Há uma divertida versão nigeriana segundo a qual uma mulher está pilando grãos numa enorme bacia com uma gigantesca estaca, e a cada movimento o topo da estaca vai batendo no céu, de modo que o rei do céu vai se mudando cada vez mais para cima.

De um jeito ou de outro, acontece essa separação entre o céu e a Terra, que no início eram um, e o andrógino cósmico original torna-se macho e fêmea. Depois de castrar seu pai, Cronos simplesmente joga a genitália por sobre o ombro, que cai no mar produzindo muita espuma – e dessa espuma nasce Afrodite.

Com essa versão temos um novo rebaixamento da Grande Deusa, pois ela já existia, mas a estória vira tudo de cabeça para baixo e faz com que ela se torne uma mera manifestação dos poderes sexuais de Urano. Na arte ela é com frequência mostrada dentro de uma concha (como na famosa obra de Botticelli). Ela era conhecida também como "Nascida da Espuma" ou "Nascida do Mar". Nas representações romanas e helenísticas mais tardias, durante um período mais pudico, ela é vista cobrindo os genitais, mas na forma anterior da Deusa era precisamente sua nudez que representava o poder de seu ser.

Figura 95. Ares, Afrodite e Eros na guerra contra os Gigantes. Ânfora de figuras vermelhas, Período Clássico, Grécia, *c.*400-390 a.C.

Como o amor e a guerra estão inexoravelmente ligados, Ares é representado como amante de Afrodite. O primeiro relacionamento de Afrodite é com Ares (fig. 95), e as palavras "vale tudo no amor e na guerra" são dele. Os planetas Vênus e Marte aparecem de um lado e de outro do Sol no sistema astrológico clássico.

Outro relacionamento de Afrodite é com Hermes (fig. 96), senhor que nos guia à vida imortal. Esta é a energia de *śakti* que inspira tanto a guerra como a iluminação mística. Hermes representa o caminho até a iluminação. A pequena biga é puxada por dois cavalos chamados Eros e Psique.

Figura 96. Afrodite e Hermes. Terracota, Período Clássico, Grécia, 470 a.C.

Do ponto de vista feminino, Ares e Hermes são os dois tipos básicos de relacionamento. Um é o jovem defensor, guerreiro, que mata o dragão; o outro é Hermes, o mais velho, que leva as almas à sabedoria imortal e à vida imortal. O bastão de Hermes, chamado caduceu, tem duas serpentes interligadas que representam a energia solar e a lunar. Ele é retratado frequentemente com seu animal totêmico, o cão, capaz de seguir uma pista invisível, o caminho que leva a uma vida mais longa, que é oferecido por Hermes. Boa parte das vezes, Hermes é representado como aquele que se relaciona com Hera, Afrodite e Atena no Julgamento de Páris.

Figura 97. O Julgamento de Páris.
Cratera de figuras vermelhas, Período Clássico, Grécia, século V a.C.

Jane Harrison nos oferece ainda outra leitura do Julgamento de Páris (fig. 97) descrevendo a cena, com grande pertinência, como um concurso de beleza.

Hermes convida Páris a escolher entre as três deusas. Afrodite está sendo embelezada por Eros, que a fará muito atraente – ele coloca nela uma pulseira. Vemos o cão de Hermes e o gamo – animais associados a Ártemis, mas que poderiam pertencer a qualquer uma dessas deusas. Hera está bem composta, arrumando-se de modo apropriado como condiz a uma matrona respeitável, e Atena, nas palavras de Jane Harrison, "está simplesmente tomando um bom banho".[3]

Então chega a hora do julgamento. Quando Páris escolhe Afrodite, precipita o rapto de Helena, esposa de Menelau de Esparta, fato que faz eclodir a guerra mundial do século XII a.C., empreendida para recuperar Helena.

Figura 98. O Julgamento de Páris.
Cratera de figuras vermelhas, Período Clássico, Grécia, século V a.C.

Harrison prossegue propondo uma interpretação muito original para os acontecimentos durante o Julgamento de Páris. Nesse vaso de figuras vermelhas do século V a.C. (fig. 98), vemos as três deusas, que não podem ser consideradas beldades por homem algum, todas trazendo na mão o símbolo do ciclo do mundo, a roda do destino. Hermes está dizendo a Páris: "Vamos, rapaz, você tem de encarar!" Mas Páris está tentando fugir da responsabilidade de escolher o rumo de sua vida, seu destino, representado pelas deusas. Como afirma Harrison:

> Hermes chega a segurar Páris pelo pulso para obrigá-lo a comparecer. Aqui não há nenhum sinal de prazer voluptuoso diante da beleza das deusas. As três figuras femininas são rigorosamente semelhantes; cada uma delas carrega uma coroa. Escolher uma delas seria uma tarefa difícil.[4]

Estas são as três *śakti* que representam os três caminhos na vida: qual deles o jovem escolherá como carreira? Seguirá o caminho de Atena, para uma vida heroica; o caminho de Afrodite, do erotismo; ou o caminho de Hera, em direção às regras reais, à majestade e à dignidade?

Os poderes simbolizados pela personificação das deidades são as entidades que constituem o nosso ser como objetos naturais, bem como o mundo natural no qual vivemos, de modo que estão lá fora e também dentro de nós. As formas de abordá-los podem ser tanto externas, como acontece na atitude da oração, como através da meditação, que é a maneira hindu.

Temos abundantes depoimentos de xamãs, e também escrituras das tradições religiosas do mundo inteiro, que nos permitem saber que este é o modo de compreender as deidades. As energias que constituem o mundo podem ser pensadas como variantes de uma única energia ou como entidades diferenciadas que emparelham variados aspectos da natureza com as nossas próprias vidas. De modo que as deidades podem ser vistas como totais ou como específicas.

Müller cunhou um termo quando começou a perceber que as deidades hindus podiam ser abordadas tanto especificamente como constituintes do fogo, dos ventos ou da luz solar, ou, por outro lado, como deidades totais: *henoteísmo*. Ou seja, um deus individual pode ser compreendido pela mente como representante da totalidade de entidades do universo. Nesse caso, ele seria a figura do divino criador, embora não fosse criador de fato, mas alguém através do qual as entidades criadoras nos chegam.

Por outro lado, um deus pode ser abordado como representante deste, daquele ou daquele outro aspecto específico da totalidade. Esse é o caso das deusas dos gregos, que participam dessa mutualidade na vivência das deidades.

Tenho dito que a deidade ou o mito são metáforas transparentes que permitem entrever a transcendência. Depois de pensar durante setenta anos sobre essas questões, finalmente descobri esse termo na obra de um psiquiatra junguiano chamado Karlfried von Dürkheim. A deidade ou o mito são metáforas – é preciso nos lembrarmos de que são metáforas – transparentes à transcendência, e então essa metáfora poderá nos conduzir para além dos nossos poderes de intelecção.

Essa é a mesma ideia que nos chega através do Romantismo alemão e também das tradições da Índia. À afirmação de Goethe: *"Alles Vergängliche ist nur ein Gleichnis"* ("Tudo o que é transitório não passa de referência"),[5] Nietzsche acrescenta: *"Alles Unvergängliche – das ist nur ein Gleichnis"* ("Todas as coisas eternas são apenas referências").[6] Essa é a chave para compreender as deidades: elas são personificações, representações metafóricas de poderes que operam na nossa vida aqui e agora. Há nelas uma verdade – a verdade de nossas próprias vidas e atitudes. O deus que escolhemos reverenciar como deidade primária representa a escolha dos poderes que serão a base na nossa vida. Escolhemos um ou outro aspecto do nosso viver como possibilidade que representaremos dentro da realidade.

Numa sociedade aberta, podemos fazer nossas próprias escolhas. Mas numa sociedade tradicional, os indivíduos podem minimizar riscos através desta ou daquela carreira, cada uma delas podendo ser vista sob a égide desta ou daquela deidade. Esse é o problema do julgamento de poderes e de toda a ideia clássica de Páris escolher a mais *bela* das deusas. Pede-se a ele que escolha a deidade que se tornará sua *śakti,* energia que define o sentido de sua vida. Isto é o que as energias femininas representam nesses mitos – forças das quais o masculino é apenas um agente – como musa, como deusa mãe, ou como inspiradora de uma vida heroica, essas deusas são reflexos da força principal que o feminino representa e que, em si, está aberta à natureza. A vida da deusa é tal que ela é movida pela natureza de um modo que o masculino não é.

As três deusas são os três possíveis destinos de Páris, e sua escolha remete ao relacionamento entre as forças masculinas e femininas. Todas as deusas devem ser referidas em termos relacionais e, até onde sei, não existem representações de deusas ou deuses desprovidos de relacionamento com as polaridades do mundo.

Páris escolhe Afrodite, e ela o recompensa dando-lhe Helena.

## A Ilíada

Helena era esposa de Menelau e, ao que parece, ambos eram originalmente deidades de Esparta. Cabe observar que há dois aspectos da mitologia clássica: um é aquele que foi coligido pelos literatos depois dos séculos VII e VI a.C.; o outro é aquele constituído pelos cultos locais. Ao visitar Esparta e a Beócia, encontramos cultos fundados na região associados a rituais locais. Naquilo que podemos chamar de redação literária ateniense, os personagens são desenraizados de sua terra natal e enxertados na narrativa épica.

De modo que Helena é raptada e Menelau vai até seu irmão Agamênon e diz: "Aquele troiano! Ele fugiu com a minha mulher!"

E Agamênon responde: "Hmmm! Isso não está certo. Temos de pegá-la de volta". Essa resposta mostra a mulher como propriedade. Os irmãos reúnem então um exército de heróis e uma frota de navios os leva até Troia.

Vejam que nenhum desses heróis queria embarcar nessa expedição. Odisseu finge que está louco para evitar a convocação. Ele acaba de se casar, tem um filho pequeno e quer ficar em casa.

Mas Agamênon usa de esperteza. "Você está louco mesmo?", diz ele, e coloca o filho de Odisseu, o pequeno Telêmaco, na vala de terra em frente ao arado que Odisseu está conduzindo. Odisseu estanca diante do filho e a farsa cai por terra. Lá vai ele para a guerra.

Agamênon e Odisseu recrutam Aquiles, pois ele é o guerreiro sem o qual eles não podem vencer.

E agora vem um evento desastroso: os veleiros estão todos reunidos, prontos para singrar os mares até Troia, mas não há vento. Isso

DEUSAS

porque as tropas de Agamênon ofenderam Ártemis matando uma lebre prenhe. Calcas, sacerdote da frota, aconselha Agamênon dizendo que é necessário um sacrifício para conseguir vento – um sacrifício humano. Então, Agamênon manda dizer à sua esposa, Clitemnestra, que mande Ifigênia, sua filha mais nova. E a sacrifica para conseguir vento. É evidente que, quando Agamênon volta da guerra, sua esposa o mata. Quem poderia culpá-la?

Nessa representação romana (fig. 99) Agamênon, pai de Ifigênia, está à esquerda, cobrindo os olhos para não ver. À direita está o sacerdote, que diz: "Será que devemos fazer isso *mesmo?*"

Figura 99. O sacrifício de Ifigênia.
Afresco, Império Romano, Itália, *c.*79.

No alto vemos Ártemis. Martin Nilsson, grande autoridade em religião grega da Antiguidade, escreve que Ártemis era a Grande Deusa total que representava todas as forças da natureza. Com a diferenciação das deusas e departamentalização dos poderes, Ártemis veio a ser associada ao mundo natural e à floresta; tornou-se a Mãe das Coisas Selvagens. Na versão de Eurípides, no momento da execução de Ifigênia, Ártemis a substitui por uma Ifigênia ilusória e leva embora a verdadeira, que se torna sacerdotisa de Ártemis em Táuris.

Mas na *Ilíada,* Ifigênia é sacrificada e isso traz de volta os ventos que levam o exército até Troia.

Aquiles é o herói da *Ilíada,* no entanto, ele não é descrito como homem nobre – esse título vai para Heitor, o troiano. Os gregos admiram tanto os seus inimigos quanto suas próprias tropas, e os descrevem com dignidade, compaixão e apreciação.

Uma interessante ilustração dessa característica se oferece quando Odisseu e Diomedes capturam um troiano chamado Dolon. Reina um senso de respeito pelo oponente: heróis de lado a lado são equiparados como iguais. Trata-se de uma qualidade grega que marca esses épicos e tragédias. Ésquilo escreveu sua tragédia *Os persas* poucos anos depois de ele mesmo ter participado da batalha contra os persas, e a humanidade com a qual ele trata seus ex-inimigos é típica grega.

Figura 100. Briseida e Aquiles. Afresco, Império Romano, Itália, *c.*20-50.

Os épicos homéricos datam quase que do mesmo período que o Livro dos Juízes. Basta ler essa parte do Antigo Testamento para saber como os israelitas semitas viam seus inimigos. É uma estória totalmente diferente.

Homero começa a *Ilíada* com as seguintes palavras: "Eu canto a ira de Aquiles". Ora, por que Aquiles estava com raiva? Há dois motivos, e eles aparecem em duas etapas.

O primeiro motivo envolve Briseida, linda mulher cativa. Aquiles a possuía, mas Agamênon a desejava e se aproveitou de sua patente para consegui-la. Qual é a reação de Aquiles? Ele fica se remoendo em sua barraca e não sai para a batalha. Mas Aquiles é um herói e um poderoso guerreiro sem o qual a batalha não será ganha, de modo que por fim Odisseu é enviado à barraca de Aquiles para convencê-lo a lutar. Aqui vemos Odisseu no papel de instrutor ou guru. Mas Aquiles continua se negando a sair até que seu amigo Pátroclo é morto usando a armadura de Aquiles.

Agora, irado, Aquiles sai para vingar a morte de seu amigo.

Figura 101. Andrômaca e Astíanax dizendo adeus a Heitor. Cratera de figuras vermelhas, Período Clássico, Itália, *c.*370-360 a.C.

E então chega o momento crucial para Heitor. Ele é o único capaz de enfrentar Aquiles, pois ele é o herói dos troianos. Na figura da cratera (fig. 101), a esposa de Heitor, Andrômaca, segura no colo seu filho Astíanax, "pequena estrela". A criança se assusta com o elmo do pai e Heitor o deixa no chão e afaga seu filho. Andrômaca implora para que ele não vá, dizendo que será morto. Heitor responde: "Nenhum homem jamais evitou sua morte pela covardia".

Ora, esta resposta é o correspondente grego da reflexão feita por Kṛṣṇa na *Bhagavad Gītā* (que é um capítulo do grande épico hindu *Mahābhārata*) sobre o mesmo problema: o guerreiro e a virtude da guerra. O *Mahābhārata* tem origem num povo do mesmo tipo que travou batalhas no mesmo período da *Ilíada*, e na *Bhagavad Gītā* temos o que pode ser chamado de misticismo da guerra. Arjuna, chefe guerreiro dos Pandavas (que estão tentando reconquistar seu território), pergunta a Kṛṣṇa se pode conduzir sua biga. A batalha está prestes a começar e Arjuna pede a Kṛṣṇa que o leve até a divisa do campo de batalha antes que ele sopre a trombeta para dar início à guerra. Quando Arjuna se vê ali, entre os dois exércitos, ele vê homens que admira dos dois lados, homens que ele considera seus mestres em filosofia. Arjuna depõe seu arco e diz: "Melhor que eu morra aqui do que precipitar essa batalha".

Kṛṣṇa responde: "De onde vem esta ignóbil covardia? Isto não condiz com um guerreiro".[7] Kṛṣṇa então diz aquela maravilhosa frase sobre o transcendente, que é o grito de batalha da *Gītā:* "Aquilo que nenhuma espada pode tocar a chuva não molha".[8] O eterno não é tocado por sua espada, mas os processos históricos estão em andamento e é seu dever participar. Kṛṣṇa dá a Arjuna esse maravilhoso conselho sobre a prática da ação como ioga. É o ioga da guerra – o ioga de desempenhar nosso dever sem medo ou desejo em relação aos resultados.

Qual é o princípio básico da ação? Se ficarmos interessados nos resultados, acabaremos perdendo o centro, e nosso desempenho sofrerá com isso. Entre lá sem medo nem desejo, seja por si mesmo ou pelos outros, e faça o que tem de ser feito; dê o passo decisivo. Esse é o modo indiano de dizer aquelas mesmas palavras estoicas de Heitor.

Então Heitor monta sua biga e vai ao encontro da morte. É o momento de agir, de fazer, sem medo nem desejo. Evidentemente,

*Deusas*

Heitor é morto em batalha por Aquiles, que faz o que hoje nós consideramos uma coisa horrível: amarra o cadáver à sua biga e o arrasta em volta de Troia. Alguns dizem que Heitor foi capturado vivo e morto dessa forma.

Teria sido tão só um ato brutal de vingança contra um inimigo antes poderoso? Não fica claro qual teria sido a motivação de Aquiles, mas outra interpretação é a de que as muralhas de Troia não eram apenas muralhas físicas de pedra e argamassa, mas muros encantados, e que este teria sido um ato mágico para desfazer o feitiço protetor das muralhas de Troia.

Depois disso, Príamo, velho rei e pai de Heitor, vem humildemente pedir a Aquiles o corpo de seu filho para poder conduzir um funeral condigno (fig. 102). Isso era muito importante nas culturas tradicionais. A tragédia de *Antígona* nasce desse costume.

Figura 102. Príamo implora a Aquiles pelo corpo de Heitor. Bronze, Período Arcaico, Grécia, *c.*560 a.C.

E agora chegamos à famosa aventura do Cavalo de Troia que Odisseu e Diomedes inventam por sugestão de Aquiles. Eles preparam um imenso cavalo de madeira e o enchem de soldados. Então os navios gregos se retiram deixando o cavalo na praia. Os troianos pensam que a guerra acabou e que esse troféu foi deixado em sua honra. Eles arrastam o Cavalo de Troia para dentro da cidade e, então, à noite, os soldados gregos saem do cavalo, abrem os portões, e os gregos destroem Troia.

CAPÍTULO 6 – ILÍADA E ODISSEIA

Surge a questão do final da guerra. Troia caiu, a guerra foi vencida, e agora temos o que chamo de *nostos*, ou a volta para casa dos guerreiros depois de dez anos de batalha.

Muitas das peças trágicas se baseiam nesses retornos ao lar.

O primeiro, claro, é o retorno de Helena ao seu marido, Menelau.

Ela foi capturada em uma situação vergonhosa e, quando embarcou no navio, deve ter havido uma memorável cena de desentendimento doméstico! Mas, novamente, na versão de Eurípides dessa cena, ele salva a reputação dela dizendo que não era Helena quem estava em Troia, mas apenas uma imagem dela, uma presença ilusória, e que Helena na verdade estava escondida no Egito durante a guerra.

O próximo grande retorno é o de Agamêmon. O ciclo de mortes que principia com o sacrifício de Ifigênia continua com o assassinato dele pela esposa, Clitemnestra, e depois o assassinato dela pelo filho Orestes. Ora, em qualquer cultura o matricídio é o ato mais hediondo que se possa perpetrar, no entanto, na Grécia daquela época, restava uma pergunta: de quem Orestes é filho? De seu pai ou de sua mãe? Os relacionamentos estão sendo legitimados pela linha matrilinear ou patrilinear? Se a herança segue pela linha paterna, e o pai foi assassinado, então é dever do filho matar o assassino de seu pai, neste caso, a própria mãe. Se, por outro lado, a herança vem da linha materna, então matar o assassino de seu pai não é dever do filho, já que o pai é de somenos importância – então o ato se torna pessoal e, portanto, um pecado.

Fica claro o conflito entre os dois sistemas: o anterior, de base matriarcal, que sobrevivera no campo entre os *pagani* (latim para "pessoas rústicas" – e daí a palavra *pagãos*) e o sistema posterior, indo-europeu, de direito patriarcal, que foi adotado pelos gregos aqueus, em particular os da cidade de Atenas. Como representantes do sistema patriarcal, Apolo e Atena declaram que Orestes não tem culpa e que se encarregarão de aplacar a força feminina das Fúrias fazendo o sacrifício de um porco sobre Orestes.[9]

Na figura 103, Orestes está sendo purificado da culpa por derramar o sangue de Clitemnestra, no templo de Apolo em Delfos. Notem que ele está encostado no ônfalo. Apolo está à direita banhando-o com sangue de porco – Orestes é purificado no sangue do cordeiro, por assim dizer. O sacrifício do porco é feito para aplacar a ira das Fúrias, que representam as forças ctônicas do inframundo e a linha patriarcal.

O sacrifício do porco ganhará grande importância na *Odisseia*. Ártemis está em pé atrás de Apolo carregando lanças de caça. À direita de Orestes dormem duas Erínias (Fúrias) que Atena fez adormecer. A mulher que toca as duas Erínias é a sombra de Clitemnestra, pedindo a elas que acordem para vingá-la. As Erínias são deidades antigas da tradição grega, "vingadoras de ofensas contra relações de sangue do lado materno ou paterno, de ofensas contra a moral e até contra a lei natural".[10] Elas representam "um relacionamento humano intensamente sentido [...] a alma ultrajada do homem morto clamando por vingança".[11]

Orestes sai limpo e o princípio masculino domina.

O porco, como vimos em Çatal Hüyük, era o animal doméstico representativo das forças ctônicas. Os aqueus chegaram com seu gado e seus próprios deuses, a quem eles sacrificavam um touro ou uma vaca. Mas as forças que precisam ser aplacadas no caso de Orestes são os poderes da Terra, das Fúrias, da Deusa Mãe. Jane Harrison nos fala da diferença entre os dois sacrifícios. O dos aqueus é uma refeição partilhada com os deuses, enquanto o antigo sacrifício do porco é o que conhecemos como holocausto (literalmente "queimar por inteiro"): matar o animal, derramar seu sangue e suas cinzas na Terra, isso não é uma refeição partilhada.[12]

Figura 103. A purificação de Orestes.
Cratera de figuras vermelhas, Período Clássico, Grécia, *c.*370 a.C.

## A Odisseia

Chegamos agora ao grande *nostos:* o retorno de Odisseu.

Na minha visão, Odisseu empreende essa busca para voltar para casa decentemente, voltar para Penélope, sua esposa – e não para uma loira qualquer, alguém que é vítima e butim de guerra, mas para *sua esposa*. Uma esposa é alguém com quem contracenamos como o outro lado do mistério da androginia, de modo que Odisseu precisa ser despojado de sua atitude de guerreiro, papel que não comporta nenhum diálogo entre as forças do masculino e do feminino.

Penso na *Odisseia* como um livro de iniciações e a primeira delas é a iniciação de Odisseu num relacionamento mais apropriado em relação ao feminino, que fora enfraquecido no tempo do Julgamento de Páris, quando o princípio masculino era excessivamente dominante.

Agora o princípio feminino precisa ser reconhecido para possibilitar um relacionamento adequado – algo que chamo de um relacionamento andrógino – no qual o masculino e o feminino se encontram como correspondentes em pé de igualdade. Iguais, mas não os mesmos, porque, quando se perde a tensão das polaridades, perde-se a tensão da vida.

Há uma segunda iniciação na *Odisseia,* a do filho de Odisseu, Telêmaco. Quando Odisseu entra para o exército de Agamênon, ele e Penélope tinham acabado de se casar e ter um filho. Odisseu está longe há vinte anos – dez anos na guerra e mais dez anos perdido pelo mar Mediterrâneo – então Telêmaco tem vinte anos e esteve com sua mãe todo esse tempo. Atena vem até ele na forma de um rapaz e diz: "Vá encontrar seu pai".

Então a primeira iniciação é a de Odisseu, a iniciação do homem maduro na vida de caridade do casamento.

A segunda iniciação é a do jovem Telêmaco, que é introduzido à condição de homem, deixando a mãe e indo até o pai.

A terceira é a iniciação de Penélope, esposa cujo marido está longe e que mostra resistência e fidelidade ao longo das tentações dos pretendentes por lealdade a seu consorte. Portanto, este é um fantástico compêndio das iniciações tal como concebidas nesses países: a iniciação da juventude, a da plena maturidade e a da mulher.

Odisseu sai de Troia com doze navios e segue para a cidade de Ismara, rumo norte. Quando os navios e guerreiros aportam, o que fazem? Saqueiam a cidade e violentam as mulheres. O sacerdote de

Ismara chega a agradecer a Odisseu por não estuprar sua filha. Esta é a medida da voracidade daqueles homens.

Os deuses então declaram: "Isso não é maneira de um homem voltar para sua esposa! Esse não é o modo correto de um homem se relacionar com a mulher na coexistência doméstica".

Durante dez dias eles sopram os navios de Odisseu em todas as direções. Para chegar onde quer, Odisseu terá de encontrar e apaziguar as três deusas. Afrodite, Hera e Atena aparecerão a ele na forma de três ninfas: Circe, Calipso e Nausícaa.

Acho fascinante que as três forças que no Período Homérico inicial tiveram sua majestade desprezada tenham agora de ser encaradas em todo seu poder. Assim veremos a estória da jornada visionária de reintegração do masculino e do feminino num relacionamento de reciprocidade, ao invés da predominância exagerada de um ou de outro.

Soprados pelos ventos, os navios vão parar no norte da África e na Terra dos Lotófagos. Ali eles são narcotizados e levados à terra dos sonhos – e desse momento em diante, até que Odisseu acorde na ilha de Ítaca, ele não mais se encontra com seres humanos, mas somente com monstros e ninfas. Ou seja, desse ponto em diante a sua viagem se torna onírica: ele desce ao inconsciente, lá no fundo de seu ser, até as regiões que foram ignoradas e que precisam ser assimiladas.

Quando os soldados das doze naus comem o lótus, eles também são transportados ao mundo dos sonhos, e Odisseu tem de arrastá-los de volta ao navio um por um e amarrá-los aos mastros.

Sabemos qual é o problema: ele veio de um mundo que rejeitou e negou o princípio feminino, tentando dominá-lo ou substituí-lo por um sistema patriarcal. Agora ele terá de encarar a força crua do feminino e submeter-se a ela. Estamos passando do mundo da consciência latente ao mundo dos sonhos, do mundo dos objetos racionais para o mundo das experiências místicas, metafóricas. Passaremos pela jornada mitológica de modo estritamente clássico. Seremos ejetados da vida normal, pois algo está faltando: um relacionamento adequado entre masculino e feminino.

Para embarcar nessa viagem mítica, atravessamos o limiar que leva ao mundo onírico. O primeiro encontro é com aquilo que chamamos de guardião do limiar, poder que representa a transição da esfera da vida diária para a esfera dos mistérios. O guardião do limiar é um monstro ameaçador e quase sempre uma manifestação menos elevada daquele mesmo poder que encontraremos quando finalmente chegarmos ao cabo da jornada.

Assim, a primeira criatura com a qual Odisseu se depara é Polifemo, o ciclope, aquele personagem de um olho só. O único olho representa o centro do alvo, a porta estreita pela qual devemos passar a caminho da iniciação. Polifemo é filho de Posídon, senhor das águas abismais, que rege toda esta aventura – ele é o senhor do inconsciente – contraparte grega de Śiva. Odisseu e doze homens entram na caverna para conhecer a terra onde estão. Lá encontram potes e jarros de leite, queijo, manteiga, e percebem que chegaram à morada de algum tipo de pastor.

Vejam só: o pastor chega e (que espanto!) é um gigante enorme com um olho no meio da testa e, ainda por cima, antropófago. Ele diz a Odisseu: "Quem é você?"

Odisseu pensa rápido e responde: "Eu sou Ninguém". Esse é o primeiro estágio de autorrenúncia no caminho da esfera mágica. Ele não se gaba, ele não diz, por exemplo, "Eu sou Odisseu, nunca ouviu falar de mim?" Não. Ele afirma "Eu sou Ninguém". Veremos uma sucessão de autorrenúncias à medida que ele vai adentrando o abismo.

O ciclope diz: "Ora, ora! Temos aqui uma boa refeição", e pega dois dos homens e os estraçalha. As coisas vão mal.

Figura 104. Odisseu fura o olho de Polifemo.
Vaso de figuras negras, Período Arcaico, Grécia, data desconhecida.

Um pouco depois da refeição de Polifemo, Odisseu lhe diz: "Será que não gostaria de um pouco de vinho para acompanhar sua refeição?"

Polifemo nunca bebeu vinho. Aceita e vai ficando muito sonolento e bêbado.

Então Odisseu e um de seus homens pegam uma viga enorme, fazem uma ponta, que deixam ficar em brasa no fogo e depois a fincam no único olho do ciclope adormecido. A cena é descrita com maravilhosa riqueza de detalhes – o espeto entra, ouve-se a umidade do olho a ferver, o sangue a espirrar, o chiar da carne em brasa.

Polifemo continua vivo. Ele grita e faz um alarido enorme perturbando os outros ciclopes da vizinhança, que gritam: "O que está acontecendo aí? Alguém está te machucando?"

E Polifemo grita: "Ninguém!"

"Neste caso", resmungam os outros ciclopes, "cale a boca!"

Portanto, Odisseu foi salvo pela autorrenúncia.

O olho do ciclope está inoperante, mas ele continua na caverna e Odisseu e seus homens precisam sair. Então Polifemo se coloca na porta. Ele pretende esperar que os homens saiam.

Odisseu, homem ardiloso, tem uma ideia. Ele junta três ovelhas, ata uma à outra, e coloca um de seus homens sob a ovelha central, depois as toca para fora. E mais outro, e mais outro, e mais outro – seis vezes três, chegamos ao décimo oitavo caprino. O ciclope passa a mão sobre as ovelhas e diz: "Ah, essas são minhas ovelhas que estão indo pastar".

Todos os homens conseguem sair.

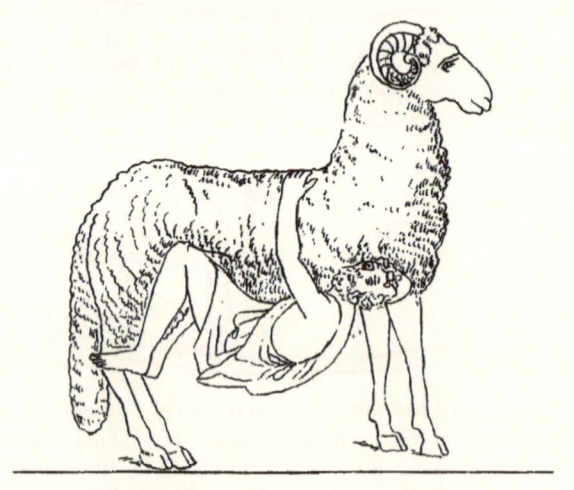

Figura 105. Odisseu sob um carneiro.
Bronze, Período Arcaico, Grécia, c.520-500 a.C.

Odisseu entra debaixo do carneiro grande.

Naquele período o carneiro simbolizava o Sol, e o princípio solar representava o poder masculino. No Egito o deus Sol Amon-Ra era representado por um carneiro. Nessa época, ninguém leria esse relato sem saber que Odisseu estava se identificando com a jornada solar. Ele se identifica com o Sol e, como veremos, ele acaba na Ilha do Sol. Isto é importante: ele abriu mão de seu caráter secular e se identificou com a energia solar, a consciência solar, a vida solar. Ele passa pelo ciclope.

Atravessamos o limiar que leva à esfera espiritual. Ora, o que acontece quando se entra no mundo espiritual deixando de fora seu caráter secular? Quando se abre mão da vida material, há o perigo do que os psicólogos chamam de inflação do ego: "Nossa! Sou tão espiritual!"

Tendo atravessado o limiar, Odisseu chega à Ilha dos Ventos e de Éolo, deus dos ventos, do *prāṇa* (em sânscrito, "respiração, espírito"). Mas esse deus tem um hábito curioso: ele tem doze filhos e doze filhas e casa uns com os outros. Ele é também um anfitrião muito generoso e, quando o exército com os doze navios chega, ele os recebe amavelmente. Quando estão prestes a partir, Éolo dá um presente a Odisseu: uma bolsa cheia de vento. "Aí dentro há vento suficiente para levá-lo até Ítaca", diz o anfitrião, "mas não abra tudo de uma vez. Seja paciente".

Eles embarcam, vão velejando de volta, e Odisseu vai caindo no sono. O líder representa a consciência que controla, mas os marujos representam o *id* – o poder do "eu quero". Assim que Odisseu adormece, os homens ficam curiosos e impacientes e abrem a bolsa de vento e puf! – num sopro acaba-se o vento. Vem uma calmaria.

É a chamada *deflação* – e aqui começa o ciclo maníaco-depressivo. Esse é um fenômeno psicológico bastante comum. Estamos pensando que somos o máximo, divinos e... de repente, não, não somos. Essa dinâmica é parte da condição humana. A virtude necessária é encontrar um temperamento que fique entre um e outro. Portanto a tripulação atravessou o portal, passou pelo portão estreito, vivenciou a inflação e, agora, não tem mais nada.

É preciso voltar a remar. Há algo mais humilhante do que toda uma frota de guerra *remando?* Eles remam de volta à ilha de Éolo e dizem: "Fizemos uma besteira. Pode nos dar outra chance?"

Mas o deus responde: "Nada disso. Remem".

Eles vão remando e a próxima aventura é a da depressão total. Houve a inflação, agora vem a deflação. Eles chegam a uma ilha, que poderia ser a Sardenha, e descem dos navios. É a ilha dos lestrigões. Ao ler esse épico, aos poucos vamos nos dando conta de quão horríveis são essas pessoas e do perigo que os gregos correm. Os lestrigões são canibais. Quando Odisseu envia três batedores para reconhecer o terreno, eles agarram um e o colocam na panela. Os outros dois fogem, mas são perseguidos pelos lestrigões que, do alto da ilha, começam a lançar rochas enormes nos navios reduzindo-os a um amontoado de farpas, salvo o de Odisseu. De modo que agora resta a Odisseu apenas um navio, e os homens remam desesperadamente.

Esse é o abismo, é a autorrenúncia em grande estilo: um navio movido a remos. Recapitulando: passamos pelo portal, atravessamos o portão estreito, inflação, deflação e agora chegamos à Ilha do Amanhecer, governada por Circe das Madeixas Trançadas, hábil em todo tipo de magia, mas sem grande ternura pela humanidade.

Chegamos à grande crise da estória. Estamos no abismo, na pior, estamos morrendo na praia. Aqui encontramos a primeira deusa, que representa a tentadora – a tentadora é a iniciadora. Ela é sedutora e é ela quem leva o herói para além dos limites. Ela é a deusa Māyā em seu aspecto de iniciadora.

Em sua ilha pantanosa, ela tece tapeçarias e, à sua volta, grunhem as feras: seres humanos que ela transformou. Dessa vez os batedores de Odisseu são convidados para uma refeição – contaminada por uma poção. Assim que começam a comer, são transformados em porcos por Circe.

Felizmente Odisseu não estava com os batedores. Ficou para trás esperando o retorno deles e eis que, bem nesse momento, aparece Hermes e diz: "Você está encrencado. Vou te dar uma ajuda".

Hermes dá a Odisseu uma plantinha chamada móli, que o protegerá do poder do feitiço de Circe. Então Hermes diz: "Quando você entrar, ela não conseguirá enfeitiçá-lo. Ameace-a com sua espada e ela se submeterá – e não apenas isso, ela o convidará para sua cama. Quando ela o convidar, vá".

Eis os dois poderes: o poder de ação física do homem e o poder feminino da magia – o poder mágico de atrair, repelir e encantar. Circe e Odisseu se enfrentam. Essa é a primeira vez que Odisseu encara uma mulher que é páreo para ele. Ele não consegue mandar nela, e ela tampouco consegue subjugá-lo por causa da ajuda de Hermes. E agora vem a imagem que adoro: ela tem o poder da magia, ele tem o poder físico. Odisseu força Circe a trazer seus homens de volta à sua forma original. E chegamos à seguinte afirmação: *Quando eles voltaram à sua forma humana, estavam mais belos e fortes e sábios do que antes.*[13]

Figura 106. Odisseu ameaçando Circe.
Lécito de figuras vermelhas, Período Clássico, Grécia, c. século IV a.C.

Dei-me conta de que, não apenas nessa estória, mas também no mito egípcio de Osíris e na estória asteca de Quetzalcoatl, o iniciador é a mulher que tenta, aquela que convida o macho ao espaço dos bastidores, quebrando as leis.

Circe conduz Odisseu por duas grandes iniciações. A primeira é ao inframundo, onde os ancestrais habitam. Esta é uma iniciação que leva ao que poderíamos chamar de terreno biológico, descendo ao inframundo e ao âmbito dos espíritos ancestrais. Estes representam os poderes generativos biológicos dos quais todos nós somos produto.

No inframundo Odisseu sacrifica um animal, e o sangue atrai os espíritos. Um dos primeiros a chegar é o do jovem Elpenor, timoneiro de um dos navios afundados pelos lestrigões. Nesse inframundo, os espíritos são apenas sombras trêmulas, salvo o de Tirésias, que é uma presença tridimensional.

A estória de Tirésias é sempre divertida. Certo dia ele ia passeando pela floresta quando encontrou duas serpentes que copulavam. Ele pôs seu cajado entre as duas e foi transformado em mulher. Então ele viveu como mulher por oito anos. Certo dia ela ia andando pelo bosque e se deparou com duas serpentes copulando. Quando colocou seu cajado entre elas, foi transformada em homem de novo.

Um belo dia, lá no alto e ensolarado Olimpo, Hera e Zeus discutiam quem tinha mais prazer durante o sexo, se o homem ou a mulher. "Bem", diziam eles, "você está daquele lado, eu estou desse lado, como vamos saber? Ah! Vamos perguntar a Tirésias!"

Mandaram chamar Tirésias e ele respondeu: "Ora, é a mulher, nove vezes mais". Por alguma razão (que antes eu não compreendia), Hera não gostou da resposta e cegou Tirésias. Zeus sentiu certa responsabilidade pelo fato e deu a Tirésias o poder da profecia. Cego às superfícies meramente fenomênicas, Tirésias intuía as formas morfológicas subjacentes das quais derivam todas as coisas.

Mas, por que Hera ficou zangada? Depois de uma das minhas palestras sobre esse assunto, uma senhora me procurou e disse: "Eu sei por que Hera ficou irritada".

"Estou sempre disposto a aprender", respondi.

Então ela disse: "É porque daquele momento em diante ela não pôde mais dizer a Zeus 'Estou fazendo isso por você, querido' ".

Tirésias é o informante e o representante desse poder que constitui o problema a ser enfrentado por Odisseu: o homem não como dominador, mas como parceiro e contraparte correspondente à outra metade do andrógino formado por homem e mulher.

Essa primeira iniciação pela qual Odisseu passa, conduzido por Circe, se dá, portanto, no campo biológico. É uma viagem pelo inframundo, um encontro com os ancestrais e a percepção de que homem e mulher são transcendentalmente um. De modo que Odisseu volta e diz a Circe: "Bem, eu aprendi essa lição".

E ela diz: "Que bom! Então tenho outra para você". Tendo sido iniciado no campo biológico de nossa humanidade, Odisseu agora deve passar pela segunda iniciação. Deve ser apresentado à luz da consciência. Acontece que Circe é filha do deus Sol, Febo Apolo. Ela diz a

Odisseu: "Eu te mostrarei o caminho até a ilha de meu pai, o Sol". Ela o previne sobre os perigos do caminho, que são riscos clássicos.

Figura 107. Odisseu e as Sereias.
Cratera de figuras vermelhas, Período Clássico, Grécia, c.475 a.C.

Primeiro, são as sereias, cuja música encanta e atrai os marinheiros, levando-os ao naufrágio contra os rochedos. Qual é o canto da sereia? É a música do mistério do universo que não permite ir adiante através do mero trabalho no mundo dos fenômenos. Filósofos helenísticos posteriores identificaram as sereias com a esfera dos céus, e seu canto é a música das esferas, a música do universo, que pode de tal modo nos enfeitiçar que esquecemos o passado terreno.

Ouvi o astronauta Rusty Schweickart, da Apolo 9, narrar sua experiência do canto das sereias durante seu voo em torno da Lua. Ele devia desempenhar o que se chama *atividade extraveicular*. A tarefa consistia em sair do veículo espacial, vestindo a roupa de astronauta, ligado à nave apenas pelo cordão umbilical, e fazer um trabalho lá fora. Seu serviço devia estar coordenado com outro trabalho que acontecia dentro da nave. Todos eles têm de ser mantidos muito ocupados para que sua mente não vivencie justamente o que ele narrou. Algo deu errado com a máquina dentro da nave, e Rusty ficou cinco minutos sem nada para fazer. Ele estava lá fora, viajando pelo espaço a uma velocidade de quase 30 mil quilômetros por hora. Não havia som, nem vento, e lá embaixo estava a Terra, ao lado a Lua e em cima o Sol. Ele pensou: "O que será que eu posso ter feito para merecer essa experiência?" Ora, esse é o tipo de experiência mística, transcendente, que pode nos descarrilar dos trilhos da nossa tarefa de vida.

Outro exemplo de alguém que "saiu de órbita" é o de Santo Tomás de Aquino. Ele trabalhava na *Summa Theologica*, já tinha escrito cerca de onze volumes e ainda faltava um pouco para terminar quando, certa manhã, ao celebrar a missa, teve uma experiência mística. Ele guardou a pena e o tinteiro e disse: "Tudo o que escrevi até agora me parece palha". Depois de uma experiência assim, como continuar com um mero trabalho temporal? Bem, é esse o canto das sereias.

Figura 108. Cila.
Moeda de prata, Período Clássico, Itália, *c.* século V a.C.

Existe uma revelação que transcende a tudo o que se pode fazer ou pensar; é a experiência mística mais cabal que se pode ter, e é isso que Odisseu quer, porém, sem ser atirado nas rochas para consegui-lo. Por isso ele entope os ouvidos de seus homens com cera e se amarra ao mastro sem cera nos ouvidos. Ele diz ao timoneiro: "Não importa o que eu diga, não me desamarre". Pois ele sabe que será irresistivelmente atraído para fora de seu corpo.

Depois das sereias, vem a trama estranha e horrível de Cila e Caribdes. Cila é uma jovem náufraga numa costa escarpada de rocha e a parte de baixo do seu corpo é uma matilha de cães a latir. Do outro lado rodopia um turbilhão na água, e esta é a outra deusa, Caribdes. No Período Helenístico, Cila era identificada como a rocha da lógica, enquanto Caribdes era associada ao abismo do misticismo. É preciso navegar entre os dois – essas são as instruções para seguir adiante pelo caminho do meio, entre os pares de opostos.

Depois de passar por essas provas, Odisseu chega à Ilha do Sol, casa de Febo Apolo.

Mas nessa ilha existe um tabu. Não se pode matar nem comer o gado do Sol. Ou seja, quando se está na presença da deidade última não há de se ter preocupações econômicas. Quando chega esse momento da mais elevada experiência da consciência e energia da luz da vida, algo extraordinário acontece. Não há como ter preocupações como, por exemplo, "Vamos comer um sanduíche e tomar um café".

Conta-se uma história sobre Ramakrishna, grande santo indiano do século XIX que viveu em Calcutá. Seu maior discípulo foi Narendra, mais tarde intitulado Swami Vivekananda. Certo dia, quando Ramakrishna estava prestes a entrar no templo de Kālī, de quem era sacerdote, Vivekananda lhe disse: "Sabe, há uma coisa que gostaria que a Deusa fizesse por mim, me desse. Será que poderia pedir a ela por mim?"

Ramakrishna entrou e, ao sair, Vivekananda perguntou-lhe: "Então, pediu a ela?"

"Ah!", disse Ramakrishna, "Esqueci". Então da próxima vez que ele entra no templo, o discípulo o lembra. Quando ele sai, diz "Me esqueci".

A mensagem é que, quando se está na presença de Deus, não se tem esses pensamentos de ordem secundária.

Odisseu adormece e seus homens se comportam mal; matam as vacas sagradas, assam-nas e comem-nas. Apolo denuncia esse sacrilégio a Zeus e, quando Odisseu e seus homens lançam-se ao mar novamente, Zeus joga um raio em cima do navio, destruindo-o e afogando a todos, menos a Odisseu, que se salva agarrado ao mastro, mas é varrido por todo o caminho que acaba de percorrer.

Ele chegou à porta de ouro através da qual a consciência poderia facilmente entrar na vida eterna, para nunca mais nascer, desvinculada por completo do campo do tempo. Mas esse não é seu destino. Sua sina é voltar para Penélope e sua vida. Odisseu é levado de volta.

Há um quesito muito interessante a se observar aqui. Quando se chega a esse ponto de intensa concentração e se está prestes a romper e adentrar a realização última, todos os meros impulsos terrenos estão refreados, mas, se a concentração for interrompida, esses impulsos arrastam a pessoa de volta.

Há uma estória indiana maravilhosa que encontrei por acaso ao ler o *Mahābhārata*. Um santo meditava dentro de uma lagoa fazia cem anos mais ou menos, decerto apoiado numa perna só. Ele estava apenas a um passo da realização quando ouviu um barulho na superfície da água. Uma distração. Ele olhou. Ora, se nos deixamos derivar um pouco, muita coisa sai do lugar. Ele viu que era um peixe *grande*. Era um peixe grande nadando alegremente com muitos peixinhos. O iogue foi sobrepujado pelo sentimento. "Oh, que peixe feliz, com sua prole. Quisera eu ter uma prole! Acho que vou procurar alguém para me casar".

Então ele saiu da lagoa e foi até o palácio mais próximo. Ali, é claro, havia um rei e, sendo iogue, ele sabia tudo sobre esse tipo de gente. O rei tinha cinquenta filhas. Mas os iogues que acabam de sair de um retiro de meditação não têm uma aparência muito atraente. Esse iogue fedorento entra no palácio. O rei o recebe e ele diz: "Quero me casar com uma de suas filhas".

O rei olhou para ele e pensou "Ai, meu Deus!" É claro que o iogue ia lendo seus pensamentos. Sabendo disso, o rei afirmou: "Aqui não temos o costume de dar nossas filhas em casamento. Elas é que escolhem seus maridos. Chamarei um eunuco e ele o levará até o harém e, se alguma das minhas filhas o quiser, pode ficar com ela".

Veio o eunuco e levou o iogue até o harém. Um segundo antes de a porta se abrir, o iogue se transformou num rapaz encantador, de cílios longos como os de um camelo e de uma beleza além da imaginação.

Quando a porta se abriu e o eunuco disse: "Seu pai manda dizer que qualquer uma que quiser se casar com este homem pode ir embora com ele". Todas soltaram gritinhos, todas o quiseram, e ele saiu com cinquenta esposas, obedecendo ao trato feito com o rei.

Um tempo depois o rei pensou: "Como será que as coisas vão indo?" Então mandou aprontar seus elefantes, montou e pegou a trilha na direção onde o iogue tinha ido com suas cinquenta filhas. Passado um tempo, o rei se deparou com cinquenta palácios. Ele então entrou no primeiro e viu uma de suas filhas entre almofadas e perguntou: "Como vai, minha querida?"

"Oh", respondeu a filha, "ele é maravilhoso. Bem, a única coisa que me deixa um pouco preocupada é que ele está sempre comigo".

Então o rei foi visitar a próxima filha. Ela manifestou a mesma preocupação. "Como estão minhas irmãs?" Em geral, as pessoas pensam que vale a pena praticar ioga para chegar a esse grau de realização. Mas nessa situação o pai simplesmente foi para casa pensando "Bem, estão todas felizes. Tudo bem".

Começaram a chegar os bebês. Um bebê é um encanto, dois bebês são dois encantos, três bebês começam a ser outra coisa, e quatro então? E cinquenta? Então o iogue pensou: "Ah, agora me lembro no que estava pensando antes. Acho que vou voltar para minha lagoa".

Quando ele sugeriu isso a suas esposas, elas responderam: "É mesmo. Está muito bagunçado por aqui. Nós vamos também". Deixaram as crianças com as babás e governantas e o iogue e as cinquenta esposas voltaram para a lagoa, onde ficaram numa perna só.

Então, isso é o que quero dizer com a expressão "ser trazido de volta". O navio de Odisseu soçobra, sua tripulação se afoga. Ele está sozinho, agarrado a um mastro, e viajara uma longa distância até a ilha do Sol e – de repente – ele está no caminho de volta.

Notem que ele vivenciou as duas iniciações de Circe – uma no campo biológico e a outra na vida solar. Mas sua jornada não terminou; ele deve voltar ao mundo da experiência dual. Lá vai nosso herói voltando pelo mesmo caminho percorrido e de novo lançado à praia, não na ilha de Circe, mas na ilha de Calipso, uma espécie de ninfa de meia idade.

Ele vive com Calipso por sete anos. Isso é um *casamento;* isso é entrar de verdade num relacionamento prático e real entre dois poderes – o masculino e o feminino.

E chega uma hora em que ele está sentado na praia pensando em Penélope. Parece que ele aprendeu a lição. Então Hermes volta e diz a Calipso: "Você tem de deixá-lo partir". Depois se dirige a Odisseu: "É tempo de voltar para casa, para Penélope".

Então Calipso, que deve obedecer a ordens superiores – e como sabemos Hermes é mensageiro dos deuses –, não tem escolha senão preparar uma balsa e abastecê-la com provisões para a partida de Odisseu.

As marés o levam e ele agora se aproxima do local onde aconteceu a primeira travessia do portal. Há turbulência; é o outro mundo que vem entrando. Esta é uma região de grandes dificuldades para o místico e para qualquer pessoa. Cruzar o limiar para dar o mergulho já é difícil, mas voltar a integrar-se à vida novamente não é nada fácil.

Posídon, que está de olho em Odisseu desde o incidente com seu filho Polifemo, o ciclope, aproveita a oportunidade para se vingar: afunda a pequena embarcação deixando Odisseu ser jogado de lá para cá pelas ondas até que ele recebe uma ajuda de Leucoteia (deusa branca dos mares) e da própria Atena, sendo por fim lançado à praia na Ilha dos Feaces.

Figura 109. Odisseu, Atena e Nausícaa.
Ânfora de figuras vermelhas, Período Clássico, Grécia, século V a.C.

Na manhã seguinte, ele está dormindo na praia. Lá vem a pequena Nausícaa, filha do rei, com suas damas de companhia. Ela veio lavar roupa num regato que corre para o mar. Terminado o trabalho, as meninas começam a brincar com uma bola. E jogam de um lado para o outro, até que a bola escapa e vai pulando acertar Odisseu, que acorda. E esse homem grande, musculoso, nu, se levanta de entre as algas marinhas e cobre sua região genital com um ramo de oliveira. James Joyce chega a mencionar que Odisseu foi o primeiro cavalheiro.[14] As meninas estão mortas de medo, exceto Nausícaa. Ela corresponde a Atena, padroeira dos heróis. E esta mocinha que vive numa ilha onde não há muitos rapazes distintos pensa: "Oh!"

Estamos diante da adoração dos heróis – seu herói chegou finalmente.

Odisseu conversa com Nausícaa, que o toma sob sua proteção e o leva até seu pai, o rei Alcínoo. Este convida Odisseu para um rico banquete e, depois que o hóspede está satisfeito, pergunta: "Então, forasteiro, quem é você?"

Em vez de responder "Ninguém", ele diz: "Eu sou Odisseu". Ele retomou seu nome; a aventura está completa, e ele está no limiar do retorno para casa.

O rei diz então: "Faz vinte anos que esperamos para descobrir o paradeiro desse homem, e agora ele está aqui!"

Evidentemente, Nausícaa agora percebe: *Ele não é para mim.*

E Odisseu começa a contar a estória de sua jornada. É aqui que começa a *Odisseia:* toda a estória é uma recapitulação de Odisseu narrando tudo o que o trouxe até ali.

Depois ele pede ajuda para voltar para casa. Alcínoo põe a seu serviço um belo barco. Odisseu é levado a bordo adormecido, exausto depois de suas aventuras e do exaltado festim. O navio aporta em Ítaca e Odisseu é deixado, enfim, na praia de sua terra natal, ainda adormecido. Que belo momento; acordando de seu sonho, ele está pronto para voltar para Penélope que o espera em casa. Assim termina sua jornada de sonho, durante a qual ele vivenciou a tentadora Circe (mensageira de Afrodite), a esposa Calipso (mensageira de Hera) e a encantadora moça virginal Nausícaa (mensageira de Atena).

Nesse meio tempo, Penélope se ocupava em tecer e desfazer a teia, como a Lua. Por vinte anos seu marido esteve ausente. A guerra terminou, os outros voltaram, mas onde está Odisseu? Pretendentes jovens e de meia idade chegaram vindos de todos os palácios da região dizendo: "Uma mulher não pode sobreviver sozinha neste país, num lugar como este. Você precisa se casar com um de nós".

Figura 110. Penélope e Telêmaco.
*Skyphos* de figuras vermelhas, Período Clássico, Grécia, século V a.C.

Penélope tem fé de que seu marido voltará e responde a eles: "Quando eu terminar esta teia, escolherei um de vocês". Ela tece de dia e desmancha tudo durante a noite. Odisseu é o Sol e ela é a Lua – eles estão associados a um mistério do calendário que simboliza a relação entre a consciência solar e a lunar, a consciência masculina e a feminina.

Atena aparece na forma de um jovem e diz a Telêmaco: "Menino, vá procurar seu pai". Aqui começa a iniciação de um jovem na vida masculina através da busca do pai.

Ninguém sabe onde seu pai está, então Telêmaco pensa: "Acho que vou consultar Nestor". Nestor era um dos velhos conselheiros de guerra, algo como um técnico de futebol da antiga geração. Ele conhece todos os heróis, todos os riscos, sabe de tudo.

Enquanto Telêmaco sai para procurar Nestor, os pretendentes armam uma emboscada para matá-lo na volta. Mas ele é informado disso e retorna por outro caminho. Ele desembarca e entra no abrigo de Eumeu, porqueiro de Odisseu.

Não é interessante que o pai encontrará seu filho na casa do porqueiro? Odisseu foi iniciado pela mulher que transforma homens em porcos; Orestes foi limpo de sua culpa pelo sangue do porco – o porco é o animal mais sagrado dos mistérios profundos do inframundo. Quando Odisseu chega a Ítaca, a primeira criatura que o reconhece é seu velho cão, mas a segunda é a servente Euricleia, que, ao lavar seus pés, reconhece uma cicatriz deixada em sua coxa pela presa de um javali. Vale lembrar que Adônis foi morto por um javali e Osíris foi assassinado por seu irmão Set no momento em que adentrava o pântano de papiros para caçar javalis. Também Odisseu foi ferido por um javali. É fundamental esta associação do javali com a morte e ressurreição, com a alma e o renascimento, com o herói que havia desaparecido e agora retorna. Quando Euricleia reconhece a cicatriz, percebe quem ele é e abre a boca para dizer seu nome, Odisseu tampa sua boca e diz: "Não diga nada". Isso porque, se seu nome fosse anunciado, os pretendentes o pegariam.

Por sincronicidade, Penélope finalmente desiste da espera e declara: "Está bem. Casarei com aquele que armar o arco de meu marido e conseguir atravessar doze machados com uma flecha". Novamente aparece o número doze – o ciclo do zodíaco.

Todos tentam e, claro, nenhum deles consegue. Então se apresenta o andarilho que acabou de chegar e que ninguém conhece e diz: "Eu vou tentar". Esta cena é lindamente descrita. Odisseu pega o arco e o testa para ver se ao longo dos anos os cupins não o comeram ou coisa semelhante. Ele regula o arco e pega uma flecha que, lançada, atravessa os doze machados. Pega outra flecha e começa a atirar nos pretendentes. Ele é como o Sol que subiu no horizonte, e os pretendentes são como as estrelas em volta da deusa Lua. Todos são apagados.

Quando Odisseu retorna, é o fim para os pretendentes. E Penélope diz então: "Oh, querido, você deve ter experiências muito interessantes para contar".

Figura 111. Odisseu matando os pretendentes.
*Skyphos* de figuras vermelhas etrusco, Itália, *c*.440 a.C.

Não conheço ninguém que tenha feito uma leitura da *Odisseia* enquanto iniciação da forma como apresento aqui. Mas parece encaixar-se perfeitamente naquilo que poderíamos chamar de via-gem arquetípica ao mar noturno e retorno ao tempo de reajustar-se ao princípio feminino, que tinha sido rebaixado desde a Guerra de Troia. O resgate da Deusa e a reintegração dos poderes do feminino representam uma nova dinâmica. Embora esses mitos falem de ansiedades e problemas da época, eles lidam sempre com as mesmas forças que agora precisam ser integradas. A *Kena Upaniṣad*, da Índia, escrita durante o século VII a.C. – aproximadamente na mesma época em que foi escrita a *Odisseia* –, também nos fala do retorno das deusas. Os deuses indo-europeus estão reunidos e veem um estranho e misterioso fenômeno chegando pela estrada. "Ora! Que será isso?", perguntam eles.

Agni, deus do fogo, responde: "Vou até lá ver o que é". Ele chega e confronta essa estranha força, que lhe diz: "Quem é você?"

Agni responde: "Sou Agni, deus do fogo. Posso queimar tudo".

A estranha força joga uma palha no chão e diz: "Vejamos se consegue queimar isto".

Agni não consegue queimar a palha e volta para falar com os outros deuses. "Não sei o que é isso, não posso fazer nada".

Então Rudra, deus dos ventos, fala: "Eu vou. Deixem que eu fale". Rudra vai até a estranha força e ela lhe pergunta: "Quem é você?"

Ele responde: "Sou Rudra, deus dos ventos, posso derrubar tudo".

A força novamente depõe a palha no chão e diz: "Vejamos se consegue mover isto".

Rudra não consegue e volta para o grupo dos outros deuses.

E então aparece uma deusa, Māyā. Esta é sua primeira aparição em toda a tradição védica. Ela apresenta aos deuses Brahman, deus supremo. Trata-se do feminino como poder revelador, exatamente o que acabamos de ver na *Odisseia*.

Figura 112. Deusa.
Relevo entalhado, Período Clássico, Itália, *c.* século V a.C.

# Capítulo 7

# Mistérios da Transformação[1]

## A Deusa do Passado e do Futuro

Procurei mostrar algo do passado histórico e das principais linhas de interação entre a tradição dominante da Deusa Mãe no período de 7000 a 3500 a.C., bem como do influxo dos povos indo-europeus por volta de 4000 a.C. e, com eles, a chegada de uma visão de mundo mitológica totalmente oposta. Não me detive muito na descrição da mitologia indo-europeia; é preciso reconstruí-la através de métodos comparativos, contrapondo a tradição europeia com a asiática, a tradição grega *versus* a tradição védica da Índia, e assim por diante.

Quando um povo agrário se fixa em dada região, como era o caso das tradições da Deusa Mãe, a devoção pode ser dirigida a objetos específicos: determinada árvore, lago, pedra ou lugar. Porém, quando o povo é nômade, como eram os povos guerreiros semitas e arianos, o foco do culto recai sobre aquilo que está em todo lugar: o céu que tudo cobre, a terra que se estende debaixo de todos, o vento, a Lua, o Sol. Os altares são portáteis e podem ser armados aqui, acolá, em todo lugar. O próprio altar assume formas simbólicas sugerindo uma orientação cósmica. As deidades não são como aquelas dos povos que cultivam a terra e cultuam a Deusa Mãe – que nascem, amadurecem, morrem e ressurgem dos mortos –, ao contrário, são deidades universais e presenças perenes.

O passado dos nômades remonta aos povos caçadores e, para estes, o principal contato com o mundo mitológico era feito pelo mantenedor primário da tradição – o xamã. O xamã é alguém que passou por uma transformação psicológica de si mesmo, uma experiência que poderíamos chamar de dissociação esquizofrênica. O xamã desceu à esfera do inconsciente profundo, encontrou as deidades e voltou, de modo que ele ou ela traz consigo uma espécie de autenticidade.

Além disso, as deidades às quais os xamãs são devotados são seus próprios familiares; são os que lhes vêm em sonhos e visões. Nas culturas dos povos caçadores, mais especificamente dos índios caçadores norte-americanos, o princípio da visão é democratizado e permite que qualquer um tenha uma visão. Sabemos que em muitas tribos, quando chega a hora de os meninos passarem por uma experiência de iniciação, eles são enviados a lugares perigosos em regiões selvagens para jejuar por quatro dias ou mais. Durante esse jejum eles têm visões que lhes comunicam o trabalho que escolherão. Serão grandes curadores? Já adulto, se um homem sente que seu poder está falhando, ele pode sair e jejuar novamente, portanto, há uma espécie de experiência pessoal fundamental nesse mundo da cultura dos caçadores.

Enquanto isso, no mundo dos agricultores, normalmente as deidades veneradas são aquelas próprias do povoado, onde encontramos sacerdotes e sacerdotisas que se dedicam ao culto das deidades.

Quando acontece um encontro desses dois povos, como de fato ocorreu durante as invasões indo-europeias e semitas que descrevi, esses dois princípios passam a atuar através de seu mútuo relacionamento. Ao longo de todos os meus anos de pesquisa, as visões mais abrangentes acerca da ordem mitológica da história da humanidade que encontrei estão na obra de Leo Frobenius. Quem quiser saber algo sobre uma autêntica apreensão direta quanto à história mitológica deve voltar-se para o *Paideuma* ou o *Monumenta Terrarum* [Os Monumentos do Mundo].

Sua grande descoberta em relação a esses dois vastos campos culturais foi esta: a experiência pedagógica dominante para os povos caçadores são os animais e o mundo animal. Nesse contexto as pessoas se debatem o tempo todo com o problema de matar animais e adquirem o terror e o medo de uma vingança dos animais, do mau olhado. Isso por sua vez dá ensejo a um sistema de ritos nos quais a ideia central é uma aliança entre a sociedade humana e a sociedade animal, aliança que tem

CAPÍTULO 7 – MISTÉRIOS DA TRANSFORMAÇÃO

por foco o principal animal que serve de alimento. O mundo animal se oferece voluntariamente ao caçador com a compreensão de que serão realizados rituais para devolver a vida à sua origem para que o animal possa retornar. Temos, portanto, a ideia de um acordo e aliança entre os dois mundos; trata-se de uma mitologia muito bela.

Por outro lado, quando nos voltamos para as populações em torno da zona equatorial, a principal experiência pedagógica é a do mundo vegetal, no qual temos o plantio da semente na terra, depois o renascimento e o desenvolvimento de uma nova planta. Nesse caso o tema principal é a morte e a ressurreição e é nessa esfera que predomina o sacrifício humano.

Não se vê sacrifício humano significativo no âmbito dos caçadores, pois eles já precisam matar muito e sua vivência da culpa por matar os envolve em ritos de penitência e compensação em relação ao mundo animal.

No caso dos povos equatoriais, encontramos a ideia de morte como fonte da vida; daí vem a sua atmosfera trágica. Ao contemplar o mundo vegetal, vemos as folhas apodrecer, os galhos secos em decomposição na floresta e, a partir deles nascer os brotos novos. Assim, com base nesta ideia de que a vida surge da morte, chega-se à conclusão de que para aumentar a vida é preciso incrementar a morte. Temos, portanto, um verdadeiro frenesi de sacrifícios humanos por toda a gloriosa tradição matriarcal. Tendemos a pensar na terna Deusa Mãe, mas é preciso lembrar-se dela com seus machados em Creta, por exemplo.

Na sua forma mais pura, o sistema matrilinear existiu na Europa aproximadamente de 7000 a 3500 a.C., quando chegaram os povos guerreiros a partir do quarto milênio a.C., até atingir o pleno domínio no continente durante o terceiro milênio a.C.

Justamente nessa época os semitas partiam de sua terra natal, no deserto Sírio-Árabe, para o Oriente Próximo, indo em duas direções: seguiram para o leste, entrando na Mesopotâmia, e para o oeste, para a região de Canaã. Houve então um abalroamento de dois povos muito diferentes e, se quisermos imaginar como foi viver em uma dessas cidadezinhas naqueles tempos, basta ler a estória de Jacó e seus doze filhos que invadiram Siquém. Os habitantes viam uma nuvem de poeira no horizonte. Seria uma tempestade de areia ou um bando de beduínos chegando? Se fossem beduínos, na manhã seguinte não haveria ninguém vivo no povoado. Na época em que esses dois mundos se encontraram, as populações passaram por tempos terríveis.

O impulso da antiga tradição matrilinear sobreviveu em Creta e na região do mar Egeu, como se pode constatar pelas belas esculturas de mármore da Deusa Mãe deixadas pelo elegante mundo cretense. Tudo acabou com a explosão vulcânica de Santorini por volta de 1500 a.C. Desse período em diante, o sistema micênico, de orientação masculina, passou a dominar, muito embora já tivesse absorvido a contribuição feminina. Portanto, a produção das belas estátuas da Deusa Mãe continuou naquela região.

Posteriormente, em torno de 1200 a.C., houve a invasão final de uma tribo de indo-europeus do norte – os dórios –, que chegaram com o ferro e obtiveram uma vitória esmagadora na mesma ocasião da queda de Troia. Trata-se da mesma época em que os bardos celebravam os grandes feitos heroicos que foram, por fim, todos reunidos pela tradição homérica.

A *Ilíada* e a *Odisseia* levantam o problema do conflito entre essas duas tradições – a matrilinear e aquela de orientação masculina, durante o Período Clássico. É forçoso pensar os épicos homéricos em três fases principais: a primeira, das tradições orais dos bardos; em seguida, a reunião dos épicos por alguém, a quem chamamos de Homero, durante os séculos VIII e VII a.C.; e por fim, temos Pisístrato em Atenas no século VI a.C., que deliberadamente institui um programa para arquitetar uma mitologia ateniense. Assim emerge a mitologia clássica desenraizada e literária que chegou aos nossos dias através das peças e poemas. Os épicos foram refinados nessa época – todas as cruezas mais primitivas foram eliminadas. Por exemplo, não vemos Aquiles arrastando Heitor vivo ao redor de Troia; nos clássicos, Heitor já está morto.

Nos épicos temos também os dois tipos de escudo, os dois tipos de batalha: a Idade do Bronze e a Idade do Ferro, lado a lado. Esses épicos se tornaram em certo sentido os textos base precursores de uma ética urbana mais refinada que veio a seguir.

Por fim, a *Odisseia* mostra sinais da nova emergência do princípio feminino.

No Oriente Próximo e Egito, durante períodos equivalentes, temos o culto à morte e à ressurreição, o sepultamento de cortes inteiras e a grandiosa estória de Osíris.

## Capítulo 7 – Mistérios da transformação

Agora chegamos aos cultos de mistério – os Mistérios de Elêusis, os Mistérios de Dionísio e os Mistérios Órficos – e ao início da tradução de tudo isso para a nova terminologia do culto cristão. Nessa tradução, o tema principal das religiões de mistério é a morte do antigo e o nascimento do novo. Na versão alquímica, é o processo de criar ouro a partir de matéria grosseira. É este mesmo tema que floresce no cristianismo como nascimento virginal: o surgimento da vida espiritual no animal humano. A temática mostra como todo o nosso foco e concentração podem ser levados das preocupações básicas e exclusivas de nossa existência animal para o despertar de um senso de objetivo espiritual para nossa vida, sendo que o aspecto animal de nossa vida deve oferecer suporte a essa empreitada, ao invés de frustrá-la.

Creio que São Paulo, que era judeu e escreveu suas epístolas em grego, foi pego entre as duas tradições: o severo monoteísmo judaico e o politeísmo sincrético da tradição grega. Subitamente, diante da crucificação, da morte daquele jovem rabino profético e líder carismático, ele viu o símbolo do assassinato e da morte de um salvador do mistério.

Com essa mudança de perspectiva, a Queda no Jardim do Éden tornou-se a queda em *māyā*, para dentro da esfera dos pares de opostos ilusórios e das chibatadas e vilipêndios da vida fenomênica normal. A cruz é agora a segunda árvore no Jardim do Éden, a Árvore da Imortalidade, e o próprio Cristo é o fruto da vida eterna. A Árvore da Imortalidade é exatamente a Árvore Bodhi, árvore sob a qual o Buda se sentou e, portanto, a imagem do Buda e a imagem de Cristo se equivalem. Nos primeiros séculos do cristianismo havia considerável conflito quanto à natureza da religião cristã, conflito que ainda persiste de modo implícito em toda a tradição. Era o cristianismo uma simples variante do tema dos cultos de mistério, ou era algo muito especial, uma vertente totalmente nova?

Gostaria de mostrar que as mitologias dos mistérios serviram como prelúdio à mitologia básica do cristianismo. Além disso, a figura de Orfeu e a tradição órfica desempenharam um papel preponderante na formatação da mitologia cristã. As imagens órficas são a base para as imagens cristãs, e a mitologia do cristianismo está bem mais enraizada nessa religião clássica de mistério do que no Antigo Testamento.

Esse foi outro amplo conflito durante os quatro primeiros séculos da cristandade: seria ela uma religião totalmente nova que deveria consequentemente romper com o Antigo Testamento, ou seria uma realização das promessas do Antigo Testamento? Ao folhear uma Bíblia cristã nos dias de hoje, encontramos no rodapé uma série de notas com referências cruzadas que remetem a trechos do Antigo Testamento com profecias sobre a vinda de Cristo e outras. Contudo, é possível afirmar que não apenas o Antigo Testamento contribuiu para o desenvolvimento do cristianismo, mas contribuíram também o paganismo do Período Clássico e as religiões de mistério asiáticas. Durante o século III a.C. Aśoka, grande imperador budista do norte da Índia, enviou missionários a Chipre, Macedônia e Alexandria, que se tornariam mais tarde um dos centros de discussão teológica cristã. O fato está registrado nos textos chamados *Éditos de Aśoka*.

Muitas pessoas especulam: "Jesus teria ido à Índia?" Ele não precisava, pois a Índia já havia chegado ao Oriente Próximo. Muitas vezes me pergunto como a ideia do Cristo interior ocorreu a esse jovem profeta judeu, pois ela é totalmente estranha à tradição judaica. Creio que foi isto que derrubou São Paulo de seu cavalo: ele percebeu que a realidade da morte de Cristo e sua alegada ressurreição eram uma concreta encenação histórica do significado das religiões de mistério.

Falei sobre esses temas asiáticos e europeus clássicos por muitos anos nos seminários católicos a convite dos jesuítas, de modo que dentro da Igreja há pessoas que reconhecem tudo isso. Contudo, eles sentem que havia algo muito especial nesta representação cristã das religiões de mistério – o fato de que o próprio Deus veio habitar entre nós como um homem chamado Jesus.

Trata-se de uma concretização da ideia de Deus. Deus é um fato e não uma metáfora de um mistério. Eles dizem sem pestanejar que o mistério último transcende todo pensamento e toda imagem – assim como os hindus –, mas depois eles acrescentam: "Só que é um pouco diferente, pois há algo que conhecemos, e isso que conhecemos é aquele mistério".

Portanto é possível fazer várias leituras disso. Há autoridades confiáveis que veem o cristianismo como a continuação da tradição dos mistérios, ou como algo realmente excepcional, pois Deus, se é que sabemos o que é isto, veio ao mundo de modo muito especial.

O Evangelho de Tomé, descoberto em 1945 no Egito, é um evangelho apócrifo. Não há de fato nenhum problema em comparar ideias budistas

## Capítulo 7 – Mistérios da transformação

com cristãs e com os mistérios religiosos clássicos. Nesse texto, quando Jesus diz: "Aquele que beber da minha boca se tornará como eu sou e eu serei ele"[2], ele está afirmando aquilo que Gautama diria: "Todas as coisas são coisas búdicas". Todos os seres são seres crísticos, e o Cristo dentro de nós deve ser encontrado, reconhecido e transformado na fonte de nosso viver. Isso é puro budismo; basta usar o termo *Cristo* no lugar de *consciência búdica*. E depois podemos ler *consciência búdica* aplicando o termo às religiões de mistério. Parte dessa tradição universal comum da morte e da ressurreição – morte da nossa natureza animal e ressurreição da nossa natureza espiritual – já aparece nas inflexões das tradições de mistério presentes na tradição cristã.

Na tradição bíblica do Antigo Testamento, temos a mais implacável ênfase patriarcal dentre todas as tradições que conheço. Como demonstrei, ali não há Deusa alguma. A própria Deusa (Inanna, Astarté, Ístar e as outras) é chamada de Abominação.[3] Trata-se de uma mitologia totalmente voltada para o masculino na qual não existe a ideia da encarnação do divino. A concepção hebraica do Messias não é a de um Filho de Deus, mas de um ser humano com tal majestade e forma que seja digno de ser *chamado* filho de Deus. Mas inexiste o tema literal do nascimento virginal clássico, que na verdade é visto com repulsa por toda a tradição do Antigo Testamento. Nele a Deusa foi deixada do lado de fora.

O que ocorreu na tradição cristã é que Paulo transferiu tudo isso para o mundo grego. O próprio Paulo escrevia grego de forma elegante e fez a ponte entre os dois mundos: o da sinagoga e o de Atenas. A Deusa reaparece na Virgem como Mãe de Deus. Os últimos dois mil anos testemunharam uma gradual ascensão da Virgem, que chega bem perto de ser uma deusa. Ela hoje chega a ser definida como cossalvadora em sua agonia e sofrimento, que foi tão grande como o sofrimento de seu filho. Ela também o trouxe ao mundo, e sua submissão à Anunciação equivale a um ato de salvação, pois ela aquiesceu com a condição salvífica.

Mesmo assim, a Igreja faz uma conscienciosa distinção entre a adoração de Deus e a *veneração* da Virgem. Ela ainda é humana, no entanto, pelo fato de ser humana e ter atingido realização tão sublime, na verdade ela representa um símbolo de bodisatva mais elevado do que o próprio Cristo divinal. De modo que ela está chegando lá, caros leitores. Ela é a antiga Deusa que volta e é impossível mantê-la abaixo.

Falei sobre as deidades dos tempos pré-históricos. Agora gostaria de dizer algumas palavras sobre o tema de sua transformação naquelas gloriosas figuras humanas e humanitárias que conhecemos. O problema do panteão grego é que a ênfase no humano pode diluir o aporte mitológico, mas não se deve imaginar que isso aconteceu na própria tradição grega – naquele tempo todos reconheciam claramente os aspectos mitológicos tradicionais dessas deidades. Creio que o problema surge a partir de nossa leitura dessa tradição. Nos épicos homéricos, vemos a transição da ênfase masculina, que chega com as invasões arianas, para uma nova visão influenciada pelo feminino.

Agora adentramos o Período Pós-Clássico e não lidamos mais com uma sociedade agrícola, mas com uma sociedade cosmopolita. A preocupação prioritária das pessoas não é com o crescimento das plantações, embora esse aspecto ainda esteja presente, é claro. Mas esse povo vive em cidades, agora são comerciantes que transitam pelas grandes rotas de comércio do mundo. Eles são realmente pessoas como nós, desvinculadas do solo e com problemas psicológicos. Portanto o tema da morte e do renascimento deixa por fim de ser interpretado em termos do mundo vegetal, onde a decadência precede os pequenos brotos verdes da primavera, mas em termos da morte e do renascimento da psique.

O interessante é que, embora milhares de pessoas tenham sido iniciadas nos cultos de mistério, o segredo desses cultos nunca foi revelado ou traído. O que temos são só pistas.

Qual era o segredo? Diferentes estudiosos têm diferentes teorias sobre o que acontecia. Pretendo mostrar uma série de figuras que ilustram os estágios do culto de mistérios acreditando que, com isso, o leitor possa ganhar uma ideia do que acontecia, não em detalhe, é claro, mas em termos gerais.

Figura 113. Deusa da Árvore da Vida.
Sinete cilíndrico de argila, Suméria, Iraque, *c.*2500 a.C.

## Capítulo 7 – Mistérios da transformação

Examinem bem este antigo sinete sumério (fig. 113). A civilização suméria estava localizada no vale do baixo Tigre-Eufrates, um verdadeiro mundo de lama. Mas a lama era fértil e permitiu o crescimento de grandes assentamentos. As primeiras cidades do mundo surgiram ali – Lagash, Erach e todas as outras – e dentre outras coisas encontrou-se ali esse sinete cilíndrico para identificar propriedades. Há uma mulher à direita com uma serpente, uma figura masculina e uma árvore com os frutos do conhecimento do bem e do mal. É fácil entender como os arqueólogos interpretaram uma imagem assim como uma versão primitiva da Queda do Éden.

Contudo, a partir de tudo o que sabemos da tradição suméria – e há outros sinetes nos quais se vê esta árvore –, não havia nenhuma noção de *pecado* envolvida na visão que as pessoas tinham dessa árvore. A deidade que preside a árvore estava ali para distribuir seus frutos, e o fruto da vida eterna *deve ser comido*.

Examinemos a questão das duas árvores do Jardim do Éden. Deus proibiu que se comessem as frutas das duas árvores. Uma era a do conhecimento do bem e do mal e a outra era a árvore da vida imortal. Como se lê em Gênesis 3, quando Deus vê que Adão e Eva se cobriram com folhas, ele desconfia de algo e pergunta: "O que aconteceu?"

Eles confessam. O homem põe a culpa na mulher, a mulher põe a culpa na serpente, e Deus os amaldiçoa com penas diferenciadas. O homem leva a melhor, pois basta que ele transpire. A mulher deve sofrer as dores do parto, e a serpente terá de rastejar sobre o ventre pelo resto da vida. Depois o texto diz que – e nesse texto Deus é intitulado *Elohim* (מיהולא), um nome plural, não o singular *Iahweh* (הוהי): "Se o homem já é como *um de nós,* versado no bem e no mal", ou seja, se ele tem conhecimento do mundo, da fenomenalidade, da vida e da morte, do certo e do errado, "que agora ele não estenda a mão e colha também da árvore da vida, e coma e viva para sempre! E Iahweh Deus o expulsou do Jardim do Éden [...] e colocou, diante do Jardim do Éden, os querubins e a chama da espada fulgurante para guardar o caminho da árvore da vida".[4] Esta é uma religião que nos exclui da vida eterna.

Todas as outras religiões que conheço são religiões de descoberta da vida eterna – como mencionei, a Árvore da Vida Eterna é a mesma árvore sob a qual o Buda atingiu a iluminação. Ao chegar num templo budista, vemos dois guardiões do portal com aspecto militar. Esses são os querubins que devem nos manter lá fora. No budismo eles significam nossos medos e desejos psicológicos. O medo da morte é o medo da morte do nosso ego, e o desejo de que o ego desfrute os bens nos quais está interessado – estes são os elementos que nos impedem de atingir a nossa imortalidade. Medo e desejo são as rochas que se chocam nos impedindo de intuir nossa condição de imortalidade.

Este é o grande tema das religiões de mistério do budismo e do cristianismo – Cristo atravessou aquela porta e tornou-se, ele próprio, o fruto da vida imortal pendurado na árvore. A árvore da cruz é a segunda árvore do jardim: esta foi a iluminação de São Paulo e é o grande tema cristão. É o tema, também, das religiões de mistério que estamos prestes a examinar.

Observem os elementos do sinete cilíndrico sumério. Os chifres sobre a deidade sugerem o deus lunar vindo, pois ele está prestes a morrer para ressurgir na área da árvore. O deus lunar com os chifres do poder da Lua desceu à mansão dos mortos para refazer-se no ventre da Deusa, que é a árvore, e depois ele ressurge. Essa é a mesma árvore ao lado da qual a Deusa está em pé em cima da montanha do mundo (fig. 31). O que vemos na figura 31 é que a deidade masculina está pronta para receber a Deusa, cujo consorte é a serpente, ou possui o poder serpentino de dar a vida. Despojamo-nos da vida animal para renascer novamente no espírito, eis o sentido dos mistérios.

## Cultos de Mistério

Elêusis era o centro dos mistérios gregos. Hoje podemos chegar lá através de uma breve corrida de táxi; saímos de Atenas, passamos por um porto enorme, cheio de navios e refinarias de petróleo – é tudo, menos o caminho sagrado que imaginaríamos encontrar.[5] Segundo a antiga lenda, a agricultura foi inventada em Elêusis, ou melhor, foi dada ao mundo por Deméter. Supõe-se que ali tenha sido cultivada a primeira colheita de trigo, e Deméter era a deidade padroeira desse santuário que deu o trigo ao mundo.

CAPÍTULO 7 – MISTÉRIOS DA TRANSFORMAÇÃO

Figura 114. Deméter e Plutão.
Relevo em pedra, Período Clássico, Grécia, século V a.C.

Em Elêusis, encontramos Deméter em uma pose similar à da figura 114. A deusa está sentada e em sua mão direita segura uma tocha que representa a jornada ctônica, ao inframundo, de modo que a imagem combina o simbolismo dela própria, como Mãe Terra, e o de Perséfone, sua filha, que desce ao inframundo e renasce a cada primavera. Aqui a serpente se tornou um casal de serpentes – uma serpente andrógina. Ela poderia ser representada como uma serpente ou fendida em seus dois aspectos. Por sua vez, esses dois aspectos poderiam ser representados ou em forma de serpente, ou em uma forma meio serpente, meio humana. Plutão, o senhor das riquezas do inframundo, está recebendo de Deméter o grão – o trigo – para levar ao mundo acima.

Há uma lenda especial de fundo histórico associada ao centro eleusino. Martin Nilsson observou que, durante o Período Clássico em Atenas, o trigo era plantado no outono e colhido na primavera. O verão grego, de um calor escaldante, seca toda a vegetação, portanto, durante o verão, os grãos colhidos na primavera eram armazenados em silos subterrâneos. Daí que a riqueza da cultura estivesse dentro e sob o solo, no reino de Hades, ou Plutão, senhor da riqueza e do inframundo. Dali os grãos saíam para ser semeados e distribuídos aos homens. Assim, alegoricamente, o senhor da riqueza representa o silo no qual os grãos eram armazenados. Nas regiões mais ao norte, as estações para plantio e colheita são inversas, então durante o Período Helenístico, essas duas concepções – quando plantar e quando colher – entram em choque na interpretação do mito.

Uma deidade como Plutão, que representa e energia primal da vida, aparece frequentemente como menino ou como velho. O ciclo completo da vida humana, da infância até a velhice, tem no meio um período de participação na sociedade histórica na qual se nasce. A criança é pré-histórica e ainda não foi inserida nos modos de sua condição histórica particular. O idoso, já desengajado da labuta, preocupações e preconceitos de sua sociedade, também voltou à esfera do universal. A imagem da velhice olhando para a infância que utilizamos para simbolizar a passagem do ano velho para o ano novo representa uma eternidade olhando para outra, e entre uma e outra existe o tempo da ação histórica. Portanto, aquele que simboliza a energia eterna pode ser representado como menino, o *puer aeternus,* que continua a existir fora do contexto histórico, ou como o homem velho. Isso fica claro nos romances arturianos, em que Merlin, o sábio druida da corte do rei Artur, aparece ora como menino, ora como velho.

Um dos objetivos da iniciação às religiões de mistério é apresentar o indivíduo, através de uma jornada espiritual, aos campos da existência, fonte de consciência e energia da qual todos nós somos manifestação. Portanto a meta é guiar-nos ao conhecimento desse poder e à cornucópia, que simboliza o curso de nossa vida.

Todos os símbolos dessas religiões de mistério vêm do período agrário, portanto, seu primeiro nível de referências aponta para a experiência do cultivo da terra, para a riqueza do solo e para a produção dos rebanhos, das plantações e da progênie. Contudo, embora os cultos da vegetação tenham períodos de jejum e de júbilo, mais tarde a ênfase recai sobre a regeneração espiritual. Muitas tradições dessa época tomaram as imagens que antes e por muitos séculos haviam sido associadas ao plantio, à fertilidade da terra, ao nascimento das novas estações, e assim por diante, e as transformaram em exercícios espirituais.

Portanto esses símbolos que no período da ênfase agrária referiam-se especificamente ao campo, agora, numa época que poderia ser chamada de urbana, passam a ser vistos como metáforas psicológicas. As pessoas iam a Elêusis para obter renovação, do mesmo jeito que fazemos hoje em dia. A maioria de nós não faz jardinagem com a preocupação de se as plantas vão crescer ou não; nossa preocupação é saber se vamos ou não despertar o potencial de nossa psique que se encontra no subsolo do inconsciente. Portanto, estocar a riqueza no abismo escuro acaba sendo associado ao ouro oculto do nosso potencial espiritual. Os símbolos agrários tradicionais adquirem um viés psicológico, de modo específico e enfático. Em comparação com os antigos cultos agrícolas, os cultos de mistério trazem um reforço ao aspecto espiritual e ao psicológico. Aqueles que trabalhavam com esses símbolos estavam bem cientes disso. Trata-se de algo que não precisava ser descoberto por Freud ou Jung. Essas coisas eram bem conhecidas, e artistas e poetas sempre souberam. De modo que o nosso trabalho atual é traduzir tudo para termos psicológicos.

A cornucópia representa o vaso de nossa própria psique, de onde vem a colheita, a partir da qual a flor desabrocha, e a figura que a carrega pode ser a da criança, o *puer aeternus,* ou a do velho. A mulher representa o próprio campo que nutre. Nesses sistemas o masculino é apenas o agente do feminino, o braço ativo, por assim dizer, daquela cujo corpo é realmente o corpo que doa, recebe e nutre.

Não sabemos o que acontecia nos cultos de mistério de Elêusis. Os rituais eram secretos e trair o segredo era uma ofensa mortal. Esse é um mistério em todos os sentidos, um segredo que foi guardado por centenas de milhares de pessoas. Contudo, é possível reconstruir de forma esquemática a sequência de ações que ocorriam revendo as muitas figuras que ficaram em vasos e sarcófagos. O ato específico que retratava o mistério simbolicamente e que fazia dele uma afirmação estarrecedora era, como afirmou o próprio Sócrates, "não posso dizer".

Para chegar a Elêusis partindo de Atenas, caminha-se por uma estrada costeira chamada Caminho Sagrado. Era ao longo desse caminho que o povo de Atenas andava em procissão durante determinados períodos do ano a fim de partilhar de um caldo de cevada e, depois dessa bebida ritual, assistir a uma série de representações bastante dramáticas do mistério nos santuários de Elêusis. Numa obra muito interessante escrita por Gordon Wasson, Albert Hofmann e Carl Ruck, intitulada The Road to Eleusis [O caminho de Elêusis], os autores sugerem que a cevada usada para fazer esse caldo podia estar infectada por um fungo parasita chamado *Claviceps purpurea,* que contém um composto alucinógeno precursor do LSD. A teoria é que uma dose muito pequena desse fungo estava presente no caldo. Portanto, os iniciados tinham seus próprios poderes alucinógenos ativados em sintonia com as apresentações rituais dentro do templo. A família encarregada dos rituais em Elêusis presidia o santuário fazia muitos séculos. Não sabemos quando começou o culto em Elêusis, mas é provável que remonte aos tempos pré-homéricos, nascido do culto à Deusa Mãe. O ritual era a reencenação de uma jornada do herói de ida e volta ao inframundo, semelhante àquela na qual Odisseu embarcou graças a Circe.

Figura 115. Sacerdote entre Héracles e um jovem iniciado.
*Skyphos* de figuras negras, Período Clássico, Grécia, século V a.C.

Vamos começar nossa jornada. Estamos na entrada. Nesse lindo vaso de figuras negras (fig. 115) vemos o Dadóforo, segundo sacerdote na hierarquia, em pé entre Héracles, herói arquetípico, à sua esquerda, e o iniciado, que começa a jornada do herói, à sua direita. O sacerdote está passando ao iniciado a tocha do inframundo.

Tendo sido admitido, o jovem adulto é conduzido por Hermes, o mistagogo, o psicopompo ou guia interior, que nos mostra o caminho para dentro da vastidão do santuário do mistério e para o renascimento.

O sarcófago de Terra Nouva (fig. 116) nos oferece uma representação da sequência dos mistérios, mostrando os passos da iniciação em três estágios. Começamos pela esquerda, onde há uma figura em pé, chamada Iaco. *Iaco* é a palavra que serviu como brado de saudação ao jovem Dionísio quando ele nasceu. Brado idêntico era proferido no momento da revelação. Personificado como a deidade Iaco, ele representa aquele momento da iluminação que ocorre no ponto alto da encenação dos mistérios.

Figura 116. A purificação de Héracles.
Relevo em pedra, Império Romano, Itália, século II.

Atrás de Iaco há um loureiro, árvore dotada do poder apotropaico de afastar o mal. Dafne foi transformada em loureiro e há um lugar chamado Dafne no caminho de Atenas a Elêusis. Portanto esse é um limiar onde se deixa o mundo secular para trás e se entra num lugar sagrado e protegido. A primeira figura é um aspecto de Dionísio.

Em seguida encontramos nesse caminho duas deusas: Deméter, que segura sua tocha no alto, purifica a atmosfera superior, e Perséfone, sua filha, que segura sua tocha para baixo, purifica a região ctônica, inferior.

É preciso fazer uma distinção entre o mundo ctônico (o subsolo, as cavernas e a escuridão) e o mundo telúrico (a superfície, a terra que habitamos, aquilo que a expressão Mãe Terra nos sugere). Esses são os dois aspectos da Deusa que aparecem na forma de duas deusas. O papel de Perséfone em alguns dos cultos do Peloponeso era desempenhado por Ártemis, e a qualidade primária dessa personagem é a de Core, a deusa virgem. Core, ou Perséfone, foi raptada por Hades e levada ao inframundo. Ela é o fruto dos campos dentro da terra que ressurgirá. Descendo às profundezas da terra e voltando a eclodir, ela reproduz a história do grão, do trigo, do alimento do povo. Ela é uma personificação dessa energia, mas é também a personificação de outras coisas, ou seja, do poder do inframundo. Do ponto de vista do mundo de cima,

Perséfone é a filha raptada, mas, abaixo da superfície, ela é a rainha do subterrâneo.

Deméter está sentada sobre uma cesta sagrada em forma de serpente enrolada. Dessa cesta mística emerge a serpente, aquela que solta sua pele e renasce, e que representa o envolvimento da consciência que dá vida no campo do tempo e do espaço.

Portanto o primeiro estágio da iniciação é a passagem pelo mistério das duas deusas – a deusa da nossa vida e a deusa da nossa morte que, como vimos no Período Micênico, são uma dupla mãe e filha.

Entre elas caminha o iniciado. Sua cabeça está coberta e ele se senta sobre um banco coberto com pele de carneiro. Esse animal simboliza a iluminação solar. Em outras palavras, haverá a qualquer momento alguma revelação surpreendente. O mistagogo, ou guia, deita no fogo uma libação. Ao lado do guia, está Dionísio e atrás dele, Hécate, que representa os poderes noturnos e abissais.

A urna Lovatelli (fig. 117) mostra, na essência, a mesma situação, mas com alguns elementos adicionais. Como observa Carl Kerényi, nesta versão o iniciado/herói é representado como o próprio Héracles:

> O jovem Héracles, indo da direita para a esquerda, adentra os ritos lustrais que o prepararão para a iniciação. O herói protótipo do homem necessitado de purificação pode ser reconhecido imediatamente pela pele de leão.[6]

O guardião da porta (fig. 116), à esquerda, é um guia feminino, que segura com a mão direita uma pequena tigela que remonta aos tempos muito antigos, presente não apenas nos relevos gregos, mas também nos relevos assírios. Essa é a tigela do elixir da vida imortal – a ambrosia.

Sentada sobre a cesta vemos Deméter e, à sua direita, Perséfone alimentando a serpente. O candidato à iniciação, ainda vendado, receberá algum tipo de revelação vinda da cesta, chamada *liknon*, usada para abanar o trigo, separar a palha da semente, que é justamente o propósito da iniciação. Através dela separamos a palha de nossa vida da semente, chegando assim ao essencial na revelação.

CAPÍTULO 7 – MISTÉRIOS DA TRANSFORMAÇÃO

Figura 117. A purificação de Héracles.
Relevo em pedra, Império Romano, Itália, século I.

A cesta de abanar trigo (fig. 118) está cheia de frutas e contém um objeto fálico, portanto sabemos que se trata de nascimento, fertilização e de uma nova vida. O véu que cobre o postulante está prestes a ser retirado. À direita vemos uma bacante, dançarina que leva um tamborim no qual se vê o desenho de um bode. O bode representa não apenas a energia solar, mas também a energia do poder sexual.

Figura 118. Iniciado prestes a ver o conteúdo da cesta.
Relevo em pedra, local desconhecido, data desconhecida.

A figura 119 nos mostra algo sobre uma das revelações dos mistérios. O interessante sobre essa criança recém-nascida é que ela aponta para o tema da morte e ressurreição do salvador. A revelação na cesta aparece agora como criança, Dionísio renascido. O rapaz e o velho, ambos portando tochas, são aspectos do poder de Hades, representante das energias abissais. Algum tipo de revelação acontecia nesse momento, como se uma cortina fosse descerrada. O menino da esquerda tem uma tocha acesa, portanto sabemos que estava escuro. Esta devia ser uma experiência realmente fantástica.

As pessoas que embarcavam nessa jornada eram apresentadas de modo dramático e tocante à revelação, à epifania, à criança divina. Sócrates, em um de seus diálogos registrados por Platão, declara que, nos rituais de Elêusis, vivenciou uma das experiências mais iluminadoras de sua vida.

Figura 119. Epifania.
Relevo em pedra, sarcófago romano, Itália, data desconhecida.

Como observa Jane Harrison, o nascimento da criança sagrada era um ponto central do rito:

> O nascimento de tal criança era [...] proclamado pelo hierofante em algum momento durante a celebração dos mistérios. "Brimo gerou um filho Brimos",* mas tal mistério dificilmente seria representado abertamente em um vaso pintado. Um nome mais simples se encontra na nossa

---
* N. T.: Brimos é epíteto de Iaco.

tradição. *A criança surge de uma cornucópia, símbolo da fertilidade.* Ela é o conjunto de frutos da terra. Ela é solenemente apresentada a Atena porque Elêusis ofertava à cidade de Atenas seu milho e seus mistérios.[7]

O vaso da figura 120 mostra o elenco de personagens associados à ópera dos Mistérios de Elêusis. Na posição central inferior temos a Deusa Terra segurando a cornucópia, de onde surge a criança, o jovem Dionísio. Este é o fruto, a criança, mas ela está associada também ao nascimento espiritual – o nascimento virginal. O nascimento virginal não tem nenhuma relação com questões biológicas – é o nascimento da vida espiritual do indivíduo. Quando lido na sua forma concreta, como um evento biológico ou histórico, todo o simbolismo se perde.

Figura 120. Nascimento da criança divina em Elêusis.
Vaso de figuras vermelhas, Período Clássico, Grécia, século V a.C.

A criança abre os braços para Atena, deusa padroeira da cidade de Atenas. De Elêusis, a Terra faz brotar a mensagem, e o povo de Atenas a recebe. Acima deles, numa estranha carruagem alada de duas rodas, está Triptólemo, jovem para quem Deméter e Perséfone confiaram o grão para que o leve ao mundo todo. Portanto essa estória está relacionada a duas fertilidades: o alimento físico da nossa vida física e o alimento espiritual da nossa vida espiritual – o dom do trigo e o dom da exaltação espiritual, ambos vêm da Deusa.

## O Rapto de Perséfone

Outro mito central aos Mistérios de Elêusis é o rapto de Perséfone.[8]

A estória conta que Perséfone estava colhendo flores quando o deus do inframundo, Hades, ou Plutão (ele é chamado Plutão nos ritos e Hades na literatura), sai de sua caverna, toma-a à força e a leva aos subterrâneos. Segundo várias versões, não apenas a terra se abre, Hades sai e rouba Perséfone, mas atrás deles desce pela cratera uma vara de porcos.

Ora, assim como Ísis sai à busca de Osíris morto, também Deméter vai agora atrás de Perséfone. A mãe começa a procurar sua filha, mas percebe que as pegadas da garota foram encobertas pelas marcas dos cascos dos porcos.

Na figura 121, vemos uma das imagens apresentadas por Harrison sobre a oferenda de um porco no contexto do mito de Perséfone. As tochas à direita pertencem a Perséfone, rainha do inframundo. A questão é: seria a própria Perséfone um porco? Lembremo-nos da Deusa Porco de 5000 a.C. (fig. 22). Sir James Frazer, em sua obra *The Golden Bough* [O ramo dourado], escreveu que Perséfone e Deméter teriam sido originalmente deusas porcos. Notem que ele escreveu isso cerca de setenta anos antes de estas figuras terem sido encontradas!

Na Sérvia, no mesmo período, nos chegam figuras de deusas gêmeas (fig. 9). O que temos na época do Classicismo grego é uma continuação, uma sofisticação e embelezamento de cultos antiquíssimos.

Portanto vamos da vida para a morte, de uma mãe para a outra, de Deméter para Perséfone. O significado disso é que não existe morte. A vida que vive em nosso corpo pertence à vida eterna.

Então Deméter estava procurando sua filha Perséfone. Diz a lenda que ela chega a um poço numa vila de Elêusis. Ela teria se sentado nesse lugar desconsolada, lamentando a falta de sua filha desaparecida.

As pessoas chegam e tentam confortar Deméter, que chora junto ao poço, mas ela está inconsolável e ninguém consegue fazê-la sorrir. Todos os deuses do Olimpo tentam reanimá-la, mas ela se recusa a aceitar qualquer argumento. Até chegar a velha e debochada Baubo, que logo começa uma dança obscena e cômica. Deméter não resiste; põe-se a rir.

*Capítulo 7 – Mistérios da transformação*

Figura 121. Sacrifício de um porco.
Vaso de figuras vermelhas, Período Clássico, Grécia, *c.* século V a.C.

O papel da obscenidade é muito interessante – ela representa a quebra das regras do decoro e o fim dos compromissos e das atitudes formais. As apresentações no teatro grego clássico consistiam em geral de três tragédias e uma comédia. A comédia empresta outra perspectiva às situações e nos liberta do trágico, que é o que se dá no caso de Deméter. Lembremo-nos da fala de Walpurgisnacht no *Fausto*, de Goethe: *"Die alte Baubo kommt allein / Sie reitet auf einem Mutterschwein"* ["A velha Baubo vem sozinha / Montada nas costas de uma mãe porca"].[9]

É a mesma cena descrita nos *Hinos Homéricos*:

*Mas Deméter,*
*que traz as estações,*
*cujos dons são tão brilhantes,*
*não queria se sentar*
*em tão esplêndido assento,*
*e esperou*
*em silêncio,*
*seus lindos olhos cravados no chão,*
*até que*
*uma ovelha atenciosa*
*lhe trouxe uma cadeira,*
*sobre a qual jogou uma pele de prata.*

Deusas

*A deusa então se sentou*
*e baixou seu véu*
*com as mãos.*
*E por longo tempo*
*deixou-se ficar nessa cadeira*
*em luto*
*e silêncio,*
*sem abraçar ninguém*
*com uma palavra*
*ou com um ato.*
*Sem sorrir,*
*sem comer*
*nem beber,*
*ficou sentada ali,*
*definhando de saudade*
*de sua filha*
*adornada com vestido longo,*
*até que a ovelha,*
*com piadas*
*e muitas palhaçadas,*
*obrigou*
*a sagrada senhora a sorrir,*
*a gargalhar,*
*e alegrar sua alma.*
*Foi ela também quem*
*mais tarde a agradou*
*nos momentos de fúria.*[10]

*Capítulo 7 – Mistérios da transformação*

Figura 122. Deméter e Perséfone no Pártenon.
Relevo em pedra, Período Clássico, Grécia, c.447 a.C.

Figura 123. O poço de Elêusis.
Cantaria, Período Arcaico, Grécia, século VI a.C.

Também no Japão esse tema está associado à Deusa. A principal figura do panteão xintoísta japonês é a deusa solar Amaterasu, uma linda jovem. Evidentemente, o mundo depende de seu brilho. Certa ocasião, ela e suas damas foram insultadas pelo seu irmão. Amaterasu se recolheu indignada em uma caverna na montanha, fechou a porta rochosa atrás de si, e o mundo inteiro ficou escuro.

As deidades se perguntaram: "Como a traremos de volta?"

Figura 124. Baubo. Terracota, Período Clássico, Grécia, *c.* século V a.C.

Figura 125. Amaterasu emergindo da caverna.
Xilogravura, Período Edo, Japão, século XIX.

*Capítulo 7 – Mistérios da transformação*

E tiveram uma ideia genial: fariam uma festa de arromba na porta da caverna. Amaterasu ouviria o barulho e ficaria com vontade de sair para ver o que se passava. A corte divertiu-se com grande alarido e, novamente, uma das deusas representou uma dança obscena e burlesca com trejeitos cômicos. Todos os deuses começaram a rolar de rir.

A pequena Amaterasu, dentro da caverna, começou a imaginar o que se passava lá fora. Ela abriu a porta só um pouquinho para espiar. Os deuses disseram: "Temos alguém aqui fora que é mais brilhante que você", e colocaram um espelho diante dela para que ela visse o reflexo de si mesma.

Por curiosidade ela saiu da caverna e dois deuses imensos e fortes retiraram a porta detrás dela e passaram uma corda na boca da gruta. Isto é como o arco-íris na tradição bíblica: significa que a Deusa solar nunca mais se retirará e que o mundo jamais sofrerá novamente o cataclismo da escuridão. A corda pode ser vista até os dias de hoje nos templos xintoístas. Ela representa exatamente isto: que a Deusa nunca se retirará do mundo. De onde vem o disco vermelho da bandeira do Japão? É o espelho de Amaterasu.

Figura 126. Véu de Despina.
Desenho de relevo em pedra, Período Clássico, Grécia, *c.* século IV a.C.

No chamado véu de Despina (fig. 126), encontramos curiosas formas cômicas de animais, formas humanas com máscara de animal, todos dançando feericamente. Na península do Peloponeso, há dançarinos de Core associados à deusa virgem Despina. (Core, como lembrarão, era o nome peloponésio da Deusa Virgem, conhecida em outras partes da Grécia como Ártemis ou Perséfone). No véu a vemos dançando ao lado dessas figuras mascaradas.

Tais figuras mascaradas lembram aquelas com cabeça de animal que encontramos nas tradições tântricas budistas, as *dakini,* fadas do espaço, e sugerem também a ideia do Carnaval. O Carnaval é um período sem lei que acontece no intervalo de dois éons.

Há 365 dias num ano, mas o número arredondado para o ano convencional é 360. Assim, há tantos dias num ano como graus num círculo, portanto, o ciclo do tempo e o círculo do espaço partilham a mesma ordem. Contudo, entre o final dos 360 e o início dos próximos 360, há uma lacuna de cinco dias e estes são os dias do Carnaval. É um período de rompimento, de obscenidade, de transgressão da lei, para que a fecundação, a nova geração do novo éon aconteça. É isso que o tema da dança obscena representa quando em conexão com a lenda da busca de Perséfone. Esses são os dias em que o mundo das leis comezinhas não existe e há lugar para brincadeiras, momentos obscenos e riso.

Mesmo se levamos a vida com seriedade absoluta, é preciso reconhecer que existe um oposto, que o mundo da lei é tão só um mundo opcional. Quando procedemos de determinada maneira, criamos um padrão que exclui outras possibilidades, e chega o momento de abrir-se a todas as possibilidades e ao ato criativo.

Na verdade, todos os que já fizeram algum tipo de trabalho criativo conhecem esse momento. Planejamos em termos daquilo que a mente consegue pensar, mas, se nos ativermos a tais planos, o resultado será uma obra seca e morta. É preciso abrir-se em níveis profundos para o caos, e dali surgirá algo novo, mas, se o espírito crítico entrar cedo demais, a novidade morre.

Schiller escreveu uma bela carta a um jovem escritor que se defrontava com o problema que chamamos de bloqueio. Esse jovem tinha tanto, tanto para dizer, mas não conseguia escrever. Isso é normal. Schiller disse apenas: "Seu problema é que está colocando o fator crítico para funcionar antes de deixar que o fator lírico possa fazer seu trabalho".

CAPÍTULO 7 – MISTÉRIOS DA TRANSFORMAÇÃO

Veja o que nos acontece nas escolas. Aprendemos a analisar Milton, Shakespeare e Goethe e todos os outros, e então o professor diz: "Agora criem algo". Então nos sentamos para escrever e começa a sair uma espécie de refugo e logo pensamos: "Oh meu Deus! Isto não é nada". É claro que não sabemos escrever como Shakespeare, mas podemos escrever como nós mesmos, talvez, se nos dermos essa liberdade.

O mesmo acontece aqui. O momento do caos, o momento de quebrar as regras, o momento do "Que se dane o que os outros vão pensar" deve acontecer e, depois, vem a nova geração. É disso que trata o tema do Carnaval.

É assim que a deusa encontra alívio e volta à vida pelo riso. Este é o *anodos,* ou retorno da deusa. A semente armazenada no reino de Plutão durante a secura do verão agora retorna como a abundância da vida na colheita do outono. Nesse vaso (fig. 127) Perséfone está cercada por eros e sátiros, figuras fálicas e vegetativas. Dionísio segura um tirso na mão e, assim está intimamente ligado à mitologia eleusiana.

Figura 127. O *anodos* de Core/Perséfone.
Cratera de figuras vermelhas, Período Clássico, Grécia, *c.* século V a.C.

A estória de outra dama que emerge da terra talvez nos surpreenda (fig. 128). O nome acima de sua cabeça é Pandora. Ela representa a energia da vida que vem com a mulher.

Sobre essa imagem, Harrison comenta:

> À primeira vista, quando vemos essa figura esplêndida surgindo do chão de braços abertos, o homem com o martelo e Hermes ao lado, pensamos estar diante da cena familiar do surgimento de Core ou Ge. Não houvesse a inscrição, sem dúvida a figura seria interpretada como tal. No entanto, cada personagem foi cuidadosamente nomeado. À esquerda temos Zeus, junto dele Hermes, depois Epimeteu e, por fim, não Ge nem Core, mas Pandora. Acima dela, para saudar seu surgimento, paira o deus do amor com uma fita nas mãos estendidas. Pandora emerge da terra; ela é a Terra, doadora de todos os dons.[11]

Figura 128. Pandora surgindo da Terra.
Ânfora de figuras vermelhas, Período Clássico, Grécia, c. século V a.C.

A estória de Pandora é outra versão da ideia da mulher que traz abundância ao mundo. A estória posterior de Pandora, contada pelos espertalhões de viés masculino – toda mulher traz consigo uma caixa de problemas –, é simplesmente outro modo de dizer que a vida é sempre difícil. É claro que os desgostos são parte da vida. Assim que fazemos nosso primeiro movimento dentro do campo do tempo, sobrevêm tristezas e desastres. Onde quer que haja abundância, há sofrimento.

*Capítulo 7 – Mistérios da transformação*

Epimeteu (aquele que vê o significado dos eventos depois que eles ocorreram), Hermes, Zeus e Eros são as principais forças que presenciam a emergência da vida nessa representação.

A imagem do lécito da figura 129 explicita o tema: os sátiros martelam e aram a Terra. Ela precisa ser machucada e quebrada para que a vida surja. A vida é dor. Assim também o Cristo vem para partilhar a cruz, à qual todos nós estamos pregados no mundo do tempo. Quando a Terra é arada para propiciar o surgimento de seus frutos, ela está sendo machucada, punida. Por esse motivo é que parte do rito dos mistérios envolvia chicotear o iniciado.

Figura 129. A Deusa Terra emerge em dor.
Lécito de figuras negras, Período Clássico, Grécia, século V a.C.

Há duas figuras de um ritual de iniciação dionisíaca na Vila dos Mistérios, em Pompeia (século I a.C.), que nos oferecem uma noção do teor desses mistérios. Na primeira (fig. 130) uma jovem iniciada está ajoelhada, e põe a cabeça no colo de uma mulher mais velha, que olha para o anjo com chicote em riste. Vê-se também uma dançarina nua com címbalos e castanholas. A mulher de pé em frente a ela usa um vestido escuro e segura o tirso, ou bastão.

Figura 130. Uma jovem iniciada sendo chicoteada.
Afresco romano, Itália, século I a.C.

Na segunda figura (fig. 131) um jovem que passa pela iniciação olha para dentro de uma vasilha de metal que tem uma superfície espelhada dentro. Atrás dele o assistente segura a máscara de um rosto de velho, enrugado e horrível. A concavidade da tigela foi matematicamente estudada e descobriu-se que qualquer pessoa que olhasse para dentro dela nessa situação não veria a si mesmo, mas a máscara colocada atrás dele.

O jovem olha para a tigela côncava esperando ver seu próprio rosto na superfície polida, mas, ao invés disso, ele vê o reflexo da máscara – é um impacto iniciático. O que ele vê não é ele hoje, mas aquilo que ele será; algo que os nativos norte-americanos chamam de *corpo longo,* ou seja, o corpo de toda a sua vida, não apenas de uma seção dela que está presente aqui nesta manhã.

Nossa passagem pelo campo do tempo é simplesmente uma experiência de várias seções sucessivas daquele *corpo longo.* Tentamos nos agarrar a esta pequena seção, mas a iniciação nos leva a ver o corpo verdadeiro – que está bem aqui, e basta que vivenciemos a sua extensão. Nossa vida é um único corpo, da concepção à morte, e eis o que é preciso aprender: a totalidade dele.

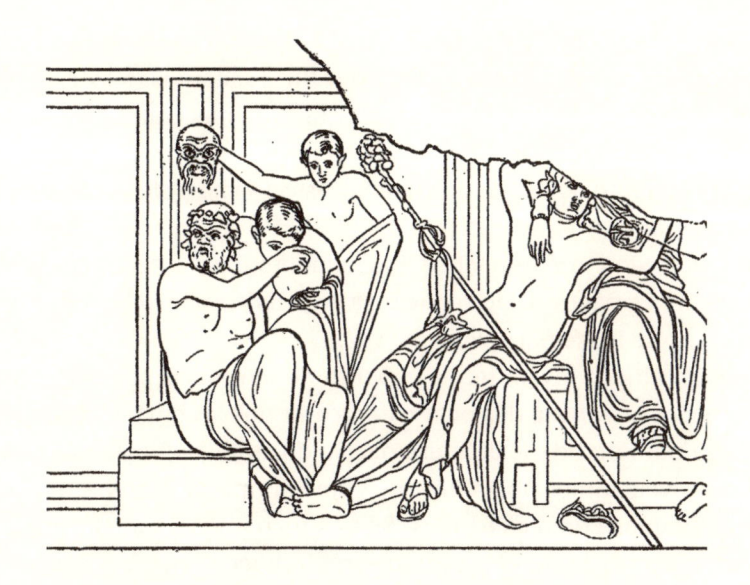

Figura 131. Vendo o *corpo longo*.
Afresco romano, Itália, século I a.C.

Portanto, nessa iniciação, o postulante atinge uma tremenda e súbita expansão de sua noção de *"Quem sou eu?"* Ele percebe que não é apenas esse jovem do momento, mas o homem de uma vida inteira. Assim se compreende por que o segredo dos mistérios devia ser guardado. Suponhamos que antes da iniciação aquele jovem se encontrasse com algum amigo que já tivesse passado pela cerimônia e este relatasse tudo sobre a vasilha e a máscara, algo que poderíamos chamar de truque. O que aconteceria na iniciação? Nada. Ela se tornaria um ritual morto. Por essa razão era tão importante não trair o segredo.

A característica da iniciação é o impacto, para que nunca nos esqueçamos. Jacob Epstein, grande escultor britânico, argumentou nesse sentido: toda obra de arte deve surpreender; não algo que nos faça pensar "Ah, é isto?" ou "Será que pertence a tal escola?", ou algo que o valha. A obra deve provocar um espanto. O sobressalto emoldura a obra, e a moldura é o que nos dá a experiência inicial, atemporal, única daquela peça, não em relação a outras épocas, objetos ou conceitos. O próprio sentido da experiência estética é que ela é uma experiência em si e por si, desvinculada de tudo mais. Consequentemente a pintura de retratos costuma ser desajeitada. A definição de retrato é uma pintura com algo errado em algum lugar. Olhamos para o retrato e pensamos: "Na verdade, não se parece muito com Bill", e com isso estragamos a pintura. Mas, se contemplarmos a pintura apenas como uma pintura, não como um retrato de algo que está em outro lugar, ela poderá produzir um espanto. Para que a vejamos dessa forma o elemento surpresa é fundamental.

A iniciação é um impacto. O nascimento é um impacto; o *renascimento* é um impacto. Tudo o que visa à transformação deve ser vivenciado como se fosse pela primeira vez.

Então, aquele jovem tem o espanto de descobrir seu *corpo longo*. Os mistérios envolvem deslocar o centro de nossa concentração e levar o foco da personalidade efêmera para a duradoura forma das formas, as quais vivenciamos normalmente como simples formas, e que agora experienciamos como as formas. Se nos tornamos fixados demais nas formas, o corpo some. A questão é reconhecer o jogo dessa permanência ao longo das variáveis no tempo, de modo a poder voltar ao mundo de novo depois da profundidade da experiência. Esse é o ponto crucial. É preciso viver a profundidade, mas depois é necessário voltar ao tempo com o conhecimento adquirido na profundidade, sem pensar que continuamos nas profundezas. Se vivermos como se estivéssemos na profundidade, a consequência será a inflação.

### A VIRGEM RESSURRETA: UM RAMO DOURADO DE TRIGO

Muito do que sabemos sobre os cultos de mistério nos vem dos escritos apologéticos cristãos que os depreciavam. Clemente de Alexandria chegou a dizer "Que absurdo. Imaginem um ritual que culmina na experiência de ver um grão de trigo ser elevado!" Ora, o momento culminante na missa católica consiste na elevação de um pequeno biscoito de trigo – o que importa não é a forma do trigo, se em biscoito, grão ou ramo dourado, mas o que ele simboliza: o alimento de nossa vida espiritual, a comida espiritual que vence a morte.

Como vimos, em todas as sociedades agrárias, o alimento que comemos é a própria vida divina – esse é o mito básico das culturas agrícolas como visto na Melanésia e em muitas outras regiões altamente desenvolvidas. Este é o mito: nos tempos primevos não havia separação entre os sexos, nem nascimento, nem morte e reinava uma

CAPÍTULO 7 – MISTÉRIOS DA TRANSFORMAÇÃO

Figura 132. A deusa ressurreta como feixe de trigo.
Relevo em mármore, Período Clássico, Grécia, *c.* século V a.C.

espécie de presente permanente. Em dado momento desse "tempo-que-
-não-é-tempo" foi cometido um assassinato. Um dos seres foi morto,
retalhado e enterrado e, das partes sepultadas, brotaram as plantas
alimentícias para sustento dos povos. Naquele mesmo instante os sexos
se diferenciaram e para contrabalançar a morte que chegara, houve
geração e nascimento. O mundo começa com um assassinato, o mundo
do tempo inicia com a morte, pois o tempo é morte. Fora do tempo
tudo dura para sempre. Mas o tempo é morte, e a desintegração da
forma possibilita o surgimento de uma nova forma. Esse é o conteúdo
apresentado nessa estória.

Portanto o que comemos é uma deidade morta, seja um animal
que matamos ou uma planta que colhemos. Dar graças antes das refei-
ções teve seu sentido reduzido a um agradecimento a Deus por nos
ter dado o alimento, mas a verdadeira graça seria agradecer a Deus
por *ser* o alimento. Esse é o sentido da comunhão na Igreja católica,
onde o que se come é Deus – Jesus, que deu sua vida para que nós
tenhamos vida.

Esse é o sentido dos mistérios; nossa vida vive de vida. Será que acei-
tamos esse fato? Ou pensamos: "Eu esperava que nossa vida fosse algo
diferente disso"? Este é um mistério de afirmação das coisas *como elas*

*são* e de tudo o que é simbolizado na elevação do grão de trigo. As várias cestas utilizadas nos rituais eram, ao que parece, formas de produzir esse choque de percepção: todo o *corpo longo* de nossa vida e também a comida que comemos é o ser divino, nós mesmos como comida.

A *Taittirīya Upaniṣad*, conforme citado acima, afirma em alto e bom som: "Oh, maravilha! Oh maravilha! Oh maravilha! Eu sou comida, eu sou comida, eu sou comida, eu sou o comedor, eu sou o comedor, eu sou o comedor...! Aquele que percebe isso brilha como o Sol".[12] O objetivo dos mistérios não é impedir que o alimento que somos chegue à boca daqueles que nos vão consumir, mas acolher essa consumação.

### Dionísio e o Divino Feminino

Nas figuras 133 e 134, Triptólemo, com o trigo na mão, assume a forma de um velho – novamente o tema do homem velho e novo – cujo carro está sendo guiado por Hermes. Do outro lado do mesmo vaso temos a imagem de Dionísio no carro sendo guiado por um sátiro que leva a taça de vinho e o vaso. Observem o grão na mão de Triptólemo e o vinho na mão de Dionísio. Na missa da Igreja católica há a hóstia e o vinho; é uma continuação do culto clássico dos mistérios, com a mesma mensagem sendo comunicada ao iniciado.

Nos mistérios de Dionísio há uma ênfase bastante acentuada no viés da obscenidade, da tortura e dos aspectos destrutivos. Dionísio nasceu de Sêmele, mas não exatamente. Zeus, num de seus casos extraconjugais, gerou Dionísio na mulher mortal Sêmele. Essa senhora teve a indiscrição de se gabar do evento para Hera, conhecida por seus ataques de ciúme. Desta vez Hera resolveu usar de ardil em vez de força para obter vingança. Ela insinua a Sêmele que esta não conheceu a Zeus em sua plena majestade e zomba da mortal por esse motivo.

Pois bem, quando Zeus se aproxima novamente de Sêmele, ela o acusa de não ter se revelado a ela como fazia com Hera. Zeus a adverte contra tamanha imprudência, mas ela insiste dizendo que ele prometera dar-lhe tudo o que ela quisesse. Zeus então desvela sua plena divindade e este é o fim da pobre Sêmele: ela é incinerada. A moral da estória é que não se deve invocar mais divindade do que se está preparado para encontrar.

CAPÍTULO 7 – MISTÉRIOS DA TRANSFORMAÇÃO

Figura 133. Triptólemo em seu carro milagroso com Hermes à frente.
Vaso de figuras negras, Período Arcaico, Grécia, século VI a.C.

Figura 134. Dionísio em seu carro milagroso com Sileno à frente.
Vaso de figuras negras, Período Arcaico, Grécia, século VI a.C.

Mas Zeus se preocupa com o feto no ventre de Sêmele, aquele que viria a ser Dionísio, e o enfia na sua coxa, desta feita tornando Dionísio o nascido duas vezes – uma do ventre de sua mãe e outra do ventre masculino da coxa de Zeus. O sentido da iniciação masculina é, como vimos, receber a vida física de nossa mãe enquanto o pai nos transmite a vida cultural e espiritual, a vida como será vivida na sociedade. Portanto, todas as imagens da iniciação masculina se relacionam com o ventre masculino e o nascimento masculino: dar vida a uma criatura civilizada; não é simplesmente um pequeno fenômeno natural.

Ao nascer, Dionísio é entregue a Hermes, que o confia às ninfas para ser criado e educado. O relacionamento entre esses dois deuses é importante. Hermes guia as almas ao conhecimento da vida eterna através da iniciação intelectual, ao passo que Dionísio representa a inspiração súbita, a energia da vida jorrando no tempo e lançando fora as velhas formas para criar vida nova.

Diz a lenda que um dia Dionísio estava de pé num promontório com vista para o Mediterrâneo quando vê passar um navio pirata. Os piratas dizem: "Vamos pegar aquele rapaz e vendê-lo como escravo!"

Dionísio se deixa capturar e, quando está seguro a bordo, o navio já no meio do Mediterrâneo, ele solta um rugido de leopardo. Ramos de videira começam a crescer e a cobrir todo o barco – o mastro, as forquetas dos remos, tudo. Apavorados, os piratas se atiram ao mar e se tornam golfinhos (fig. 135).

Figura 135. Dionísio no navio pirata.
Cratera de figuras negras, Período Clássico, Grécia, 330 a.C.

*Capítulo 7 – Mistérios da transformação*

Dionísio passa a ser o deus associado ao êxtase religioso em Atenas e outras cidades gregas. A mitologia indo-europeia de orientação masculina, com seu autoritarismo e supressão das mulheres, era então o padrão cultural imposto desde o final da Era do Bronze, mas nesse momento entra Dionísio e com ele um irromper de um tipo de energia que estivera associado com os cultos da Deusa. As mênades, mulheres que participavam dos ritos de Dionísio, se perdiam em arrebatamento, embriagadas pelo vinho de Dionísio, despedaçavam animais e dançavam danças loucas. O leopardo, que sempre fora associado à Deusa, se torna o totem de Dionísio, enquanto seu tirso representa a seiva vegetal ou a energia vital.

Figura 136. Mênade dançando em êxtase.
*Kylix* de figuras vermelhas, Período Clássico, Grécia, *c.*480 a.C.

Em sua obra *Bacchae [As bacantes]*, Eurípides conta a estória do rei Penteu, que estava indignadíssimo com o fato de sua própria mãe estar lá fora, nas montanhas, junto com aquele bando furioso de mulheres extáticas e selvagens.

O rei decide ir até lá à noite espionar para ver o que elas estavam aprontando, muito embora tenha sido alertado a manter distância.

Num momento de loucura, sem reconhecê-lo, elas o despedaçam. A própria mãe de Penteu arranca sua cabeça, espeta-a numa lança e sai gritando exaltada com a cabeça do filho vertendo sangue sobre suas mãos.

Figura 137. A morte de Penteu.
*Kylix* de figuras vermelhas, Período Clássico, Grécia, *c.*480 a.C.

Afinal, o que significa tudo isso?

As duas grandes deidades nesse contexto são Apolo e Dionísio. Mencionei a análise dessas duas deidades por Friedrich Nietzsche em *O nascimento da tragédia*. Nietzsche observa que Apolo representa o senhor da luz, o *principium individuationis,* mundo individuado iluminado pela luz solar, em cuja visão cada um de nós é diferente do outro. Nesse contexto as diferenças é que são encantadoras, interessantes e importantes. Portanto, nesse mundo vemos as diferenças iluminadas pela luz de Apolo. A arte apolínea acentua as diferenças e confere um sentido de alegria a quem a contempla. O mundo dionisíaco, por outro lado, representa o influxo do tempo que destrói e faz surgir todas as coisas. É um poder generativo que se arroja emergindo da escuridão.

Ora, na nossa arte, no nosso viver, podemos acentuar tanto a luz que perdemos contato com a energia e o dinamismo escuros do fator tempo dentro de nós, tornando-nos formais, secos e mortos. Em contraposição, podemos sentir exaltação, o irromper da excitação e a vitalidade da transformação. O problema da vida e da arte é encontrar o equilíbrio entre esses dois polos. O argumento de Nietzsche, que não pode ser desprezado, é que, nos sistemas patriarcais dos séculos X, IX, e VIII a.C., a ênfase recaía demais no lado luminoso, e que foram principalmente as mulheres que sentiram a necessidade de participar do movimento regenerativo, e esse desejo irrompe através dos excessos selvagens. Qualquer deidade, qualquer força, que esteve muito reprimida corre o perigo de brotar com força excessiva.

Nietzsche vê a escultura como a arte fundamental do deleite na forma, e a música como a arte fundamental do movimento no tempo e no fluxo. Música sem forma é só barulho, e escultura sem a fluência de novas inspirações se torna mera matéria acadêmica e morta. A tragédia grega, argumenta ele, é a representação fundamental do jogo entre Apolo e Dionísio. Os personagens no palco representam as formas que não devem ser quebradas e o coro não é individuado – todos se movem como numa procissão, que é um grande momento dionisíaco. Movendo-se ritmicamente em conjunto, ao invés de como entidades individuadas, eles representam o fato dionisíaco. O arrebatamento da tragédia é aquele de ver a forma quebrada para que haja um influxo da radiância da luz transcendente.

A arte é espelho da natureza. O tema do espelho é muito importante e, através de todas essas formas, simplesmente refletidas no espelho, algo que está além das formas nos fala. Há uma meditação tibetana chamada "meditação do espelho" que consiste em olhar nosso rosto no espelho, depois quebrar o espelho e constatar que nada aconteceu. Nosso corpo é como se fosse o reflexo espelhado de nosso aspecto eterno.

No vaso da figura 138, vemos Dionísio montado no pleno poder dessa energia mãe de destruição e criação, simbolizado pelo leopardo. Ele está montado, mas poucos de nós poderiam cavalgar nessa energia com tal calma e compostura. Isto seria o ápice da divindade, ou o apogeu do mistério – viver com tal equanimidade divinal em cima da cascata incontida de energia vital sem ser feito em pedaços.

O culto a Dionísio é um ressurgimento dos mistérios que já eram conhecidos no mundo grego, onde eram encenados de modo calmo, decente e harmonioso. Contudo, quando uma força psíquica é suprimida e irrompe subitamente, o influxo é sempre fortíssimo. Ele jorra com terrível poder – e isso precisa acontecer. Essa força precisa ter permissão de encontrar o caminho para fora a fim de se assentar de novo depois.

Figura 138. Procissão de Dionísio.
Vaso de figuras vermelhas, Período Clássico, Grécia, c.370-360 a.C.

Vimos a bela estatueta de Cnossos (fig. 30): a Deusa segura serpentes nas duas mãos com a cabeça encimada por uma pantera. A pantera representa o poder solar, a vida eterna desvinculada do campo do tempo. O tempo é o campo do nascimento e da morte, da luz e da escuridão, do certo e do errado, dos pares de opostos. Adão e Eva comeram do fruto do conhecimento dos pares de opostos e foram catapultados para o campo do tempo. Eles, que antes estavam no jardim unidos a Deus e um ao outro, agora estavam separados de Deus e divididos em macho e fêmea. Portanto as serpentes representam a energia da vida no campo do tempo, ao passo que a pantera representa o princípio eterno, solar, desvinculado do campo do tempo: a consciência absoluta e única. A Deusa abarca esses dois âmbitos da experiência.

A peça de cerâmica, bela e iluminadora da figura 139, mostra de modo dramático o tema da iniciação. Trata-se de um *kylix* de figuras vermelhas que mostra claramente um rapaz sendo iniciado por uma ninfa – a mulher é a iniciadora. A coisa mais importante sobre a Deusa não é a questão de se as mulheres se sentavam no trono ou comandavam uma estrutura social matriarcal, mas se a qualidade Feminina, o ser da Mulher, o sentido do Feminino, era compreendido, conhecido e respeitado.

CAPÍTULO 7 – MISTÉRIOS DA TRANSFORMAÇÃO

Figura 139. Tétis e Peleu.
*Kylix* de figuras vermelhas, Período Clássico, Grécia, século V a.C.

Sob a serpente está escrito Tétis e, no final da bainha da espada do jovem, está escrito o nome Peleu. Eles são a mãe e o pai de Aquiles. Ou seja, esta é uma cena de casamento – casamento como iniciação do macho para o sentido da vida, não para o que a mente pode conceber como sendo vida.

Na antiga tradição literária masculina, a estória é contada, grosso modo, da seguinte maneira: Tétis era uma linda ninfa do mar por quem Zeus se apaixonou. Mas, quando soube da profecia de Prometeu, de que o filho de Tétis seria mais poderoso e maior que seu pai, Zeus achou melhor desistir e providenciar para que Tétis se casasse com um mortal. A lenda prossegue dizendo que, quando Peleu foi possuí-la, ela esquivou-se dele pela metamorfose. Ela transformou-se em serpente, em leão, em água e em fogo, mas todas as vezes Peleu soube dominá-la.

No entanto, a figura nos mostra algo bem diferente. Ela pertence à tradição anterior, da Deusa Mãe, fora das esferas de influência política de Atenas e da tradição masculina. Os animais que ela segura são os mesmos que a Deusa de Creta tinha: nas mãos serpentes, e uma pantera ou leão na cabeça. Sabemos exatamente quem ela é e vemos que ela o ilumina.

Esse é o sentido da iniciação nos mistérios. Essa é a ação da Deusa. O que acontece a Peleu? A serpente da direita está abrindo seu olho interior, o olho da visão interior, da visão mística. A serpente abaixo de sua orelha está abrindo seus ouvidos à música das esferas, à misteriosa canção do universo. A serpente a seus pés pica seu tendão de Aquiles – é a mordida da morte, da morte do ego e da consciência racional, da abertura ao transcendente. Esta seria uma abertura ao conhecimento da energia e da vida que o leão representa.

Lida em sua totalidade essa imagem simboliza a realização mística maior.

Se vivermos a vida pensando "Vou morrer. Será que quero viver outra vida?", estaremos vivendo em termos de nossa consciência racional e da identificação de nós mesmos com nossa personalidade fenomênica. Isso representa a esperança de manter uma existência separada, e o mundo inteiro sussurra essa canção em nosso ouvido: morte e desejo.

Se, por outro lado, aceitarmos a morte – ou em outras palavras, se estivermos dispostos a morrer para nossa continuidade de vida como personalidade separada e realmente morrer para ela, realmente assimilar a morte, beber o veneno da serpente e digeri-lo, o mundo passará a cantar uma nova melodia, a música do mundo, mas não a do mundo em relação à nossa durabilidade, ou fama, ou outros desejos semelhantes.

Os budistas nos falam de oito ventos do carma. Quando deixamos que eles nos soprem de lá para cá, acabamos presos na armadilha da consciência do ego. O ego não deve ser eliminado – a *eliminação* do ego é um dos grandes erros do Ioga – o ego deve estabelecer relações. A função do ego é nos colocar em contato com o mundo tal qual é e com nós mesmos tais quais somos, mas ele deve se relacionar também com a percepção mística. Os oito ventos cármicos são: desejo pelo prazer e medo da dor; desejo pela riqueza e medo da perda; desejo de elogios e medo da culpa; e desejo de fama e medo da má fama.

Portanto, no instante em que a picada foi assimilada, o ouvido e o olho interno se abrem. É isso que Tétis oferece a Peleu. O próximo detalhe a observar são as mãos. Nelas temos o relacionamento entre *yin* e *yang*. As mãos dele estão na posição de *yin-yang*: as duas juntas, o bem e o mal juntos.

CAPÍTULO 7 – MISTÉRIOS DA TRANSFORMAÇÃO

Dois pontos de vista prevalecem dentro do pensamento religioso. Um é ético: ser bom *versus* ser mau. O outro transcende os pares de opostos, indo além do bem e do mal e reconhecendo que nós e o mundo somos manifestações dessas duas forças que se relacionam. Peleu acaba de chegar a esta compreensão.

A cratera da figura 140 mostra Dionísio e sua mãe, Sêmele, como tendo a mesma idade, em seu aspecto eterno, homem e mulher, mãe e filho, mas também consortes. Entre eles está o cálice com vinho – o sangue de Cristo da missa de época posterior. A postura das mãos é

Figura 140. Dionísio e Sêmele.
Cratera, Período Arcaico, Grécia, c.550 a.C.

muito interessante: é um mudra, postura simbólica usada na meditação hindu que transmite a força e a vitalidade da consciência no mundo. Essa representação corresponde à coroação da Virgem por Cristo no céu, o mundo atemporal do relacionamento da mãe com aquele que ela traz ao mundo como seu filho.

> Desenterrada em 1837 na cidade de Pietroasa, na região de Buzau, Romênia, a taça órfica (fig. 141) foi enterrada junto com 21 outras peças preciosas, possivelmente no tempo dos hunos. Levadas a Moscou durante a Primeira Guerra Mundial a fim de protegê-las dos alemães, a coleção completa foi derretida pelos comunistas por causa do ouro. Mas, felizmente, durante o inverno de 1867-1868, ela tinha sido emprestada à Inglaterra, onde foi fotografada e reproduzida por meio de galvanoplastia.[13]

Figura 141. Taça de Pietroasa.
Ouro fundido, Período Helenístico, Romênia, século III ou IV a.C.

Figura 142. Figura central da taça de Pietroasa.
Ouro fundido, Período Helenístico, Romênia, século III ou IV a.C.

Na posição central vemos a deusa Deméter sentada sobre sua cesta misteriosa (fig. 142). Na mão ela traz o copo, que podemos ver como o Graal ou o cálice do sangue de Dionísio com a marca da vinha. Há dezesseis figuras à sua volta e, observando a sequência, podemos seguir um por um os estágios da jornada do mistério.[14]

O círculo interno em torno da deusa mostra a condição da mente do prisioneiro que não foi iniciado. Ainda adormecido na vida, ele não vê outra coisa senão predadores e presas. Tudo é triste, a vida consome a vida: leões comem gazelas, leopardos comem gazelas, gazelas comem plantas, cães comem cães. Que horror! A vida é algo que não deveria existir! Mas, se passarmos pela iniciação e percebermos o jogo de formas eternas passando por suas inflexões temporais, vivenciaremos a radiância permeando a tristeza.

Nesse momento surge a canção, como no caso de Orfeu decapitado pelas mênades, após seu fracasso na tentativa de trazer Eurídice de volta de Hades. Ainda cantando, sua cabeça flutua rio abaixo até dar na ilha de Lesbos, ilha do lirismo poético.

É necessário perder a cabeça, deixá-la cantar e esquecer toda a vida terrena. Mas, após a iniciação, surge o conhecimento de que esta é apenas uma mostra superficial de harmonia. Como diz Goethe: "Tudo repousa bem em Deus, o Senhor".[15]

Toda fadiga, toda luta repousa bem no divino. Portanto, se pudermos nos livrar do medo e do desejo e assumir a postura do êxtase, da estase estética, o mundo cantará. É *aqui*. Como consta do Evangelho de Tomé: "O Reino do Pai está espalhado sobre a terra, e os homens não o veem".[16] Não o vemos porque temos medo e estamos cheios de desejos, mas, se estes forem eliminados, veremos.

Portanto esta é a condição daquele que sonha. Em toda volta vemos o caminho da iniciação, o caminho para passar por ela, para compreender nossa androginia metafísica e nossa imortalidade, que anda de mãos dadas com a nossa mortalidade. Ao compreender essas coisas, perceberemos que estamos bem – e que também o mundo está bem.

Figura 143. Maria, *vièrge ouvrante*.
Marfim esculpido, estilo gótico, França, data desconhecida.

Capítulo 8

# Amor

O Feminino no Romance Europeu[1]

Fui a uma conferência no Japão, nos idos de 1957, junto com Mitch Ayadi e Joe Kitagawa, dois grandes especialistas em religião comparada da Universidade de Chicago. Mitch e Joe foram com suas respectivas esposas, e eu fui sozinho. Viajaríamos de Osaka a Kobe de trem. Os trens japoneses saem exatamente na hora marcada; se acontece um atraso de dois segundos, já se transmite uma mensagem pública de desculpas.

O trem chegou à estação e as portas se abriram. Fomos andando até o trem. As duas esposas caminhavam na frente; depois Joe, Mitch e eu; e atrás de nós vinham os carregadores com as malas. O trem chegou, as portas se abriram, as duas esposas entraram, as portas se fecharam, e o trem partiu para Kobe.

Bem, nosso primeiro impulso foi rir. Depois percebemos: "Meu Deus! Elas não sabem falar japonês!" Três estações nos separavam de Kobe. Passamos a noite procurando as esposas perdidas. O carregador disse a Joe: "Isso nunca acontece no Japão. Aqui as esposas andam atrás de nós".

Isso me fez pensar nas palavras finais do *Fausto* de Goethe – que será um de nossos grandes temas: *"Das Ewig-Weibliche / Zieht uns hinan"* ["O eterno feminino / nos leva adiante"].[2] Naquela noite elas certamente nos levaram adiante, pois procuramos as duas mulheres por todo lado.

Todas as estórias sobre o relacionamento entre masculino e feminino se revelam em costumes sem importância, aos quais não prestamos atenção, mas que representam ligações profundas e antiquíssimas. Ao falar sobre o feminino no Ocidente, estou interessado em apresentar duas tradições completamente opostas que convergem em nossa herança contemporânea.

Uma delas é a que eu chamaria de tradição europeia: "O eterno feminino / nos leva adiante". Nesta o feminino foi uma figura fundamental desde pelo menos 25.000 a.C. As cavernas do Paleolítico e as pequenas estatuetas de Vênus datam do primeiro aparecimento do *Homo sapiens* na Europa.

Por volta de 10.000 a.C. temos os primeiros sinais da agricultura e da domesticação de animais. Vamos saindo da caça e da coleta para nos assentarmos em comunidades agrárias. Depois a comunidade vai crescendo aos poucos e certos centros se tornam importantes vilas de comércio. Essas vilas se tornam cidades. As primeiras cidades do mundo surgem na Mesopotâmia e, logo depois, no vale do Nilo durante o quarto milênio a.C. Isso aconteceu cerca de cinco mil anos depois do surgimento da agricultura. Ora, o período entre 10.000 e 4000 a.C. é o Neolítico, a Nova Idade da Pedra, cuja principal deidade é a Deusa. A mulher faz nascer e alimenta, como a própria Mãe Natureza, e sua magia é a mesma magia da Terra. Essa profunda associação entre as duas é fundamental.

A arte da agricultura se difundiu e espalhou a partir de certos centros onde a Deusa era dominante, partindo de três centros principais. Um era o Sudoeste Asiático e o Sudeste Europeu; o outro era o Sudeste Asiático na região da Tailândia; o terceiro foi a região do México e América Central. Em outras partes do mundo – não nos férteis vales dos rios, mas nas grandes planícies onde os caçadores habitavam – a domesticação de animais se tornou mais importante que a domesticação dos vegetais. Aí proliferaram as tribos de criadores de gado, nas quais as deidades masculinas eram mais importantes e as deusas apareciam como consortes do homem, na sua maioria.

Nos sistemas agrícolas, por outro lado, a Deusa é o que importa. Ela é a maior. Ela não é apenas a criadora do universo, mas ela é o próprio universo e nós seus filhos. Originamo-nos da mãe e fazemos parte do corpo e substância maternos, portanto somos do universo.

CAPÍTULO 8 – AMOR

Na Índia, onde o princípio feminino foi importantíssimo e é dominante até os dias de hoje, houve um episódio de preponderância masculina quando das invasões arianas no segundo milênio a.C. Depois de 600 ou 700 anos a Deusa ressurgiu. E Kālī era sem dúvida alguma a maioral. A Deusa voltou através de uma estória notável chamada *Devī Mahātmya* (O Grande Louvor da Deusa). Todos os deuses, seus filhos, foram incapazes de matar o Búfalo Monstro. Impotentes, eles se postam em círculo e devolvem seus poderes ao lugar de onde vieram. Uma grande nuvem escura emerge e de dentro dessa nuvem surge a bela forma da deusa de dezoito braços, cada qual segurando um dos poderes dos deuses. Ela mata o monstro.

Esta é uma resposta a Marduk, que matou a deusa do abismo, Tiamat, pensando que ele possuía o poder.

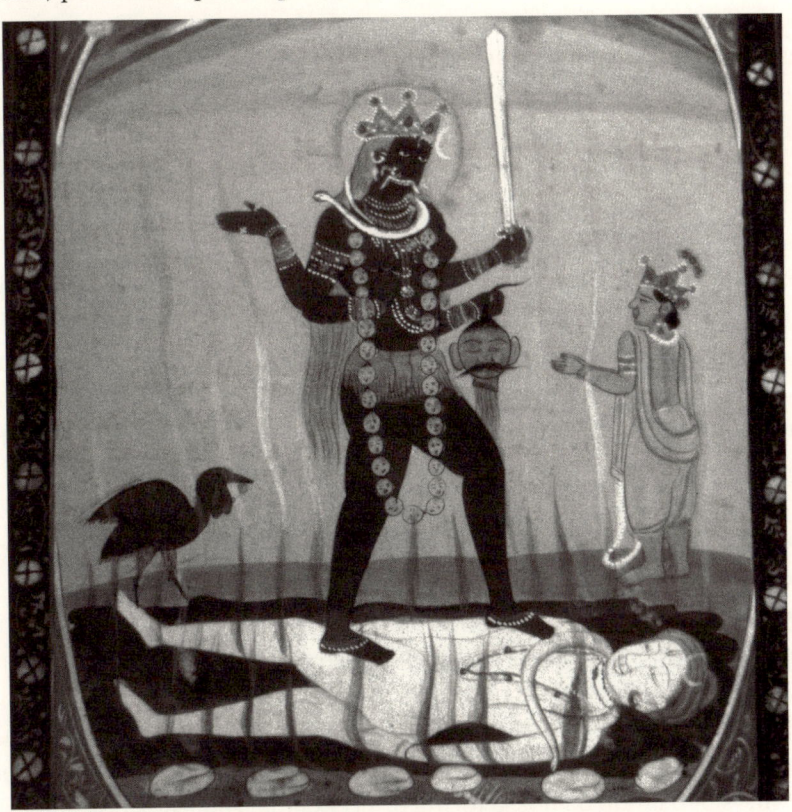

Figura 144. Kālī sobre Śiva.
Guache sobre papel, Índia, data desconhecida.

Nessa estória, quando os deuses descobrem que são impotentes, precisam devolver o poder àquela que gerou seus poderes: o princípio feminino. Ela é o poder da vida, que vive em nós no seu aspecto natural e no (assim chamado) sobrenatural. No mundo grego isso corresponde ao nascimento dos cultos de mistério com a deusa Deméter e Perséfone; no Egito com Ísis e Néftis. Estes são os guias para o renascimento e sua simbologia é transmitida no símbolo da Mãe Virginal como Madonna.

No entanto a iconografia mais sofisticada das *Upaniṣads*, que representam uma síntese das duas posições, apresenta a ideia de que a própria deidade criativa é, ela própria, o universo. Há uma passagem maravilhosa na *Bṛhadāraṇyaka Upaniṣad*, que data de cerca do século IX a.C., onde o ser divino, *brahman*, energia primordial da qual somos todos manifestações, diz a si mesmo *"ātman"* ("eu"). Nesse momento não é macho nem fêmea; é algo neutro. E tão logo ele profere este "eu", sente medo. Tem medo de ser morto. Então pensa: "O que temerei se não há nada aqui senão eu mesmo?" Tão logo ele acalma seu temor dessa forma, começa a pensar: "Gostaria que houvesse mais alguém aqui". Estes são os dois motores fundamentais da vida: o medo e o desejo. Cheio do desejo de que houvesse algo ali além de si mesmo, inchou até chegar ao tamanho de um homem e uma mulher abraçados, e dividiu-se em dois. E então o homem gerou na mulher o mundo. No início, ele se uniu a ela em forma humana antropomórfica. E ela pensou: "Como ele pode unir-se a mim se somos uma só substância?" Ela se transformou numa égua e ele, num garanhão; e ele uniu-se a ela. Ela se transformou em vaca e ele, em touro; e assim por diante, até chegar às formigas. E por fim ele olha à sua volta e diz: "Eu gerei tudo isto; eu sou isto".

Ora, isso significa que somos um com a deidade. Poderíamos dizer que este é o estilo de pensamento da Deusa Mãe. Mas na nossa tradição qualquer um que diga "O pai e eu somos um" é crucificado. Jesus foi crucificado por dizer isso, e o mesmo aconteceu no Islã com o místico al-Hallaj novecentos anos mais tarde. Alegar identidade com o divino é uma blasfêmia no nosso mundo.

Portanto, temos duas tradições contrárias. Uma está fixada no mundo visível e suas formas separadas, de modo que, quando dizemos "eu", estamos pensando na nossa forma diferenciada, separada dos outros. A outra mitologia se interessa pela perspectiva transpessoal, na qual se reconhece que pertencemos todos a uma só vida, participamos todos

## Capítulo 8 – Amor

de uma só consciência. Somos especificações individuais daquilo que transcende as individuações e, no entanto, somos indivíduos também.

Um dos problemas da mitologia, da religião, é vivenciar essa abertura aos outros como sendo unidos a mim mesmo – aquilo que chamamos de compaixão, *Mitleid* ("sofrer junto", na tradução literal do alemão) – e junto com isso vem a compreensão, a identificação. Mas, contrário a isso, temos a alma separada, que na nossa tradição ortodoxa foi criada, mas é eterna. Esse é um absurdo lógico, mas é o que temos: um indivíduo criado como entidade separada.

Ao longo do quarto até o primeiro milênio antes de Cristo, os povos pastoris invadem as regiões dos agricultores. No mundo ocidental há dois tipos de invasores. Um deles é o semita, povo que criava ovelhas e bodes, na sua maioria vindos do deserto Sírio-Árabe, que chegavam como beduínos, saqueadores, espoliadores, conquistadores. Basta ler o Livro de Josué ou o Livro dos Juízes para ficar de cabelo em pé. Normalmente não recomendo esses capítulos. Leia apenas a tomada de Jericó, por exemplo: "Mate tudo o que vive na cidade" é uma das ordens dadas pelo mesmo Deus que dois meses antes havia dito "Não matarás". Reflitam sobre isso com calma.

Durante o mesmo período, os chamados arianos ou indo-europeus descem do norte para a Europa central, para o sul (Itália, Grécia, Pérsia e Índia) e para o oeste, na Grã-Bretanha e Irlanda. Todas as línguas europeias faladas nos dias atuais, exceto o basco, derivam dessa herança indo-europeia. No extremo noroeste estão as línguas celtas da Irlanda, Ilha de Man, Escócia, Gales e, do ponto de vista formal, da França. As principais invasões celtas começaram em torno de 1000 a.C., aproximadamente na mesma época em que a chamada cultura Hallstatt entrou na Europa central.

Quando César conquistou a Gália e entrou na Bretanha, por volta de 50 a.C., eram os celtas que habitavam o que hoje se conhece por França e Ilhas Britânicas. Roma conquistou e dominou a região de aproximadamente 50 a.C. até por volta de 450 da nossa era. Nessa altura os soldados estavam começando a se queixar do peso de suas mochilas, da distância que tinham de percorrer a pé por dia, e tudo começava a desmantelar. O Império Romano havia se estendido demais e começou a se retrair. O rio Danúbio marcava a fronteira nordeste do Império, e a noroeste desse local temos outro povo indo-europeu: os alemães.

Ao leste os persas faziam pressão. Roma estava ruindo e acabou saindo da Inglaterra.

Contudo eram os exércitos romanos que protegiam a Inglaterra das invasões. Assim que as tropas romanas saíram, os celtas, que tinham chegado muito antes dos romanos, começaram a invadir vindos da Escócia e da Irlanda. A palavra *scot* [escocês] na verdade significa "saqueador" e se refere principalmente aos irlandeses. Ao mesmo tempo saqueadores alemães vieram varrendo tudo desde o nordeste. Esse é o povo inglês: anglo-saxões e jutos, que vieram da região que hoje chamamos de Dinamarca. Eles conquistaram o território que os romanos tinham dominado e que veio a ser chamado Inglaterra. Mas os territórios que Roma não tinha conquistado – Escócia, Gales e Irlanda – os ingleses também não conseguiram conquistar.

É importante ter isso em mente quando se estuda a história da mitologia europeia. Segundo o conhecimento mais popular, a história inglesa começa com a retirada dos romanos e a tomada das Ilhas Britânicas pelos ingleses. No entanto, antes de tudo isso os celtas ocupavam a região. E os próprios celtas eram invasores. Antes deles havia o povo do glorioso Neolítico e da Idade do Bronze, agricultores que deixaram grandes monumentos megalíticos em toda a Irlanda, construídos a partir de 2500 a.C.

No mundo celta a mitologia da Deusa Mãe era dominante. Depois, quando o povo guerreiro germânico chegou, os deuses dos antigos celtas bateram em retirada para as montanhas encantadas.

A maioria dos contos de fada europeus origina-se na tradição celta. Há inúmeras montanhas encantadas na Irlanda e o particular dessas montanhas é que elas são invisíveis, ninguém sabe a sua localização. Outra coisa notável sobre essas colinas é que ali as pessoas andam no que lhes parece uma linha reta, mas ao fim terão dado a volta na montanha encantada. Esse é o grau de dificuldade de acesso a esses locais. Mas o mundo das fadas está apenas uma dimensão abaixo do mundo visível; ele está em toda parte. As fadas são as forças naturais da região, e a razão do encanto e fascínio que exercem é que a natureza delas e a nossa natureza inconsciente, profunda, é a mesma. As fadas são representantes daquela consciência-energia permanente que subjaz a todas as formas fenomênicas da vida. Este é o âmbito da Deusa Mãe.

Na Idade Média, especialmente entre os séculos XII e XIII, houve um importante retorno do pensamento celta na Europa, e sua principal manifestação foram os romances arturianos. As estórias do rei Artur e do Graal são temas celtas de antiguidade incalculável.

O século XIII foi o século da Virgem. A Deusa retorna para a tradição cristã, antideusa, por meio da Virgem, Mãe de Deus. Principalmente no catolicismo tem havido um crescimento constante da Virgem desde o século V até os nossos dias.

Um dos grandes problemas de São Paulo era determinar se a cristandade era algo somente para os hebreus ou também para os gentios. Um de seus companheiros, São Lucas, era grego. É no Evangelho de São Lucas que a imagem do nascimento virginal aparece. Esse fato não está presente nos relatos dos outros evangelistas, Mateus, Marcos e João, que eram todos judeus. Ele é relatado no Evangelho segundo Lucas, o grego. Na tradição judaica, não há nascimento virginal, ao menos não explicitamente, já que essa ideia lhes parece repulsiva. Mas, quando se pensa em Sara dando Isaac à luz aos 108 anos de idade ("Sarah riu"),[3] do ponto de vista mitológico, estamos diante de um nascimento virginal. Leiamos com cuidado o relato do nascimento de Sansão, embora Sansão não fosse judeu, mas filisteu, ou seja, indo-europeu. A estória de seu nascimento chega muito próximo de um relato de nascimento virginal, mas na verdade o nascimento virginal não pertence à tradição do Antigo Testamento.

O nascimento virginal representa o nascimento da vida espiritual no animal humano. Do ponto de vista mitológico, não tem nada que ver com uma anomalia biológica. No sistema indiano da *kuṇḍalinī* os três primeiros chacras são nosso zelo animal pela vida, o erotismo animal e a agressividade animal. Mas, ao chegar ao nível do coração, nasce uma intenção puramente humana, uma percepção exclusivamente humana da possibilidade de uma vida espiritual que, ao surgir, coloca os chacras anteriores em segundo lugar. Dentro do sistema da *kuṇḍalinī*, o símbolo para esse chacra é uma conjunção do órgão masculino com o feminino: um triângulo para cima e um triângulo para baixo. Nesse plano é que a vida espiritual é gerada, e esse é o significado do nascimento virginal.

O nascimento virginal aparece em praticamente todas as tradições do mundo. Os mitos dos índios americanos estão cheios de nascimentos virginais. Quetzalcoatl nasceu de uma virgem, criou os seres humanos, morreu e ressuscitou; um de seus principais símbolos era a cruz.[4] Quando os espanhóis católicos invadiram o México, não sabiam o que pensar disso. Criaram duas explicações. Uma é que São Tomé, o apóstolo das

Índias, teria chegado à América e ensinado a doutrina de Cristo. Mas estando tão longe de Roma e das autoridades da Igreja, a doutrina teria se deteriorado na América tornando-se uma coisa monstruosa chamada Quetzalcoatl asteca. A outra explicação era que o demônio estava pregando peças e imitando sua própria tradição a fim de frustrar a missão. Mas nas duas hipóteses eles reconheciam que se tratava do mesmo deus revestido de uma forma local distinta.

Os deuses representam princípios místicos, possibilidades da experiência humana, e assumem formas diferentes em culturas diferentes segundo o meio ambiente, a história e as exigências da cultura enquanto inflexão da vida espiritual. Assim como a própria forma humana sofre modificações variadas em diferentes partes do mundo, também os mitos que representam os níveis invisíveis da psique sofrem inflexões. E, quando se tem uma cultura como a dos invasores espanhóis, a ênfase recai mais na cultura que na natureza. Quando se tem uma cultura da mitologia da Deusa, é a Mãe Natureza quem fala mais alto, e a mitologia da Mãe Natureza é profunda; ela é universal.

Como salientei, um povo guerreiro que luta contra outros pela existência tende a acentuar as formas específicas daquela sociedade e seu modo de vida. Portanto, o resultado é uma ênfase social e não natural, que pode chegar a uma tentativa de abolir a natureza, o que ocorre no Antigo Testamento. Ao reler o Êxodo, o Levítico, Números e o Deuteronômio, encontraremos leis, leis e mais leis. Como repartir o cabelo, como assoar o nariz, o que comer e o que não comer. Esses livros não falam da natureza, mas do que fazemos para nos manter unidos. Não podemos ter relações com mais ninguém e, portanto, não nos misturamos com os outros. As leis alimentares, sejam as dos brâmanes, sejam as dos judeus, são um fator de isolamento – é para isso que foram criadas. Não se consegue encontrar outro sentido senão este.

Mas as mitologias da natureza e as mitologias societais estão em conflito. As mitologias de Deus acentuam o social, ao passo que as mitologias da Deusa enfatizam os aspectos naturais. No caso da Bíblia, os patriarcas entram com o viés social: todos os outros são abomináveis e devem ser exterminados junto com seus deuses. Como se preconiza em 2 Reis 5:15: "Não há Deus em toda terra senão em Israel". Ponto final. Do ponto de vista humano, esta é uma afirmação temerária. Por outro lado, a Deusa está em todos e em todo lugar; ela é tudo. O objetivo dessa mitologia é

CAPÍTULO 8 – AMOR

reconhecê-la. Portanto logo se vê por que a mitologia de Deus era tão contrária a ela: ela representava a natureza, e a natureza é degenerada nas tradições fundadas na Bíblia. A natureza decaiu no Jardim do Éden e todo impulso natural é pecaminoso, salvo se for lavado no sangue da circuncisão ou nas águas do batismo. Isso está enraizado na nossa cultura.

Tal é o pano de fundo histórico para o divino feminino na Europa ocidental. No início do Paleolítico, a Deusa estava associada aos locais de moradia, enquanto os xamãs e ritos masculinos estavam ligados às grandes cavernas com pinturas. É interessante notar que as formas femininas apareciam em estatuetas tridimensionais e as formas masculinas em pinturas bidimensionais. A pintura é analítica, ao passo que a escultura é sintética – duas atitudes mentais e emocionais totalmente diferentes.

Depois surgiu a agricultura, e a Deusa, que antes estava circunscrita aos lares, se torna a deidade dominante, pois agora a principal fonte de alimento é doméstica e não proveniente da caça. Temos uma comunidade sedentária que cultiva sua própria comida. As mulheres foram as primeiras a arar a terra e, se examinarmos as comunidades agrícolas de hoje, veremos que os homens fazem o trabalho pesado de arar a terra enquanto as mulheres colocam as sementes. A agricultura é a magia delas. Quando o arado foi inventado e surgiu algo que simulava por analogia o ato sexual ao arar a Mãe Terra, os homens assumiram o trabalho agrícola, mas a Deusa continuou a ser a figura principal. Esse sistema agrário chegará até a Europa na Idade do Bronze Antiga, e seus sinais ainda são visíveis em Newgrange, na Irlanda (*c.*2500 a.C.), e em Stonehenge, na Inglaterra (1700 ou 1800 a.C.).

Figura 145. Espirais em Newgrange.
Pedra esculpida, Período Neolítico, Irlanda, *c.*2500 a.C.

Mas então chegam os saqueadores, o povo guerreiro indo-europeu. Nas Ilhas Britânicas a primeira onda foi a dos invasores celtas.

Acompanhemos esta típica estória celta de um guerreiro que segue uma corça para dentro da floresta. A corça desaparece na montanha. Ela é a Deusa, rainha da montanha. Por magia, ele adentra a montanha e torna-se amante e protetor dela. O caçador fica com ela por um período que lhe parece seis meses ou um ano e, então, declara: "Eu gostaria de voltar e rever meus amigos, saber como eles estão".

Ela tenta dissuadi-lo da ideia, mas ele insiste. Por fim ela lhe diz: "Está bem. Você pode ir. Mas não desmonte de seu cavalo". Com a permissão dela, ele parte montado em seu cavalo.

Quando ele sai da montanha, tudo mudou. "Por Deus! Trezentos anos se passaram!" Ninguém que ele conhecera está ali. Ele se encontra num lugar maravilhoso da natureza que está além do tempo. A entrada na montanha eterna, na montanha feérica, é uma passagem para o reino do inconsciente, onde o relógio do tempo não funciona. É o local onde sonhamos com nossa mãe e nosso pai, onde eles estão ainda vivos e nos dizem o que fazer, e todos os mortos estão lá também – ali estamos fora do tempo.

O guerreiro continua cavalgando e deixa cair sua luva. Distraído, desmonta para apanhá-la, mas, ao tocar a Terra, ele se desmancha num monte de cinzas.

Esse é um antigo tema celta, mas que aparece também no Japão. É interessante notar que o grande período criativo do Japão pré-budista, antes do século VI, é o mesmo período dos celtas pré-cristãos na Europa. Muitos temas são comuns entre esses dois espaços culturais.

Em seguida a mitologia de orientação social do Oriente Próximo é trazida à Europa na forma do cristianismo, que se sobrepõe à mitologia nativa voltada para a natureza. A mitologia da Bíblia não tem nenhuma relação com nada encontrável na experiência europeia original. Ela foi colada por cima do que já estava presente na tradição local. Foi trazida pela força das armas e mantida através de grande esforço e autoritarismo até a chegada do período de crise no final do século IV. Foi nesse tempo que Teodósio, o Grande, declarou que nenhuma religião seria tolerada no Império Romano, salvo a cristã e, dentre suas vertentes, somente a do trono bizantino. De imediato as pessoas começaram a enterrar coisas para protegê-las do vandalismo dos primeiros cristãos

– e o vandalismo desses primeiros cristãos era inimaginável. Ao viajar pelas terras a leste do Mediterrâneo – Grécia, Síria e Egito – e ver os belos monumentos que foram destruídos de propósito, é difícil acreditar no tamanho do esforço despendido para derrubá-los. A Acrópole e outros grandes templos não se desmantelaram simplesmente; foram demolidos por vândalos. Esses templos representavam a beleza da Deusa. "Não farás para ti nenhum ídolo, nenhuma imagem de qualquer coisa no céu, na terra, ou nas águas debaixo da terra."

Mas não apenas os textos pagãos foram atacados. Os prelados decidiram quais livros da Bíblia eram canônicos e mandaram queimar o resto. É nesse período que os códices coptas de Nag Hammadi foram enterrados, inclusive o Evangelho de Tomé e os demais.

A tradição bíblica e a tradição da Deusa eram radicalmente antagônicas. Embora a bíblica tenha se mantido como a tradição oficial, na cultura europeia foi preservado como que um fluxo secreto e vivo da Mãe Terra que corria pelo subterrâneo. No Antigo Testamento se lê já no Gênesis: "Lembra que és pó e ao pó tornarás".[5] Ora, a Terra não é pó. A Terra é vida, é vital. E vem esse deus intruso que chega tarde, querendo atribuir tudo a si mesmo, denegrindo a Terra e chamando-a de pó? De fato o que essa tradição guerreira diz é: "Você é realmente filho de sua mãe e vai voltar para ela. Mas ela não passa de pó". Da mesma forma, lê-se em Gênesis 1:1: "No princípio, Deus criou o céu e a terra. Ora, a terra estava vazia e vaga, as trevas cobriam o abismo, e um sopro de Deus agitava a superfície das águas". Não se afirma que ele criou as águas. As águas eram a Deusa – ela tinha chegado antes.

Abram a Bíblia em Provérbios 8 e a encontraremos novamente como Sofia, deusa da sabedoria, que diz: "Quando ele firmava os céus, eu *estava* lá".[6] Ela diz isso. Estamos diante da antiga mitologia dos babilônios e sumérios, que afirmavam a existência de dois poderes, o masculino e o feminino, em mútua tensão, mútuo relacionamento e cooperação criativa. O que aconteceu na Bíblia é que o poder masculino recebeu uma forma antropomórfica, já o poder feminino foi reduzido a uma condição elemental, ou seja, só água. A Bíblia diz: "Um sopro de Deus agitava a superfície das águas".[7] Não se fala que são as águas da Deusa; é simplesmente água. Ela foi colocada fora do quadro, mas a Deusa sempre volta.

É interessante como o masculino tenta dominar quando chega. Ele diz: "Este é Deus". Mas no íntimo todos sabem: "Não; deus é a Mãe". Gosto de perguntar em minhas palestras: "Quem gostaria de mamar nos seios de Abraão?"

Portanto na nossa tradição existe uma sobreposição enganosa. Contudo, a própria sobreposição nos dá pistas da mitologia original da Deusa Mãe, visto que até o capítulo 11 a mitologia do Gênesis é a antiga mitologia naturalista suméria dos dilúvios, da torre, do ser criativo que se divide em dois: Adão e Eva, que veio da costela dele (Joyce a chama "a consorte costeleta"). Na verdade é a Deusa Mãe que retorna.

Um dos temas mais interessantes da Deusa Mãe se encontra na estória de Caim e Abel. Samuel Noah Kramer, principal tradutor de textos sumérios, traduziu um fragmento muito intrigante que data de cerca de 2000 a.C., no qual um pastor e um agricultor competem pelos favores da Deusa.[8] O agricultor diz: "Oh, eu te darei o trigo e farei pão e tudo o mais".

E o pastor diz: "Oh, eu te darei o queijo e o leite e todas essas coisas".

A Deusa responde: "Escolho o agricultor".

Depois começa o trecho do Gênesis, escrito por volta de 800 a.C., que vem da tradição javeística: Caim e Abel competem pelos favores de uma deidade masculina, que escolhe o pastor. Por quê? Não eram os israelitas um povo de pastores? Não foram eles que invadiram as cidades? E não foi Caim o fundador das cidades?

Examinando as mitologias bíblicas, podemos observar como o papel natural e próprio do feminino é açambarcado pelo masculino.

Ao nos voltarmos para as principais mitologias da Europa, encontramos quatro mitologias consistentemente humanas e boas, todas ligadas à natureza: a celta, a germânica, a itálica (da Itália e de Roma) e a grega. Estas eram mitologias maduras, todas baseadas na Deusa, e é possível migrar de uma para outra e localizar as correspondências entre elas – três Moiras e três Nornas. As Moiras nos guiam da mesma forma como "o eterno feminino nos leva adiante". Assim se lê em Sêneca: *"Ducunt volentem fata / nolentem trahunt"* (As Moiras guiam aqueles que o permitem / e arrastam os que não permitem).[9] A orientação do destino é benigna; é a orientação oferecida pela nossa natureza. No entanto, nossa mente pode nos colocar em conflito com a nossa natureza – e a Deusa é quem representa a natureza.

## A Virgem Maria

Em meio ao patente culto masculino do Antigo Testamento, desponta o Evangelho de Lucas, onde a Virgem concebe o Cristo de Deus.

No ano de 431 da nossa era, o Concílio de Éfeso (cidade de Ártemis) declarou que Maria era verdadeiramente *Theotokos* – a Mãe de Deus. Ao chegarmos ao século XIII, todas as catedrais já eram construídas em seu nome. Ela é a mediadora, pois não podemos nos aproximar de Deus diretamente – e isso é uma verdade indiscutível. O único Deus do qual podemos nos aproximar é o deus que concebemos, e quem pode conhecer a Deus? Por isso nos aproximamos dele através da Mãe, através da fonte da nossa natureza humana, e ela roga por nós. Ela não é *adorada*, ela é *venerada*; ela é quase uma deusa. Sem chegar a essa condição, ela recebe hoje o título de cossalvadora.

Figura 146. Maria entronizada com Cristo no colo na Catedral de Chartres. Pedra esculpida, estilo gótico, França, século XII.

Podemos vê-la no portal ocidental da Catedral de Chartres no papel de Ísis ou Cibele, como trono do imperador, do Senhor do Mundo – o Cristo. É ela quem o traz ao mundo, assim como Māyā dá todos os nomes e formas ao mundo. Todos os deuses vêm da Mãe: ela é a Mãe da Forma, ela é a Mãe dos Nomes. Além dela, está a transcendência e, portanto, ela representa o que é transcendente, tudo o que é potencial, que está no futuro; ela é a fonte e o fim. Tal é a adoração enquanto veneração do poder feminino no mundo ocidental.

## A Corte do Amor

As lendas arturianas foram a forma como a Europa da Idade Média tentou assimilar e reunir essas duas mitologias completamente contrárias, essas filosofias e esses modos de vida antagônicos. A cultura celta era muito forte na Europa. Seu ponto alto foi de 1000 a.C. até o ápice em 500 a.C., ocasião em que os celtas quase tomaram Roma. Diz a lenda que Roma foi salva pela algazarra que os gansos do templo de Juno fizeram quando os celtas tentavam escalar o monte do Capitólio.

Mais tarde, a conquista da Grã-Bretanha pelos romanos operou uma sobreposição da mitologia clássica por cima da celta e, como vimos, não houve problemas para unir as duas. São os mesmos deuses que aparecem nos contos de fada europeus, cujo aparecimento inicia entre os séculos XI e XIII.

Os romanos saíram da Inglaterra por volta do ano 445 e, em seguida, os anglo-saxões a invadiram. Os reis britânicos do sul da Inglaterra são assistidos em seus esforços de defesa por um personagem chamado Artur, ou Artus (seu nome tem a mesma raiz de Ártemis), que é descrito nas crônicas de Gildas[10] e Nennius,[11] dos séculos VI e VIII, como o *dux bellorum* (líder na guerra). Artur foi provavelmente um nativo treinado como oficial pelos romanos e, parece, uma figura muito importante na defesa da Grã-Bretanha. Atribui-se a Artur doze batalhas (o número 12 nos diz que ele já se tornara um deus solar). O número de pessoas que ele matou em cada uma dessas batalhas é enorme. Por fim, ele foi morto em combate, e os anglos e saxões tomaram o território que hoje chamamos de Inglaterra.

Refugiados celtas deixaram o sul da Inglaterra, atravessaram o canal para se refugiarem na França, que se tornou o centro desse povo. Na Bretanha desenvolveu-se o que chamamos de Esperança dos Bretões, ou seja, a esperança de que algum dia Artur voltaria para reconquistar sua terra, a Grã-Bretanha.

Por esse motivo a Bretanha é um dos grandes focos de geração das tradições arturianas, as quais começam pela tradição oral sobre o retorno de Artur e a especulação sobre seu paradeiro atual. Ele estaria vivendo em um lugar dentre três possibilidades.

A primeira hipótese é a de estar dormindo dentro de um daqueles imensos montes funerários.

*Capítulo 8 – Amor*

A segunda diz que ele estaria esperando em Avalon, terra feérica localizada no mar do oeste, à qual teria sido transportado por três fadas rainhas no momento de sua morte e onde espera adormecido ao longo dos séculos. O tempo passa, mas ele continua lá, na ilha das fadas, de onde retornará. A palavra *Avalon* está ligada à palavra *maçãs*. É a terra das maçãs douradas, das Hespérides, muito além do mundo conhecido. Esta é uma ideia grega, mas também celta. Novamente, as duas tradições se reúnem e temos a terra das fadas europeia onde o herói habita. Aquilo que ele pensa serem alguns anos, na verdade, são séculos, mas ele retornará para nos salvar.

Uma terceira teoria preconiza que ele se refugiou nas Antípodas. Embora se diga que na Idade Média se pensava que o mundo era plano, acreditava-se que o mundo era esférico e que toda a terra estava no hemisfério norte, enquanto todo o hemisfério sul era coberto de água. E lá no fundo da esfera, estavam as Antípodas, uma terra lá embaixo, além dos oceanos, onde Artur estaria vivendo.

Na *Divina Comédia,* de Dante, Virgílio leva o poeta pelo inferno até a ilha do Purgatório, do outro lado do mundo. Quando Colombo se aproximou do continente sul-americano e viu o poderoso rio Orinoco, ficou convencido de que via um dos quatro rios que, segundo a Bíblia, nascem no Jardim do Éden, e que estariam no Monte Purgatório.

Retomando o tema mitológico de Artur em vias de voltar, vimos que ele é o rei passado e futuro. Em *History of the Kings of Britain* [História dos Reis da Grã-Bretanha], de Geoffrey of Monmouth, temos uma ponte para a literatura. Nessa obra estão muitas estórias familiares, das quais Shakespeare tomou alguns de seus temas: *Rei Lear,* por exemplo, com sua divisão do reino à moda dos contos de fada, e também *Cimbelino*. Por fim, temos a estória da batalha pela Grã-Bretanha e da vida de Artur, mas nessa versão ele é rei.

O guerreiro que ajuda a defender os reis tornou-se um grande rei na memória folclórica. Nessa primeira estória escrita, fala-se de Artur, rei do pequeno império britânico que é desafiado por Roma. Quando ele parte com seu exército para conquistar Roma, recebe a notícia de que seu sobrinho Mordred está em conluio com sua esposa, Guinevere, e que os dois tramam tomar o trono. Ele então volta para sua última batalha. Nessa estória Guinevere é apenas uma esposa ambiciosa e mal-amada, e não temos nessa versão inicial nenhum sinal do romantismo posterior.

Essa é a estória de Artur como era conhecida pelos anglo-saxões na Grã-Bretanha. Em 1066 os normandos da França conquistaram a Grã-Bretanha e assumiram o poder. Portanto, temos os celtas que foram dominados pelos ingleses, e depois os ingleses que foram derrotados pelos normandos. Nos dois séculos seguintes, ninguém da aristocracia falava inglês. Os gentis-homens falavam francês, enquanto os ingleses estavam lá fora cuidando dos animais. Quando a carne está na mesa, os anglófonos a chamam de *veal* [vitela], do francês *veau*. Quando a carne está no pasto, ela é chamada pelo nome inglês *calf* [bezerro]. Os ingleses cuidavam das ovelhas, e os normandos comiam o *mutton*, do francês, *mouton* [carneiro]. E assim por diante.

Eis a situação: temos celtas, ingleses e normandos todos juntos, presos numa pequena ilha. Não havia televisão naquele tempo, então, o que fazer com uma longa noite? Eles chamavam bardos para entretê-los. Em geral, eram bardos celtas que vinham e cantavam em francês normando para a alta sociedade dos castelos. Essa maravilhosa combinação de franceses normandos e celtas fez surgir uma vasta literatura de contos de mitos celtas, com heróis e heroínas celtas vestidos em trajes medievais e professando a fé católica, mas vivendo estórias muito, muito antigas.

As cortes normandas incluíam não apenas a Inglaterra, mas boa parte da França. Foi Joana D'Arc quem libertou a França daquilo que poderíamos chamar de supervisão anglo-normanda do século XV. Mas nesses primeiros tempos, havia outra esplêndida dama chamada Leonor de Aquitânia (1122-1204), herdeira do trono do sudoeste da França, esposa de dois reis, mãe de três reis e avó de todos com qualquer pretensão à realeza nas gerações seguintes. Ela se casou com Luís VII, rei da França, foi com ele para as Cruzadas, provavelmente se cansou dele e, numa bela manhã, quando o rei acordou, Leonor tinha sumido. Aliás, pensamos hoje que as mulheres estão começando a ficar independentes, mas elas já sabiam muito bem o que queriam na Idade Média – aquelas mulheres cuidavam muito bem de seus interesses.

Leonor tinha fugido a cavalo para casar-se com outro rei – Henrique II Plantageneta, rei da Inglaterra – e levou consigo boa parte da França. Ela foi mãe dos filhos de Henrique – o rei Ricardo Coração de Leão e o rei João – e também dos filhos de Luís, destacando-se entre eles Marie de Champagne.

CAPÍTULO 8 – AMOR

Marie de Champagne (1145-1198) era outra mulher notável. Tornou-se rainha regente da França de 1181 a 1187 e sua corte foi o cerne do renascimento do humanismo que desencadeou o advento da Renascença. O poeta da Corte de Marie chamava-se Chrétien de Troyes. A ele são atribuídas as primeiras versões da maioria dos romances arturianos.

Os poetas medievais nunca alegavam ser autores de suas estórias. Eles sempre citavam a fonte *(matière)* e seu trabalho era reinterpretar, amplificar e desenvolver o tema tradicional *(san)*. As estórias que Chrétien desenvolveu entre aproximadamente 1165 e 1195 constituem a bibliografia básica dos romances arturianos. Ele redigiu a primeira versão escrita de *Tristão e Isolda*. Ela se perdeu, mas outros escritores retomaram a mesma trama, que é um dos temas dominantes da Idade Média.

A história de Tristão é a de alguém que escolhe amor em vez de casamento. Na Idade Média, como na maior parte da história humana, o casamento era um negócio acordado socialmente, que a família planejava por motivos políticos ou financeiros. Na França do século XII, houve um protesto contra essa prática, enunciado pelos trovadores e por toda a tradição do *Amor*. Soletrando *amor* de trás para a frente, temos a palavra *Roma*; Roma significa a Igreja e o sacramento do matrimônio, ao passo que Amor significa o despertar do coração. Os poetas e trovadores do sul da França escreviam numa língua chamada provençal. Foi nesse ambiente cultural que Leonor de Aquitânia nasceu – seu avô, Guilherme X, da Aquitânia, foi o primeiríssimo trovador.

A questão psicológica que preocupava as mentes era esta: O que é amor? O que é *Amor?* Até aquela época o Ocidente cristão tinha somente duas visões do relacionamento amoroso: uma era a luxúria, que defino como o zelo dos órgãos uns pelos outros, e que tem muito pouca relação com o portador dos órgãos sendo, portanto, impessoal. Contrapondo-se a este, temos *agapē*, ou amor espiritual – "Ama a teu próximo como a ti mesmo"[12] – novamente, trata-se de algo impessoal.

Contudo, a grande característica europeia é o reconhecimento da personalidade, da individualidade. Não há outra cultura no mundo com uma tradição artística de retrato comparável à ocidental. Basta lembrar-se de Rembrandt. O indivíduo encerra um profundo significado, portanto *Amor* é algo que diz respeito ao amor *pessoal,* ao encontro dos olhares. O fantástico poeta provençal Guiraut de Borneilh escreveu uma definição de amor que vale para toda a tradição trovadoresca.

Ela foi escrita, evidentemente, do ponto de vista do amante, que é sempre o homem, sendo a mulher a amada:

> *Os olhos são os exploradores do coração.*
> *O olho avança para buscar uma imagem que se recomende ao coração.*
> *E se for um coração gentil, então o Amor, o amor nasce.*[13]

Um coração gentil – eis a palavra chave: *gentil*. Outra tendência desse período era o coração *nobre,* normalmente associado aos deveres do guerreiro. Mas o coração gentil é aquele capaz de amor e não de simples desejo. Essa é uma definição requintada: o *Amor* nasce do encontro de olhares.

A grande fábula do *Amor* é a estória de Tristão e Isolda. Sabemos que Chrétien escreveu uma versão dessa estória, porém ela não chegou até nós, portanto a mais completa versão de que dispomos é a escrita por Gottfried von Strassburg bem no início do século XIII.

Tristão era um jovem órfão nascido na Bretanha, local de onde toda essa tradição emerge. Jovem de um talento fabuloso, ele sabia falar uma infinidade de idiomas, tocar incontáveis instrumentos musicais, esquartejar a caça, em suma, ele sabia tudo. Tristão vai servir seu tio, o rei Marcos da Cornualha.

Esse é um aspecto interessante dessas estórias arturianas: o fulcro é sempre o sobrinho e o tio, o tio que é irmão da mãe, ou seja, a linha materna, como Artur e Mordred, e assim por diante.

Logo de início Tristão fica sabendo que chegou um guerreiro da Irlanda para recolher impostos do povo da Cornualha, uma vez que o rei irlandês havia conquistado a região. O tributo consistia em jovens e moças para serem levados à Irlanda a fim de servir na corte irlandesa, mas ninguém queria que seus filhos fossem embora. Então Tristão diz a seu tio Marcos: "Eu resolverei esse problema. Deixe-me enfrentá-lo em combate, derrotá-lo, e acabaremos com esse tributo". Trata-se de um eco proposital da estória de Teseu e o Minotauro, uma reafirmação intencional dos temas antigos do Classicismo grego.

Morholt, o guerreiro irlandês, possui uma espada que foi ungida com veneno pela rainha da Irlanda, cujo nome é Isolda, e que tem uma filha também chamada Isolda. Esta é uma figura de linguagem comum no amor cortês: a espada envenenada. O embate acontece e a espada de

Morholt fere Tristão na coxa, inoculando o veneno. A espada de Tristão desce sobre o capacete de Morholt, atravessa o metal, racha o crânio de Morholt, que morre. No entanto, um pequeno fragmento da espada de Tristão fica encravado na cabeça de Morholt.

Não haverá mais tributo e Morholt é levado de volta à Irlanda. Ora, a sua sobrinha Isolda, filha da rainha Isolda, amava seu tio e, quando o fragmento é extraído da cabeça de Morholt, ela o guarda como lembrança na sua caixinha de tesouros.

Enquanto isso, na Cornualha, a chaga envenenada de Tristão começa a feder e ninguém aguenta mais. Então Tristão diz a seu tio: "Ponha-me num barquinho, e ele me levará por magia exatamente ao lugar onde se operará minha cura". A cura deve ser realizada por aquela que o feriu.

No *Amor,* a ferida – a doença que os médicos não curam – só pode ser sanada por aquele que deu causa à ferida, ou seja, aquele por quem nos apaixonamos. Trata-se de uma repetição do tema do veneno na espada.

Portanto Tristão sai no barco que de fato o leva até a Irlanda, à corte daquela pessoa cujo veneno o está matando. Ele está tocando harpa no barquinho e se sentindo muito mal até que as velas do barco o levam até o porto de Dublin. O povo na praia ouve esse jovem tocando – é Orfeu! Eles o desembarcam e o levam – pasmem – para ser curado pela mesma rainha que o envenenou.

Por algum motivo a rainha não sabe que esse homem é o mesmo que matou seu irmão Morholt. É claro que nosso herói havia mudado seu nome para Tantrist ("tão triste", em francês), portanto, como ela saberia a identidade dele? Ela é uma mulher compassiva e se esforça em curá-lo. Quando a ferida perde o mau cheiro, ela convida sua filha Isolda para ouvir esse harpista excepcional. Isolda entra e ele toca ainda mais maravilhosamente do que jamais havia tocado na vida. Em outras palavras, ele se apaixonou – mas não sabe ainda. Eis o mistério de toda a estória: ele não sabe.

Por fim Tristão sara e volta para a Cornualha. Está tão animado em relação àquela moça magnífica que fala muito dela para seu tio: "Você deveria se casar com ela!" Tristão é imbatível. Ele é tão inocente em relação às próprias emoções que pensa que seu tio deveria se casar com a moça.

Ocorre que todos pensam que o rei precisa se casar, pois querem uma rainha, e enviam Tristão de volta (ainda com o nome disfarçado) para trazer a garota. Ele retorna à Irlanda e lá encontra uma situação difícil, pois há um dragão que está fazendo da vida das pessoas um inferno. O rei declara que quem matar o dragão poderá se casar com Isolda.

Evidentemente, Tristão monta no cavalo e sai para matar o dragão. Contudo, há um senescal, uma espécie de cortesão incapaz de matar dragões, mas que quer muito se casar com Isolda. Portanto, quando o senescal ouve dizer que alguém saiu para matar o dragão, ele vai atrás.

Depois de matar o dragão Tristão abre a boca da fera, corta a língua para levar como prova de seu feito, enfia a língua de dragão na camisa e vai embora.

O senescal aparece e corta a cabeça do dragão e leva-a para a corte a fim de conseguir a mão de Isolda em casamento.

Pobre Tristão. Uma coisa que a gente nunca deve fazer é enfiar uma língua de dragão na camisa – elas são venenosas. Assim, no caminho de volta, Tristão desmaia e cai num lago, e a única parte dele que fica fora da água é o nariz, de modo que ele consegue respirar.

Por acaso, Isolda e sua mãe estão passeando ali na beira do lago e, ao ver alguma coisa de longe, exclamam: "Tem alguma coisa ali!" Elas arrastam Tristão para fora da água – por algum motivo elas não percebem que se trata de Tantrist, seu velho conhecido – e novamente o levam até o castelo para curá-lo.

Elas o colocam na banheira para a cura. Nesse meio tempo, Isolda começa a fuçar nas coisas de Tristão que estão guardadas no quarto ao lado, e tira sua espada da bainha. "Meu Deus! Tem uma falha nesta espada!" Então ela vai até sua caixinha de tesouros e pega aquele pedacinho de metal que guardara. E eis que o pedacinho encaixa perfeitamente na espada. Oh, como ela amava seu tio! Ela empunha a pesada arma e vai para matar Tristão na banheira.

Ele olha para cima e diz: "Espere! Se você me matar vai ter que se casar com o senescal!"

Isolda é forçada a concordar. Tristão tem um ótimo argumento. Por outro lado, a espada está ficando muito pesada, então isso põe fim ao plano.

Novamente, Tristão está curado e é levado à corte para resolver a grande questão: quem fica com Isolda?

O primeiro a reclamar a mão de Isolda é o senescal, que entra com a cabeça do dragão. Parece não restar qualquer dúvida.

Mas Tristão diz: "Abra a boca dele e vejamos o que está faltando". Nada de língua. E onde está a parte faltante?

"Aqui!", diz Tristão, segurando a língua. E assim ele fica com Isolda.

Esse rapazola tonto ainda quer levar Isolda de volta para seu tio Marcos. Então a mãe dela, aquela que tinha preparado o veneno que provocou toda essa confusão, mistura uma poção de amor para que sua filha Isolda dê a Marcos a fim de que os dois tenham um casamento de amor.

Esse é um grande problema do ponto de vista teológico e em todos os outros aspectos também. Em todo caso, a rainha confia sua filha e a poção à guarda da fiel ama da jovem Isolda, uma senhora chamada Brangaene.

Mas Brangaene não presta muita atenção. Na viagem de volta, Tristão e Isolda, ambos com cerca de quinze anos de idade, tomam um golinho da poção pensando ser vinho. De repente o casal toma consciência do amor que vinha aos poucos crescendo em seus corações.

Quando Brangaene toma ciência do ocorrido, fica horrorizada. É um momento maravilhoso: ela procura Tristão e diz: "Você bebeu a sua morte!"

E Tristão responde: "Não sei do que você está falando. Se por morte você quer dizer esta dor de amor, isto é minha vida".

Esta é a ideia essencial do *Amor*, vivenciar a dor. A essência da vida é dor, toda a vida é sofrimento. No Japão, mais ou menos na mesma época, a dama Murasaki escreve *A Lenda de Genji*, peça sobre o amor entre nuvens galantes e as damas das flores, que vivenciam de modo muito sensível a sabedoria do Buda, de que a vida é sofrimento, e o sofrimento do amor é o sofrimento da vida, e que onde estiver seu amor, ali estará sua vida.

E Tristão prossegue: "Se por esse amor, essa agonia de amor, você quer dizer minha morte, isto é minha vida. Se por minha morte você quer dizer a punição que receberemos quando descobertos em adultério, eu aceito". Isso é passar à força pelos pares de opostos da vida e da morte, e aí se encontra o amor: a dor que rompe esses opostos. E ele arremata: "Se por morte você quer dizer a morte eterna do inferno, eternamente eu aceito isso também".[14]

Essa é uma afirmação de gigantescas proporções, é o espírito do *Amor* da Idade Média. Não se pode chamá-lo de um mero jogo aristocrático, nem foi um simples caso de amor. Foi uma missão que transcende todos os valores deste mundo e uma catapulta para a eternidade. Quando Dante passava pelos estágios do inferno, o primeiro e menos horrendo foi o dos amantes carnais. Entre eles, Dante encontrou Tristão e Isolda, Lancelot e Guinevere, e todos os grandes amantes de todos os tempos. Ele reconhece um dos casais, Paolo e Francesca, e como bom sociólogo ele chama Francesca e pergunta: "Como você chegou a essa condição?"

Nos versos mais tocantes de todo o poema, ela responde: "Nós líamos o livro de Lancelot e Guinevere. Então, quando chegamos ao trecho sobre o encontro dos olhares deles, olhamos um para o outro e não lemos mais o livro aquele dia".[15] Lá estão eles, naquilo que nos parece o inferno. Mas William Blake, o fantástico e sábio homem dos milagres, escreve em seu livro de aforismos intitulado *O Casamento do Céu e do Inferno:* "Eu andava entre os fogos do inferno, encantado com os gozos do Gênio, que aos Anjos parecem tormento e insanidade".[16] Creio que esta seja a resposta. O que Tristão aceitou foi o fogo de sua agonia, que é o amor por toda a eternidade, e esta será sua vida na eternidade.

Segue-se toda a estória de como eles enganaram o tio de Tristão, o rei Marcos. Do ponto de vista do trovador, Marcos não tem direito algum a Isolda. Ele nunca a viu, ela nunca o viu, não houve o encontro dos olhares, não existe amor – não há como existir *Amor*. Poderá surgir bondade e compaixão, mas não aquilo que se pode chamar de amor. Assim, quando Tristão e Isolda estão na corte e Marcos descobre seu amor, ele não consegue mandar executá-los. Ele os ama, aos dois, então ordena: "Saiam da minha vista, vão para a floresta".

Em seguida temos a grande estória dos anos de Tristão e Isolda na floresta. Eles adentram uma caverna que tem uma inscrição no portal: "Caverna dos Amantes". A caverna foi escavada e mobiliada no período anterior à chegada dos cristãos: é uma caverna de mistérios celta, decorada como um santuário encantador. No lugar onde seria o altar há uma cama de cristal, e o sacramento dessa capela é o amor. Essa descrição aparece pela primeira vez na versão de Gottfried von Strassburg. Ele inventou essa pequena capela.

## Capítulo 8 – Amor

No teto da capela há duas pequenas janelas por onde entra a luz solar. Um belo dia Tristão escuta trompas de caça à distância – é o rei Marcos que saiu para caçar. E Tristão pensa: "Antes que Marcos descubra a caverna e olhe pela janela e veja a mim e Isolda aqui na cama juntos, colocarei minha espada entre nós".

Foi seu grande erro. Ele priorizou a honra em detrimento do amor. Esse é um tema crucial no *Amor* medieval. Em alemão medieval se diz *ere* (honra) e *minna* (amor). Os trovadores alemães eram chamados *minnesingers* [cantadores do amor]. *Ere* se contrapôs a *minna*, e *ere* venceu, de modo que Tristão põe a espada entre eles.

De fato, Marcos espia pela janela e vê os dois, um de cada lado da espada, e pensa: "Fui mal informado. Eu os julguei mal". O rei os convida para voltar à corte.

Naturalmente, Tristão e Isolda não conseguem se controlar e são pegos de novo, mas desta vez as consequências são graves. Isolda deve passar por um julgamento no qual ela tem de atravessar um rio, jurar que nunca dormiu com ninguém a não ser com seu marido, e depois segurar um ferro em brasa na mão. Se ela estiver dizendo a verdade, sua mão não será queimada, mas, se ela não disser a verdade, o ferro incandescente queimará sua mão.

Muito bem. Tristão e Isolda resolvem o problema. Tristão arruma um emprego como barqueiro e se disfarça. Ela pega o barco, ele vai remando e, quando ele a ajuda a sair do barco, cai em cima dela. "Oh, me desculpe!"

Liberada, ela vai e jura: "Nunca me deitei com homem algum a não ser meu marido... e o barqueiro que acaba de cair em cima de mim". E sua mão não é queimada pelo ferro em brasa.

Mesmo assim, Tristão é condenado ao exílio e volta para a Bretanha de onde viera. Lá ele ouve por acaso o nome Isolda – há ali uma bela jovem com esse nome – e se apaixona por ela por causa do nome.

Ele se casa com Isolda das Mãos Brancas, a terceira Isolda da estória (depois da rainha e da amada de Tristão). Mas ele não consegue dormir com ela porque ela não é a Isolda *dele;* o *Amor* o impede.

Certo dia a esposa insatisfeita de Tristão sai a cavalo com seu irmão, Sir Kahedin. O cavalo pisa numa poça de água, que espirra sobre sua coxa. Ela diz a seu irmão: "Essa água é mais atrevida que Tristão".

E Kahedin pergunta: "Como?"

Então ela conta tudo.

Indignado, Kahedin procura Tristão e o acusa de grosseira negligência de seus deveres maritais. Tristão confessa seu amor por Isolda – a Isolda *dele*.

"Perfeitamente compreensível", responde Kahedin. "É claro."

Mais adiante Tristão é ferido gravemente em batalha. Ele está em seu leito de morte, e a única pessoa que pode curá-lo é a outra Isolda, a Isolda *dele* – afinal, foi ela quem desferiu contra ele o golpe mortal. Então, Kahedin vai buscar a Isolda de Tristão para que ela o cure e, se ela concordar, ele retornará com uma vela branca. Se ela se recusar, ele retornará com uma vela negra – um claro eco da estória de Teseu.

Kahedin volta com Isolda em uma vela branca, mas a esposa ciumenta, Isolda das Mãos Brancas, diz a Tristão que a vela é negra e Tristão morre amargurado.

Essa é uma ótima estória de amor, com toda a dramaticidade e emoção do gênero. Mas trata-se de um assunto muito sério – a dor e a possibilidade do inferno.

A tensão entre casamento e amor era um problema no final do século XII. Como conciliar esses dois?

Chrétien de Troyes é o autor da primeira versão escrita de *Tristão e Isolda*. Sua segunda obra foi *Erec*. As damas da corte não se mostraram muito satisfeitas com a estória de Tristão e Isolda porque a consumação de seu amor aconteceu na floresta. As damas queriam estar na corte – onde o amor refinaria os cortesãos. Portanto, *Erec* é uma estória de amor dentro do casamento e aborda um típico problema masculino.

Erec é um dos melhores guerreiros do reino e se apaixona por Enida. Ele está tão apaixonado por ela que começa a ficar relapso em relação ao treinamento, e acaba deixando de ser um grande guerreiro. Ele se dá conta: "Perdi minha personalidade por causa disso!" Então, ele rejeita Enida e sai montado em seu cavalo de batalha para viver sua própria aventura, mas ela sai trotando atrás montada num palafrém, cavalo delicado e bem treinado para mulheres. Ela se mantém fiel a ele, mesmo diante de toda a rejeição e, finalmente, por sua lealdade a ele, Erec reconquista seu caráter de guerreiro e também sua esposa como leal apoiadora.

Também com essa estória as damas da corte não ficaram tremendamente animadas.

A próxima foi uma trama das mais estranhas. A obra intitulada *Cligès* narra a estória de um apaixonado que se declara a sua amada. Mas ela é casada e não quer se envolver com ele. Ela não quer cometer adultério – enquanto seu marido for vivo. Portanto, eles tramam seu assassinato.

Por algum motivo, muitos dos comentadores descrevem esta como uma solução moral. Evidentemente, tal resolução não foi muito satisfatória, e nem sequer se ouve falar dessa obra nos dias de hoje.

A próxima produção do poeta tem por protagonistas Lancelot e Guinevere, e foi intitulada *O Cavaleiro da Carreta*. Este foi o grande sucesso de Chrétien. De fato, trata-se de uma belíssima estória. Sua beleza repousa no fato de que Artur reconhece que Lancelot e Guinevere estão apaixonados, compreende o que é o amor, valoriza-o e aprecia-o. Ele não se porta como o corno francês, que em provençal é chamado *le jaloux,* o ciumento.

O título desse romance vem de um episódio muito interessante.

Guinevere foi raptada e Lancelot sai para resgatá-la, mas em seu zelo acaba por esgotar seu cavalo, que morre de cansaço. Ele caminha pela estrada, vestido numa armadura pesada, sem perspectiva de chegar a lugar algum muito depressa. Uma carreta vem passando pela estrada lentamente e o ultrapassa.

Seria uma desonra total para um cavaleiro de armadura andar em carretas, pois elas se destinavam ao transporte de criminosos a caminho da execução, ou de excrementos de vaca, ou de animais. Nenhum cavaleiro se dignaria a andar de carreta.

Mas, quando a carreta passa por Lancelot, ele pensa: "Se eu estivesse aí, chegaria mais rápido a Guinevere. Mas, e a minha honra..."

Durante três passos ele hesita – mas depois sobe na carreta; sua primeira provação da honra contra o amor.

Outra provação que ele deve enfrentar antes de chegar a Guinevere é aquela conhecida como a Provação da Cama Perigosa. O cavaleiro, com armadura completa, entra numa sala despojada, toda de mármore branco. No centro há somente uma cama com rodinhas. A aventura é descansar tranquilamente nessa cama.

Ele se aproxima e a cama se afasta. Ele se aproxima de novo, a cama desvia. Por fim ele é obrigado a correr e a saltar na cama, de armadura, escudo e tudo o mais. Ele consegue aterrissar na cama, mas ela começa a pular como um cavalo de rodeio e a bater nas paredes e nas coisas. Quando por fim ela se aquieta, entra um leão. Lancelot consegue vencer o leão, mas sai gravemente ferido.

As damas do castelo descem as escadarias, curiosas para saber o que aconteceu com o cavaleiro lá embaixo. Elas o reanimam e ele prossegue para a próxima aventura.

Há muitos anos meu amigo Heinrich Zimmer se perguntou sobre o significado da cama perigosa. Creio que ele encontrou uma resposta acertada: "Ela é uma metáfora da experiência masculina do temperamento feminino. Impossível compreender o que se passa dentro delas. Mas seja paciente que tudo se assentará e as alegrias da beleza do mundo feminino serão suas".

Tive uma experiência com a cama perigosa quando editava um livro sobre a arte hindu – uma das obras que Zimmer deixou inacabadas ao morrer. Tinha reunido todas as ilustrações necessárias salvo três ou quatro.

Eu conhecia Ananda K. Coomaraswamy, que na época era a maior autoridade nesses assuntos, mas ele acabava de falecer. Eu sabia que as figuras de que precisava estavam na coleção dele em Boston, sob a guarda da viúva. Telefonei para ela e perguntei se podia fazer-lhe uma visita e olhar a coleção para encontrar as três figuras faltantes.

Fazia muito calor em Boston, mas achei que levaria apenas meia hora para olhar os arquivos.

"Oh", disse-me ela, "venha". Eu fui. "Joe, o arquivo está neste quarto. Ali estão as pastas. Fique à vontade".

Eu acabara de abrir as estantes quando ela voltou e disse: "Então, Joe, está muito calor. Não gostaria de tomar uma limonada ou alguma coisa assim?" "Obrigado." Eu não estava com vontade de beber nada, mas não quis ser grosseiro.

Bebemos limonada e tivemos uma longa conversa. Quando ela saiu e eu estava começando a entrar no ritmo do trabalho de pesquisa, chegou a hora do jantar. Fomos jantar e conversamos de novo. Voltei para o arquivo e estava fuçando nas pastas quando ela apareceu e disse: "Sabe, Joe, já está de noite. Não se preocupe. Você pode dormir nesse sofá aí. Não há problema algum. Não mesmo".

## Capítulo 8 – Amor

Eu pensei com meus botões: "Esta é a cama perigosa. Vou me segurar aqui".

Passei três dias ali. As ilustrações estão todas no livro – eu consegui – mas posso afirmar que, de fato, foi a Provação da Cama Perigosa.

A prova seguinte de Lancelot é a chamada Ponte da Espada. Este é um tema arquetípico de muitas mitologias, desde a hindu até a esquimó. É preciso que o herói atravesse um precipício andando pelo fio da espada. Em termos trovadorescos o significado dessa ação é que, quando estamos seguindo a via do *Amor* em vez da via social, estamos trilhando o caminho conhecido como o Caminho da Mão Esquerda.

O Caminho da Mão Direita é aquele que permanece dentro das regras e obedece às normas sociais. O Caminho da Mão Esquerda, por outro lado, é uma via de grande perigo e é caracterizado pela paixão, e não há nada mais destrutivo para uma trajetória de vida do que a paixão. Esta é a lição: ao atravessar a Ponte da Espada, é preciso manter a mente firme no *Amor*, não na paixão, pois o mínimo deslize ou temor nos precipitará numa torrente descendente que nos levará até o fundo. Esse é o ensinamento a ser aprendido pelo Caminho da Mão Esquerda e do *Amor*.

Lancelot atravessa a Ponte da Espada, derruba os guardas do castelo onde Guinevere está prisioneira e entra para receber a saudação de sua rainha.

Ela o recebe com frieza glacial.

Por quê?

Ele hesitou o tempo de três passos antes de subir na carreta.

As regras do amor são realmente muito severas. Já que estamos abrindo mão de tudo por alguma coisa, então é preciso *abrir mão de tudo por alguma coisa* e não vacilar, mantendo a mente no nosso objetivo.

Esses são ensinamentos maravilhosos para todos aqueles que estão no Caminho da Mão Esquerda – e esse é o caminho certo para aqueles que vivem uma vida espiritual ao invés de uma vida meramente social.

Outra estória de autoria de Chrétien é digna de nossa admiração: *Yvain*. Muito resumidamente, trata-se de uma estória de alguém que encontra sua alma gêmea, mas é forçado a voltar para a vida social, perdendo-a. Em seguida volta para encontrá-la e unir os dois mundos – o mundo do amor e o da sociedade. Esse era um problema muito difícil naquele tempo, e ainda é sentido de forma dolorosa nos nossos tempos: como integrar nosso *Amor* com nossas responsabilidades.

## A Renascença e a Deusa

No século XV, no auge da Renascença italiana – tempo de Cosme de Médici, patrono dos filósofos e artistas – chegou a Florença um padre bizantino que trazia consigo a cópia de um manuscrito grego chamado *Corpus Hermeticum*. Eram escritos herméticos do Período Clássico tardio que datavam da mesma época do nascimento do cristianismo: os primeiros três séculos da era cristã.

Cosme pediu a Marsílio Ficino que traduzisse esse texto grego para o latim. No instante em que os filósofos e artistas de Florença tomaram conhecimento desse texto, houve uma fantástica proliferação de arte simbolista. Os florentinos perceberam que a simbologia da tradição cristã e a simbologia da tradição clássica hermética eram as mesmas, mas em versões diferentes: uma concretizava os símbolos, e a outra os abria revelando seus significados.

Botticelli é um luminar dessa vertente, e a pintura de Ticiano representa figuras clássicas e personagens cristãos como portadores da mesma mensagem. A grande arte desse período surge daquela percepção, e nela termina a possibilidade de excluir o cristianismo do contexto mundial e da revelação religiosa.

A união dessas duas tradições – a clássica e a cristã – é a inspiração que, a partir do século XV, permeia a Renascença até o Barroco.

Segundo uma lenda preservada na obra *Prometeu acorrentado*, de Ésquilo, a atormentada ninfa Io, quando libertada de Argos por Hermes, foge para o Egito em forma de vaca. Ali, segundo uma lenda posterior, ela recobra sua forma humana e dá à luz um filho identificado como Serápis, e fica conhecida como a deusa Ísis. Pinturicchio (1454-1513), mestre da Úmbria, é autor de uma versão renascentista do resgate de Io pintada em 1493 na parede da chamada Sala Bórgia do Vaticano, a pedido do papa Alexandre VI, um Bórgia (fig. 147).

Pinturicchio mostra a ninfa resgatada, já na qualidade de Ísis, ministrando uma aula, com Hermes Trismegisto à sua direita e Moisés à sua esquerda. A mensagem implícita é a de que as duas vertentes são dois modos de interpretar uma única e grandiosa tradição eterna; ambas emergem da boca e do corpo da Deusa. Esta é a manifestação máxima de afirmação da Deusa. E eis que a encontramos nas paredes do Vaticano: o mesmo ensinamento é partilhado pelos profetas hebreus e pelos sábios gregos através dos tempos, e ele deriva não do Deus de

Moisés,[17] mas da Deusa, de quem se diz, nas palavras de seu iniciado mais ilustre, Lúcio Apuleio (nascido em cerca de 125 da nossa era):

> Eu sou ela, que é a mãe natural de todas as coisas, amante e governadora de todos os elementos, progênie inicial dos mundos, chefe dos poderes divinos, rainha de todos os que habitam os infernos, diretora daqueles que vivem no céu, manifestação solitária e sob uma única forma de todos os deuses e deusas. Segundo minha vontade, estão dispostos os planetas do céu, os salutares ventos marítimos e os lamentáveis silêncios do inferno; meu nome, minha divindade é adorada por todo o mundo, de diversas maneiras, em costumes variados e sob muitos nomes.

Figura 147. *Ísis com Hermes Trismegisto e Moisés*.
Afresco, Renascença, Vaticano, 1493.

Os frígios, que são os primeiros homens, chamam-me Mãe dos deuses de Pessino; os atenienses, que nasceram de seu próprio solo, Minerva Cecrópia; os cipriotas, que são a franja do mar, Vênus Páfia; os cretenses, armados com flechas, Diana Dictynna; os sicilianos, que falam três idiomas, Proserpina infernal; os eleusianos, sua antiga deusa Ceres; alguns chamam-me Juno, alguns Belona, outros Hécate, outros Ramnúsia, principalmente os dois tipos de etíopios, que vivem no Oriente e são iluminados pelos raios matutinos do Sol; e os egípcios, excelentes em todas as doutrinas antigas e em suas próprias cerimônias acostumados a adorar-me, chamam-me pelo meu verdadeiro nome, Rainha Ísis.[18]

Figura 148. Orfeu, o salvador.
Pedra entalhada, Império Romano tardio, Itália, século III.

Nas profundezas das catacumbas dos primeiros cristãos, em Roma, encontrou-se um entalhe (fig. 148). No lugar em que se esperaria ver a figura de Cristo, está a representação de Orfeu, o pescador, que ecoa a admoestação de Cristo: "Eis que os farei pescadores de homens". Nessa peça, Orfeu toca sua lira, ou seja, a harmoniosa música das esferas. Vemos o leão e a ovelha deitados juntos, como que a dizer que o leão comerá a ovelha, sim, mas que tudo está bem – eles participam do harmonioso ciclo do universo; os modos da natureza não foram alterados nem mudarão no futuro, mas podemos compreender a verdade subjacente. Orfeu está no centro, harmonizando a natureza.

Por toda a volta, temos cenas do Antigo e do Novo Testamento. Vemos o carneiro, animal dos sacrifícios judaicos; o touro, animal sacrificado pelos pagãos. É uma imagem completamente sincrética que mostra a conjunção de figuras pagãs, do Antigo e do Novo Testamento: Moisés tira água da rocha, Jesus ressuscita Lázaro; Davi prestes a matar Golias; Daniel na cova dos leões, sem medo de seus dentes. A mensagem comunica a compreensão de que esses distintos testemunhos não passam de transformações locais de uma única e grandiosa mensagem espiritual.

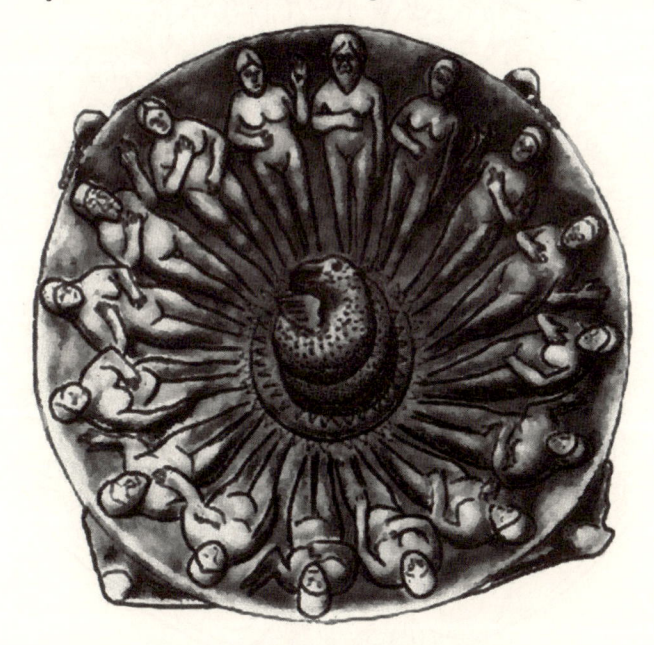

Figura 149. Taça da serpente.
Alabastro entalhado, proveniência desconhecida, século II ou III.

Na figura 149, temos outra taça do mesmo período da taça de Pietroasa. As doze pessoas estão nuas, como as Graças diante da serpente alada de Hermes, deus que guia as almas à imortalidade. O culto da nudez associado à experiência paradisíaca de deixar para trás os modos mundanos é uma prática que remonta a tempos imemoriais.

A parte de baixo da taça mostra os ciclos das esferas, portanto, essas pessoas estão no âmbito das Musas e da luz de Apolo. Vemos os guardiões das quatro direções, e há tantas colunas quantos dias num mês. Assim, na parte externa da taça temos o tempo, mas na parte de dentro está a eternidade. As mulheres estão em pé na postura da Vênus de Médici, mas embora a Vênus de Médici seja apresentada numa atitude pudica, guardando os seios e os genitais, aqui ela os aponta, representando poder. O homem está com a mão no peito numa atitude de veneração diante da serpente.

Figura 150. Cálice eucarístico.
Pedra entalhada, Império Bizantino, Grécia, século XIII.

Na figura 150, temos novamente dezesseis figuras circundando o centro dessa peça do mosteiro de Monte Atos, na Grécia. Aqui, em vez da donzela do Graal segurando o cálice, temos a própria Maria com a criança nos braços – tal é seu significado no mundo bizantino. Aqui a criança repousa no seio da Virgem, mas olha para fora, enquanto os anjos espalham incenso. Ela é como o trono de Ísis, e ele como o faraó: uma grande imagem de mulher suportando o universo.

Figura 151. Orfeu Báquico crucificado.
Sinete cilíndrico, Império Bizantino, Grécia, c.300.

Conteúdos cristãos e pagãos se combinam nessa pequena peça da figura 151, intitulada Orfeu Báquico. Nela vemos Orfeu crucificado, com a Lua crescente e as sete estrelas dos estágios celestes acima dele.

"As sete estrelas representam as Plêiades, conhecidas na Antiguidade como Lira de Orfeu, e a cruz lembra, além da cruz cristã, as principais estrelas da constelação de Órion, também conhecida como de Dionísio. A Lua crescente simboliza a Lua que eternamente cresce e eternamente míngua, e por três dias escurece, como Cristo, que ficou três dias no túmulo."[19]

Figura 152. Crucificação. Gravura, Alemanha, c.1495-1498.

Na figura 152, vemos a representação da crucificação, de Albrecht Dürer, na qual o Sol e a Lua estão juntos. Trata-se de uma reiteração do tema que mencionei anteriormente: a consciência lunar envolvida no campo do tempo e do espaço e a consciência solar desengajada são uma só consciência.

Ao percebermos isso, é possível que surja o seguinte questionamento: "Quem sou eu?" A resposta não é "Sou este veículo, o corpo", mas antes "Sou a consciência". E quando se consegue migrar para a consciência solar, é possível abrir mão do corpo com gratidão. Portanto Cristo abre mão de seu corpo e segue para o Pai. Pai e Filho são análogos à décima quinta noite da Lua, em que o Sol está se pondo e a Lua surgindo exatamente no mesmo momento. Eles se olham, um de cada lado do mundo, e a Lua então míngua apenas para ressurgir de novo.

A água da vida imortal brota do lado perfurado daquele que deu seu corpo. O crânio do velho Adão é lavado no sangue do Salvador e assim é redimido. Dürer reúne o velho Adão, o novo Adão, a água da vida imortal e os calendários lunar e solar numa mesma imagem simbólica.

Essa é, em última instância, a estória dos mistérios, que entraram na tradição cristã a partir do antigo sistema pagão. Acredito que o cristianismo é muito mais grego que hebraico. O tema do nascimento virginal é totalmente alheio ao judaísmo tradicional, mas totalmente natural na tradição clássica. O pombo pertence a Maria, o cisne pertence a Leda, e o nascimento do Cristo ou o nascimento de Helena – a mais bela e gloriosa representação do corpo e espírito humanos jamais vista –, tudo isso é uma única grande mitologia. Os pensadores gnósticos e herméticos do início da era cristã compreendiam isso e o expressavam nas taças e mosaicos do período.

Voltando nove mil anos, até o advento da agricultura no Oriente Próximo e na Europa Antiga, vimos a tradição do poder da Deusa e de seu filho que morre e ressuscita – ou seja, somos nós que nascemos dela, voltamos a ela e repousamos nela. Essa tradição foi perpetuada através dos cultos da antiga Mesopotâmia, Egito, até o mundo clássico, que por fim entrega a mensagem ao ensinamento cristão.

Em 1493 um homem chamado Franchino Gaffurio publicou, num livro intitulado *Practica Musicae*, o desenho (fig. 153) que conta toda a estória iconográfica clássica da transformação da alma e dos estágios da iluminação.[20]

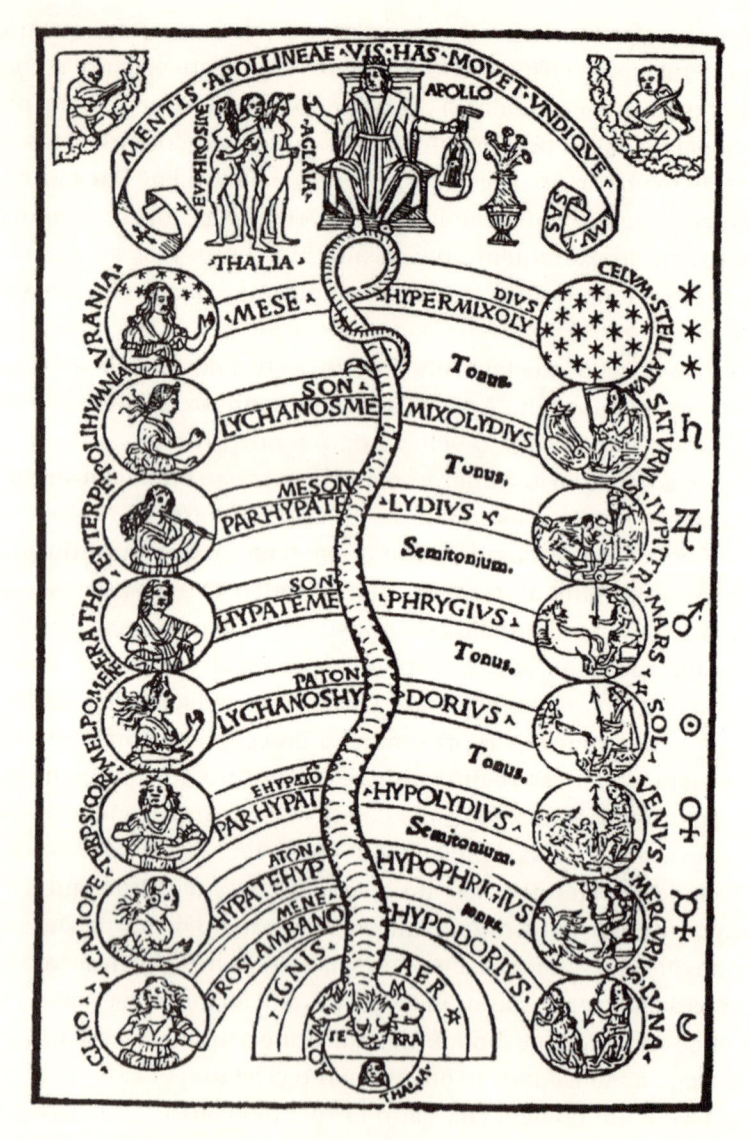

Figura 153. *Practica Musicae*. Livro impresso, Renascença, Itália, 1496.

Apolo está sentado no alto e as três Graças dançam a seu lado. Em sua mão está a lira que toca a música do universo, e ao lado está aquele vaso da abundância. A inscrição sobre a cabeça de Apolo diz: "A energia da mente apolínea se move em todo lugar através das musas". Esta é a energia da mente iluminada. As Musas são inspiradoras da sabedoria espiritual, e a fonte de sua energia são as Graças. As Graças estão desnudas, pois sua nudez representa o despir-se das limitações da roupagem de tempo e espaço; mas as Musas, que representam a mensagem desta verdade nua no mundo, estão vestidas nas formas do mundo. No campo do tempo, o mistério está vestido, enquanto na esfera do eterno, ele está despido.

As Graças são os três aspectos de Afrodite, que é a deusa primordial relacionada a Apolo – ela é sua *śakti* – e as Graças são suas inflexões como forças móveis da energia do mundo. Eufrosina é a Graça que representa a radiância que se projeta para o mundo através das qualidades das nove Musas. Aglaia, cujo nome significa "esplendor", representa a energia que retorna à deidade. Tália, cujo nome significa "abundância", une as duas. Esse é o processo de manifestação no mundo da radiância da consciência apolínea.

A figura central é a grande serpente cuja cauda é Cérbero, cão de três cabeças que guarda o inframundo. Tália é também o nome da nona Musa. Portanto, ela está ao mesmo tempo abaixo da cabeça de Cérbero e entre as outras duas Musas acima. Seu nome é Tália Silenciosa quando está abaixo do limiar da Terra. Por que não a escutamos? Porque temos medo das três cabeças do cão, que são o mesmo que as três bestas que ameaçaram Dante quando ele estava no caminho da floresta escura no meio de sua vida. A cabeça central é a de um leão; ela representa o fogo solar – a chama ameaçadora do hoje, do presente, e o medo de ceder ao presente. Tentaremos nos agarrar ao que fomos, ou nos deixaremos queimar pelo presente a fim de nos tornarmos algo diferente?

Em geral vivemos o presente em termos do passado. A aventura consiste em nos abrirmos totalmente e fazermo-nos vulneráveis àquilo que o momento tem reservado para nós – algo que pode desmontar o que pensávamos sobre nós mesmos e revelar uma nova perspectiva sobre o que poderíamos nos tornar. Por não aceitarmos a mordida da morte, deixamos de ouvir a canção do universo, e por isso Tália está silente. A cabeça à esquerda do leão é a de um lobo, e representa o medo relacionado à passagem do tempo. O futuro nos rouba o que temos. Dante chama isso de *abaras*: aquilo que toma de nós o que temos enquanto tentamos nos agarrar a estas mesmas coisas, gesto que nos impede de nos entregarmos ao futuro. Por medo dessa experiência, nos retraímos, e esse medo é representado pelo lobo.

O animal à direita é um cachorro, representante do desejo e da esperança em relação ao futuro. Quando nos agarramos ao ego, fazemos isso por medo ou desejo, e o objetivo dessa iniciação é cancelar os dois. Aquilo que nos prende ao passado, ao presente e ao futuro nos amarra ao ego. É esta a mensagem da serpente que morde o tendão de Aquiles de Peleu (fig. 139): "Permita que a serpente da morte morda seu calcanhar, ouça a canção do universo e depois as Musas cantando". Quando morremos para o ego e para a consciência racional, abrimo-nos à intuição ou, em outras palavras, passamos a escutar a canção da Musa. Aí temos, novamente, o poder do feminino.

A estória da *Bṛhadāraṇyaka Upaniṣad* que lhes contei acima mostra como *brahman,* o Ser Universal, não sabia de si mesmo. Ele simplesmente era. Quando ele disse "eu" *(ātman),* no mesmo instante sentiu medo.

Ainda assim, *ātman* ponderou: "Do que terei medo se não há nada nem ninguém além de mim?" Mas no mesmo momento deu-se conta da solidão. Desejou que houvesse mais alguém ali, e encheu-se de desejo – isso é representado pelo cão. Com o surgimento do ego, vêm o medo e o desejo.

Quando o Buda se sentou sob a árvore do Ponto Imóvel, foi tentado pelas três filhas do deus da luxúria, o Senhor Kāma, e seus nomes eram Desejo, Satisfação e Arrependimento. Uma vez que o Buda não se identificara com o ego, mas com a consciência que constitui não apenas ele mesmo, mas também aquelas três, não caiu na tentação. Depois ele foi tentado a sentir medo do exército do Senhor Māra, ou Morte, e novamente não foi afetado, não se agarrou ao ego e passou à percepção de sua vida eterna.

Enquanto estamos aprisionados pelo ego, continuamos presos lá embaixo, sob as cabeças de Cérbero, e incapazes de ouvir a voz da vida eterna e da consciência do universo.

Assim que colocamos a cabeça na boca do leão, passamos a ouvir a canção da natureza. Portanto, Tália é a Musa da poesia bucólica, do lirismo do mundo natural que nos circunda: os cordeiros, leões, árvores, pradarias e montanhas.

Há uma passagem maravilhosa no livro de Knud Rasmussen[21] sobre os esquimós e xamãs que ele conheceu. Um desses xamãs, um senhor de idade chamado Najagneq, admitiu que inventara vários estratagemas e fantasmas mitológicos para afugentar seus vizinhos e mantê-los a uma distância segura.

CAPÍTULO 8 – AMOR

Rasmussen perguntou a ele: "Você finge dominar algum desses fantasmas? Acredita verdadeiramente em algum deles?"

Najagneq respondeu: "Sim, uma força que chamamos de Sila, que não pode ser explicada em poucas palavras. É um espírito muito forte, sustentador do universo, do clima, na verdade, de toda a vida sobre a Terra – tão poderoso que seu discurso ao homem não chega através de palavras normais, mas por meio de tempestades, nevascas, chuva, maremotos, de todas as forças que o homem teme; ou pelo brilho do Sol, do mar calmo, ou das crianças pequenas brincando inocentes sem nada compreender. Quando os tempos são bons, Sila não tem nada a comunicar à humanidade. Ele desaparece ocultando-se em seu infinito nada e se mantém longe enquanto as pessoas não violentam a vida e guardam o respeito por seu alimento diário. Ninguém jamais viu a Sila. Seu lugar de descanso é tão misterioso que ele permanece conosco e, ao mesmo tempo, se mantém infinitamente distante".

E Najagneq continua: "O habitante ou alma do universo nunca é visto; somente ouvimos sua voz. Tudo quanto sabemos é que sua voz é suave, como a de uma mulher, uma voz tão refinada e gentil que mesmo as crianças não a temem. E o que ela diz é isto: *Sila ersinarsinivdluge,* 'Não tenhais medo do universo' ".[22]

Cada uma das nove musas está associada a uma das esferas celestes e terrenas tal como classificadas no sistema ptolomaico. Assim como Dante, ao sair da Terra para voar até a Lua, devemos nos mover pelas esferas dos elementos terrenos – terra, água, ar e fogo – para chegar à primeira Musa e ao primeiro corpo celestial: a Lua. Selene, a Lua, está associada à arte de Clio, musa da história e do registro histórico. A Lua é o planeta que movimenta as marés da vida, as marés do oceano, as marés do ciclo menstrual e, consequentemente, é o poder que constitui a história. A seta que Selene empunha na esfera lunar aponta para baixo – para nós na Terra e sua história –, ao passo que o caduceu de Hermes aponta para cima, dirigindo-nos às alturas espirituais.

Mercúrio (Hermes) traduz a experiência do mundo fenomênico na experiência da radiância do princípio eterno. Esta é a arte de Calíope, musa da poesia épica, que traduz a história em mitos. A poesia épica da história é transformada em revelação, a história se torna lenda. A Terra, a Lua e Mercúrio, respectivamente, representam a voz do planeta, a voz da história e por fim o reconhecimento do princípio espiritual neles. Essa é a primeira das três tríades celestiais.

A próxima tríade consiste de Vênus, Sol e Marte. A musa de Vênus (Afrodite) é Terpsícore, musa da dança. Lembremo-nos dos amantes de Afrodite: Ares e Hermes – guerra e amor. Eis o centro trágico. A musa do Sol é Melpômene, musa da tragédia e da poesia trágica. Através da tragédia esmagamos o ego e rompemos em direção do êxtase. O que é tragédia senão a trituração dos personagens principais no drama? E o êxtase da tragédia é a libertação do aprisionamento à personalidade histórica. A musa de Marte (Ares) é Erato, e sua arte é a poesia erótica. Essa segunda tríade é a transição, através da porta do Sol, para a alta esfera da experiência puramente espiritual. Nessa tríade temos a dança da tragédia, seus aspectos eróticos e o momento trágico em si.

Assim somos libertados do jugo da matéria e da Terra e chegamos à tríade mais alta: Júpiter (Zeus), senhor que governa o mundo, Saturno (Cronos), aquele que nos isola e levanta pelo ascetismo até a mais alta esfera, e depois até aquela das estrelas fixas, que representam a estabilidade ordenada, imutável. Chegamos a Zeus, senhor dos deuses, e aqui a musa é Euterpe, aquela que toca flauta. Para mim esse foi o mistério mais surpreendente, a linda pureza do som da flauta. É puro, límpido e, de fato essa é a esfera desse tipo de pureza. Ao chegar a Cronos, encontramos Polímnia, musa do canto coral sagrado. Cronos, Senhor do Tempo, é senhor do ascetismo e, com sua foice, nos separa de tudo – assim como nas esferas inferiores o Sol nos separa das nossas preocupações terrenas, Cronos nos afasta até do eterno. Coloquem sua mente no transcendente último através de Polímnia, musa do canto coral sagrado.

Por fim temos o empíreo último – o céu das estrelas fixas – e aí encontramos Urânia, musa da astronomia. À medida que ascendemos, vemos um aumento do espiritual e um decréscimo do peso da matéria.

Somos levados então aos pés do Senhor da Luz – Febo Apolo –, cuja energia forma as Graças. Eufrosina, o êxtase, envia a energia para baixo; Aglaia, o esplendor, traz a energia de volta, e Tália, a abundância, une as duas.

Traduzindo isso para a teologia cristã, as Graças e seus três poderes se tornam masculinos: Deus Pai, Deus Filho e Espírito Santo. O Pai, que abraça o Filho e o Espírito Santo; o Filho, que por amor desce ao mundo para partilhar seu sofrimento e invocar nossa participação em sua agonia para que nossa mente seja levada à relação com o divino mistério que constitui todas as coisas; e depois o Espírito Santo, que nos leva de volta ao Pai. A definição da Trindade é esta: três pessoas divinas em uma divina substância para que ela se torne a substância da vida.

Nas Graças temos o oposto: um aspecto móvel representa a dinâmica feminina, correspondente à *śakti* indiana, que derrama seu ritmo para dentro de nós através da poesia das Musas – e a energia básica de tudo é a de Apolo, o Senhor da Luz. A escala que aparece na imagem de Gaffurio representa as notas conhecidas como tetracorde conjunto, que chamamos de escala em lá menor: hipodório, hipofrígio, hipolídio, dório, frígio, lídio, mixolídio e hipomixolídio, que são os nomes gregos das notas.

É o que se tem a dizer sobre Apolo: a radiância do deus fulge primariamente através das Graças, que se manifestam pela inspiração das artes, e as Graças não podem ser recebidas até que se cancele o ego colocando-se a cabeça na boca do leão.

## Decolagem

O florescimento ocorrido do século XII até o XV marca o nascimento da mentalidade moderna e sua ênfase no indivíduo como pessoa peculiar e especial. Durante séculos essa mentalidade abriu a jornada do herói, primeiro aos homens, e agora também para as mulheres. Pela primeira vez, todas as mulheres têm a oportunidade de encontrar seu próprio caminho, de assumir seu próprio papel – não apenas como Mulher, mas como *esta* mulher, *esta* personalidade. No passado, as mulheres estavam presas a meras tarefas biológicas e sociais; elas estavam grávidas na maior parte do tempo e tinham de cuidar dos filhos. Tinham igualmente as pesadas tarefas sociais de cuidar da casa, preparar a comida, a vestimenta e tudo mais.

Hoje as mulheres não precisam assumir tudo isso. Elas têm espaço para desenvolver pessoalmente sua individualidade, como os homens tiveram a liberdade de o fazer por séculos. Foi justamente a liberação da personalidade que colocou os homens na posição dominante – não foram os músculos nem outra coisa do gênero. Os homens não ficaram tão irrevogavelmente presos ao seu papel natural.

Penso, como Nora (protagonista da peça de Ibsen *A Casa de Bonecas* ) quando foi embora, que é a personalidade da mulher individual que vai se encontrar, que os papéis não mais serão apenas os papéis clássicos.

Fui professor numa escola de mulheres durante quase quatro décadas. Como dizia a minhas alunas: tudo o que posso lhes ensinar sobre mitologia é aquilo que os homens vêm afirmando e vivenciando. Agora as mulheres devem nos contar do ponto de vista delas quais são as possibilidades do futuro feminino. E é um futuro – é como se a decolagem já tivesse acontecido. Não há dúvida nenhuma quanto a isso. Tive muito prazer, enquanto docente no Sarah Lawrence todos esses anos, em dar aulas não para uma sala de desconhecidas, mas em ter tido a oportunidade de travar conferências interpessoais com uma mulher após outra. O senso de individualidade que adquiri com essa experiência é algo que faz com que toda a conversa sobre mulheres e homens perca o sentido para mim. Há algo que o mundo ainda não chegou a reconhecer no feminino, algo que ainda estamos esperando para ver.

Repetindo mais uma vez o antigo mote de Goethe: "O eterno feminino / nos leva adiante". Eu, tendo sido conduzido pelo eterno feminino por 38 anos, observo que ele segue adiante como uma força autônoma e me recolho a um papel de observador mais do que professor, admirando a maravilha da ascensão da Deusa ao céu.

Apêndice

# Prefácio à obra *A Linguagem da Deusa*, de Marija Gimbutas[1]

Jean-François Champollion decifrou a Pedra de Roseta um século e meio atrás e conseguiu estabelecer um glossário de hieróglifos que serviram de chave para o grande tesouro do pensamento religioso egípcio de cerca de 3200 a.C. até o Período Ptolomaico. Da mesma forma, Marija Gimbutas reuniu, classificou e fez a descrição interpretativa de cerca de dois mil artefatos simbólicos colhidos nos sítios arqueológicos de vilas neolíticas da Europa de *c.*7000 a 3500 a.C. Assim ela pôde não apenas construir um glossário fundamental de motivos pictóricos para servir de chave para a mitologia de uma era sem outras fontes documentais, mas logrou também estabelecer, com base nesses sinais interpretados, as linhas mestras e temas de uma religião de veneração do universo como corpo vivo da Deusa Mãe Criadora e também de todas as coisas vivas nele contidas como partícipes de sua divindade.

De imediato se percebe que essa era uma religião totalmente contrastante daquela de Gênesis 3:19, em que Adão ouve de seu Pai Criador: "Com o suor de teu rosto comerás teu pão até que retornes ao solo, pois dele foste tirado. Pois tu és pó e ao pó tornarás". Naquela mitologia mais antiga, a terra da qual todas as criaturas nasceram não é pó, mas está viva como a própria Deusa Criadora.

Na biblioteca do pensamento europeu, o primeiro reconhecimento de uma tal ordem matrística de pensamento e vida – que antecede e subjaz as formas históricas tanto da Europa quanto do Oriente Próximo – aparece em 1861 no livro intitulado *Das Mutterrecht* [O Direito Matrilinear], de Johann Jakob Bachofen, onde se demonstra que, nos códices do Direito Romano, há formas vestigiais de uma ordem matrilinear de herança. Dez anos antes, nos Estados Unidos, Lewis H. Morgan publicara *The League of the Ho-dé-no-sau-nee, or Iroquois*, relatório de dois volumes sobre uma sociedade na qual o princípio do "Direito Matrilinear" ainda era reconhecido. Mais tarde, numa revisão minuciosa dos sistemas de parentesco por toda a América e Ásia, ele demonstrou a existência de uma presença quase mundial dessa ordem pré-patriarcal de ordenamento da vida comunitária. O reconhecimento por parte de Bachofen, em 1871, da relevância do trabalho de Morgan no tocante à sua própria pesquisa marcou a revelação: a de que um fenômeno sociológico tido como exclusivamente europeu era na verdade uma visão planetária. Portanto, é preciso reconhecer na reconstrução de Marija Gimbutas de *The Language of the Goddess* [A Linguagem da Deusa] uma gama muito mais ampla de significado histórico do que meramente aquele circunscrito à Europa Antiga, do Atlântico ao Dnieper, entre cerca de 7000 e 3500 a.C.

Além disso, em comparação com as mitologias das tribos pastoris indo-europeias, que, uma onda após a outra, varreram a região da Europa Antiga desde o quarto milênio a.C., e cujos panteões dominados pelo masculino refletiam os ideais sociais, as leis e os objetivos políticos das unidades étnicas às quais pertenciam, a iconografia da Grande Deusa se ergueu refletindo e venerando as leis da natureza. Isso está espelhado no léxico de escrita pictórica que Gimbutas coligiu a partir daquele esforço primevo da humanidade de compreender e viver em harmonia com a beleza e o maravilhamento diante da Criação. A obra de Gimbutas deixa entrever em termos simbólicos arquetípicos uma filosofia de vida humana que diverge em todos os aspectos dos sistemas manipulados que têm prevalecido no Ocidente nos nossos tempos históricos.

## Apêndice – Prefácio à obra Linguagem da Deusa, de Marija Gimbutas

Não se pode deixar de sentir que a publicação desta obra bem na virada do século venha carregada de evidente relevância no tocante à necessidade, hoje universalmente reconhecida, de uma transformação geral da consciência. A mensagem aqui contida é de uma era real de harmonia e paz em consonância com as energias criativas da natureza, era que precedeu em cerca de quatro mil anos pré-históricos os cinco mil anos daquilo que James Joyce chamou de "pesadelo" (de interesses tribais e nacionais em guerra), pesadelo do qual já é mais do que tempo de este planeta despertar.

# Estudos da Deusa

## Leitura Essencial

Esta breve enumeração é composta de obras que considero fontes básicas para o estudo das tradições da Deusa no âmbito da mitologia e psicologia profunda. Os livros citados abaixo são acadêmicos em sua expressão e cobrem da arqueologia aos estudos clássicos, incluindo história cultural, mitologia, psicologia profunda e estudos do feminino – todos orientados para o estudo da Deusa. O próprio Campbell se baseava em alguns desses autores, como o leitor verificará nas notas deste volume, ao passo que outros teriam integrado a biblioteca de Campbell se tivesse ele vivido o suficiente para conhecê-las.

Safron Rossi, Ph.D.

BARING, Anne; CASHFORD, Jules. *The Myth of the Goddess: Evolution of an Image* [O mito da Deusa: evolução de uma imagem]. London: Arkana, 1993.
Excelente e abrangente introdução à história e à mitologia das deusas. Essa obra traz uma síntese de arqueologia, história da arte, estudos da religião e psicologia profunda pertinente ao assunto.

DEXTER, Miriam Robbins. *Whence the Goddesses: A Source Book* [Daí a Deusa: um guia]. New York: Teachers College Press, Columbia University, 1990.

Esse estudo explora a história das deusas da Europa Antiga e do Oriente Próximo através da mitologia e da prática dos cultos religiosos. Contando com excelentes traduções de fontes primárias do material mitográfico, o autor oferece uma leitura rica e profunda comparando a história das deusas das culturas indo-europeias.

DOWNING, Christine. *The Goddess: Mythological Images of the Feminine* [A Deusa: imagens mitológicas do feminino]. Bloomington, Indiana: Author's Choice Press, 2007.

Uma reflexão contemporânea psicológica e feminista sobre as deusas gregas em relação à vida da autora. Essa obra oferece leituras rigorosas e profundas das fontes mitológicas, culturais e religiosas.

GIMBUTAS, Marija. *The Language of the Goddess* [A linguagem da Deusa]. San Francisco, California: Harper & Row, 1989.

A obra de Gimbutas foi revolucionária para a arqueologia e a história cultural. Campbell se baseava quase inteiramente em sua obra para uma série de conferências que aparecem nos capítulos deste livro atinentes aos períodos Paleolítico e Neolítico. O trabalho de Gimbutas, que ela chamava de "arqueomitologia", tinha seu foco na Europa Antiga do Neolítico, cultura anterior à incursão dos povos e idiomas indo-europeus no território europeu. A obra é ricamente ilustrada, conta com prefácio de Campbell e consiste numa análise dos símbolos e estatuetas neolíticas da Europa Antiga, reveladoras da mitologia da Grande Deusa e de uma estrutura social igualitária.

HARRISON, Jane Ellen. *Prolegomena to the Study of Greek Religion* [Prolegômenos ao estudo da religião grega]. Cambridge, England: The University Press, 1903; Princeton, New Jersey: Princeton University Press, 1991.

Esse foi um livro importante para os estudos de Campbell sobre a tradição mitológica grega. Harrison foi uma das primeiras acadêmicas a estudar a mitologia e a religião pré-olímpicas dos gregos. Esse volume permanece indispensável na compreensão tanto da história das deusas na mitologia grega como da vida religiosa da Grécia arcaica.

KERÉNYI, Carl. *The Gods of the Greeks* [Os deuses dos gregos]. London: Thames and Hudson, 2002.

    Campbell se baseava na obra desse estimado e importante classicista, que cobre uma ampla gama da cultura, história e mitologia gregas. Trata-se de uma elegante recontagem de muitos mitos gregos. Serve como excelente fonte inicial e contém citações das fontes primárias para pesquisas futuras.

KINSLEY, David. *The Goddesses' Mirror* [O espelho das deusas]. Albany, New York: State University of New York Press, 1989.

    Estudo acadêmico das deusas do Oriente (Índia e Leste Asiático) e do Ocidente (Oeste Asiático e Europa). O autor explora a importância das deusas através de seus contextos culturais, bem como através de sua presença nas fontes tanto elitárias como populares das tradições religiosas.

MONAGHAN, Patricia. (Ed.). *Goddesses in World Culture* [Deusas na cultura mundial]. Santa Barbara, California: Praeger, 2010.

    São três volumes de ensaios de vários acadêmicos que reúnem as mitologias e as tradições religiosas de mais de uma centena de deusas em inúmeras culturas do globo.

MONAGHAN, Patricia. (Ed.). *Encyclopedia of Goddesses and Heroines* [Enciclopédia de deusas e heroínas]. Novato, California: New World Library, 2014.

    Trata-se de uma versão resumida da coleção de três volumes citada acima.

PARIS, Ginette. *Pagan Meditations* [Meditações pagãs]. Dallas: Spring Publications, 1989.

    Baseado nos estudos clássicos, na psicologia profunda e em questionamentos culturais contemporâneos, incluindo o feminismo, esse livro explora as tradições e mitos de Ártemis, Afrodite e Héstia ou Vesta. A autora emprega a perspectiva investigativa da psicologia arquetípica para mostrar como tais deusas vivem em nossa psique individual e coletiva.

# Notas

[Os comentários do editor estão entre colchetes. Referências à obra de Campbell estão abreviadas para maior simplicidade. As referências completas podem ser encontradas na Bibliografia de Joseph Campbell, que segue.]

## INTRODUÇÃO

1. [Originalmente publicado em *Parabola* 5. November, 1980.]
2. SHAKESPEARE, William. *Macbeth*, I.5, l. 41.
3. TURNBULL, Colin. *The Forest People: A Study of the Pygmies of the Congo*. (New York: Anchor Books, 1962).
4. [O exame desses centros agrários e suas mitologias foi tema central da obra de Campbell intitulada *Historical Atlas of World Mythology*, vol. 2, *The Way of the Seeded Earth*.]
5. *Chāndogya Upaniṣad* 5.3-10
6. KING, Leonard William. *Chronicles Concerning Early Babylonian Kings*. (London, 1907), vol. 2, p. 87-91.
7. *Enuma elish*. Tábuas de I a VI.57. Disponíveis em www.sacred-texts.com/ane/enuma.htm
8. FREUD, Sigmund. *Moses and Monotheism* (New York: Alfred A. Knopf, 1939), p. 111 e seguintes.

## CAPÍTULO 1

1. [Esse capítulo se baseia primariamente numa conferência de um dia dentro de um simpósio mais amplo intitulado "Mitos e Mistérios da Grande Deusa", que Campbell proferiu em La Casa de Maria, em Santa Bárbara, Califórnia, Estados Unidos, em 6 de abril de 1983. Essa palestra foi intitulada "As Deusas da Era Neolítica" (L1153). Os números das palestras nestas notas correspondem

a registros mantidos pela Joseph Campbell Foundation (www.jcf.org). As gravações e as transcrições são mantidas em Opus Archives (opusarchives.org). As notas, como a presente, marcadas entre colchetes são comentários do editor. As referências não são apresentadas assim.]
2. FROBENIUS, Leo. *Atlantis,* vol. 1, *Volksmärchen der Kabylen* (Jena: Eugen Diederich, 1921), p. 14-15.
3. [Vide Campbell, *Historical Atlas of World Mythology,* vol. 1, pt. 1, p. 51-79.]
4. [Vide Campbell "Renewal Myths and Rites", *The Mythic Dimension.*]
5. GIMBUTAS, Marija. *The Language of the Goddess* (San Francisco: Harper & Row, 1989), p. 141.
6. MARSHACK, Alexander. *The Roots of Civilization* (New York: McGraw-Hill, 1972), p. 283.
7. GIMBUTAS, Marija. *Goddesses and Gods of Old Europe, 6500-3500 B.C.: Myths and Cult Images* (Berkeley and Los Angeles: University of California Press, 1982), p. 201.
8. [Vide Campbell, "Renewal Myths and Rites", *The Mythic Dimension.*]
9. *Chāndogya Upaniṣad,* VI.8.7.
10. FRANKFORT, Henri; FRANKFORT, H. A.; WILSON, John A.; JACOBSEN, Thorkild. *Before philosophy: The Intellectual Adventure of Ancient Man,* (New York: Penguin, 1960).
11. JULIUS CAESAR. *The Gallic Wars.* Traduzido para o inglês por W. A. McDevitte e M. S. Bohn. (New York: Harper & Brothers, 1869). Disponível em classics.mit.edu/Caesar/gallic.html
12. SCHOPENHAUER, Arthur. *Über die Grundlage der Moral,* 1841. Disponível em archive.org/details/basisofmoralityooschoiala. [O título que Campbell dá é sua própria tradução do alemão. Esse ensaio é conhecido em português como "Sobre o Fundamento da Moral".]
13. Carta aos Gálatas 2:20.
14. SUZUKI, Daisetz Teitaro. *The Zen Doctrine of No-Mind: The Significance of the Sutra of Hui-Neng* (York Beach, Maine: Red Wheel/Weiser, 1972), p. 94.

## Capítulo 2

1. [Esse capítulo se baseia: em uma conferência intitulada "The Goddess in the Neolithic Age" (L1153) que Campbell proferiu em 1983 em La Casa de Maria durante um simpósio intitulado "Myths and Mysteries of the Great Goddess" (vide nota 1, capítulo 1); em duas palestras dadas num simpósio intitulado "Classical Mysteries of the Great Goddess 1 and 2", proferidas em 15 de janeiro de 1982, no Theater of the Open Eye em Nova York (L756-757); em uma palestra intitulada "Imagery of the Mother Goddess", proferida em 13 de agosto de 1976, no Theater of the Open Eye em Nova York (L601); em uma palestra intitulada "The Mythic Goddess", proferida em 18 de maio de 1972 (L445); e em anotações

para uma palestra não gravada encontrada nos arquivos de Campbell intitulada "Joseph Campbell: The Goddess Lecture/Abadie".]
2. [Vide Campbell, *Atlas*, vol. 2, para uma discussão mais profunda sobre esses centros agrários e sua difusão.]
3. SAUER, Carl. O. *Agricultural Origins and Dispersals* (New York: The American Geographical Society, 1952).
4. MELLAART, James. *Çatal Hüyük: A Neolithic Town in Anatolia*. (New York: McGraw-Hill, 1967).
5. GELB, Ignace J.; KIENAST, Burkhart. *Die altakkadischen Königsinschriften des-dritten Jahrtausends v.Chr.* (Freiburger altorientalische Studien 7. Wiesbaden: Steiner, 1990).
6. ALIGHIERI, Dante. *La Divina Commedia: Paradiso*. Traduzido para o inglês por Allen Mandelbaum (New York: Alfred A. Knopf, 1995), canto 33, linhas 1-21. [A versão em português foi adaptada de uma tradução de José Pedro Xavier Pinheiro.]
7. [Sobre mitologias de deusas solares, vide MONAGHAN, Patricia. *O Mother Sun!: A New View of the Cosmic Feminine* (Freedom, California: The Crossing Press, 1994).]
8. Campbell, *The Mythic Image*, p. 40.
9. [Vide Campbell, *Myths of Light*, para uma análise mais detalhada dessas figuras.]
10. GIMBUTAS, Marija. *The Language of the Goddess*, p. 187.
11. *Taittirīya Upaniṣad*, 3:10:6. Disponível em en.wikisource.org/wiki/Taittiriya_Upanishad.
12. HARRISON, Jane. *Prolegomena to the Study of Greek Religion* (Princeton, New Jersey: Princeton University Press, 1991). [Vide capítulo 1: Olympian and Chthonic Ritual.]
13. GIMBUTAS, *Goddesses and Gods*, p. 17.
14. ["Riane Eisler, em *O Cálice e a Espada* (1987), propõe o termo *gilania* –*gi* para o feminino e *an* para o masculino *(andros)*, com a letra 'l' fazendo a ligação entre as duas metades da humanidade – para designar uma estrutura social onde os dois sexos são tratados com equidade." (GIMBUTAS, *Language of the Goddess*, p. xx)]
15. Ibid.
16. [Citado em GASQUET, Joachim. *Cézanne: A Memoir with Conversations* (London: Thames and Hudson, 1991).]
17. GIMBUTAS, *Goddesses and Gods*, p. 211.
18. FRAZER, James George. *The Golden Bough* (New York: Simon & Schuster, 1996), p. 543-544.
19. [Para maiores detalhes sobre o mito de Hainuwele, vide Campbell, *As máscaras de Deus: mitologia primitiva*. São Paulo: Palas Athena, 2004, p. 147-150.]
20. PENDLEBURY, J. D. S. *A Handbook to the Palace of Minos at Knossos* (London: Max Parrish, 1954), p. 26.

21. BARING, Anne; CASHFORD, Jules. *The Myth of the Goddess: Evolution of an Image* (New York: Penguin, 1993), p. 127.
22. BARING e CASHFORD, *Myth of the Goddess*, p. 112.
23. *Bhagavad Gītā*, 2:22.
24. NEIHARDT, John G. *Black Elk Speaks* (Albany, New York: State University of New York Press, 2008), p. 33.
25. HUDRY, Françoise. *Liber Viginti Quattuor Philosophorum* (Turnhout, Belgium: Brepols 1997), 7.1-2. *[Liber viginti quattuor philosophorum*, [Livro dos vinte e quatro filósofos, O] atribuído a Hermes Trismegisto, é composto de 24 definições da natureza de Deus. Campbell traduziu neste livro a segunda: *"Deus est sphaera infinita cuius centrum est ubique, circumferentia nusquam".]*
26. SHAKESPEARE, William. *Hamlet,* ato 3, cena 2, linha 22.

## Capítulo 3

1. [Esse capítulo se funda primariamente numa palestra durante o simpósio de dois dias intitulado "Classical Mysteries of the Great Goddess", proferida em 15 de janeiro de 1982 (L757); e numa palestra intitulada "The Indo-European Goddess", proferida durante um simpósio de três dias que ocorreu de 4 a 8 de abril de1983 (L1155).]
2. *Kalidasa, Shakuntala and Other Works.* Traduzido para o inglês por Arthur W. Ryder (New York: E. P. Dutton & Co.; London: J. M. Dent and Sons, 1914). Disponível em www.sacred-texts.com/hin/sha/index.htm.
3. JONES, Sir William. "The Third Anniversary Discourse, on the Hindus", 1786. Disponível em www.utexas.edu/cola/centers/lrc/books/readT.htm.
4. [Campbell disse "onde a cortina de ferro cai", pois ele morreu dois anos antes da dissolução da União Soviética e do Pacto de Varsóvia em 1989.]
5. GIMBUTAS, Marija.*The Kurgan Culture and the Indo-Europeanization of Europe: Selected Articles from 1952 to 1993.* Miriam Robbins Dexter e Karlene Jones-Bley (Ed.). (Washington, D.C.: Institute for the Study of Man, 1997), p. 89-90.
6. [Vide Campbell, *As máscaras de Deus: mitologia primitiva,* p. 365.]
7. [Vide, por exemplo, BINTLIFF, John. *The Complete Archaeology of Greece: From Hunter-Gatherers to the 20th Century A.D.* (Chichester, England: John Wiley and Sons, 2003), p. 200.]
8. GIMBUTAS, *Goddesses and Gods,* p. 238.

## Capítulo 4

1. [Esse capítulo se baseia numa palestra intitulada "The Goddess in Crete and Sumer", proferida num simpósio de três dias, de 4 a 8 de abril de 1983 (L1154); numa palestra intitulada "The Mythic Goddess", proferida em 18 de maio de 1972 (L445); e na transcrição de uma palestra não gravada chamada "Great

Goddess", proferida em 21 de abril de 1983 na New School for Social Research, em Nova York.]
2. [Vide Campbell, "The Mystery Number of the Goddess", em*The Mythic Dimension,* onde ele explora em detalhe o desenvolvimento do pensamento numérico e suas implicações cosmológicas em várias mitologias.]
3. DELOUGAZ, P. "A Short Investigation of the Temple at Al-'Ubaid". (*Iraq* 5, 1938), p. 1-11.
4. [Vide CRAWFORD, Harriet. *Sumer and Sumerians,* 2nd ed. (Cambridge, England: Cambridge University Press, 2004), p. 80. Escreve ela: "Dos três templos conhecidos hoje, dois são dedicados a deusas, o de al-Hiba a Inanna e o de al-Ubaid a Ninhursag. Já se notou que a forma oval era específica de deidades femininas. O mais bem preservado dentre esses é o Templo Oval de Khafaje (Delougaz 1940)".]
5. BARING e CASHFORD, *Myth of the Goddess,* p. 190.
6. WOLKSTEIN, Diane; KRAMER, Samuel Noah. *Inanna: Queen of Heaven and Earth* (New York: Harper & Row, 1983), p. 146.
7. [Segundo Andre Parrot, que Campbell cita em *The Mythic Image* com referência a um desenho estendido do vaso de Warka, o tema é o culto à deusa Innin (fig. 50). Acredita-se que Innin seja uma variação suméria de Inanna, derivada de uma deusa mais antiga, *Nin-ana* ("senhora do céu"). Gelb (1960), contudo, discorda e alega que Innin é a raiz mais antiga do nome e uma deusa distinta. GELB, I. J. "The Name of the Goddess Innin". In: *Journal of Near Eastern Studies* 19, no. 2 (Chicago, Illinois: University of Chicago Press, April, 1960), p. 72-79.]
8. WOOLLEY, Sir Leonard. *Ur of the Chaldees* (Quebec, Canada: In Exile Publications, 2012).
9. [Vide Campbell, *Atlas,* vol. 2, pt. 1, p. 80.]
10. [Vide Campbell, *O herói de mil faces,* p. 107-110, 210-213.]
11. WOLKSTEIN e KRAMER, *Inanna,* p. 127.
12. [Tiamat é uma deusa primordial na mitologia babilônica. No épico babilônico de criação intitulado *Enûma Eliš,* ela dá à luz a primeira geração de deuses. Vide DALLEY, Stephanie. *Myths from Mesopotamia* (Oxford, England: Oxford University Press, 1989); e *Enûma Eliš: The Epic of Creation.* Traduzido para o inglês por L. W. King (London: Luzac and Co., 1902). Disponível em: sacred-texts.com/ane/enuma.htm.]
13. SHAKESPEARE, *Hamlet,* ato 1, cena 2, linha 129. [A palavra vista aqui como *sullied* [sujo] também já foi lida como *solid* [sólido]; assim como se vê das linhas seguintes do solilóquio, Hamlet (tal qual Shakespeare) parece estar fazendo trocadilhos.]
14. [Vide Campbell, *Mythic Image,* p. 23.]
15. [Vide SAUNERON, Serge. *The Priests of Ancient Egypt.* Traduzido para o inglês por David Lorton (Ithaca, New York: Cornell University Press, 2000).]

## Capítulo 5

1. [Esse capítulo se baseia primariamente numa palestra proferida por Campbell durante um simpósio de dois dias intitulado "Classical Mysteries of the Great Goddess IV" em 16 de janeiro de 1982 no Theater of the Open Eye em Nova York (L759); numa palestra intitulada "Building of Deities: Greek Pantheon", proferida em 14 de agosto de 1976, no Theater of the Open Eye em Nova York (L605); e em notas transcritas de uma palestra, talvez não gravada, disponível nos arquivos de Campbell intitulada "Joseph Campbell: The Goddess Lecture/Abadie".]
2. GOETHE, Johann Wolfgang von. *Fausto,* parte 2, linhas 12104-12105.
3. *Bṛhadāraṇyaka Upaniṣad,* 1.4.6.
4. BUDGE, E. A. Wallis. *The Papyrus of Ani,* book 10, "The Chapter of the Deification of the Members", (New York: Putnam, 1913). Disponível em archive.org/details /papyrusofanirepr01budg.
5. *Papyrus of Nesbeni,* chapter 64, "Chapter of the Coming Forth by Day in a Single Chapter" (London: British Museum Press, 2002) ll. 2-3.
6. [Para explorar integralmente a matemática e permutações mitológicas dos números 432 e 9, vide Campbell, "The Mystery Number of the Goddess", em *Mythic Dimension.*]
7. NILSSON, Martin P. *A History of Greek Religion.* Traduzido para o inglês por F. J. Fielden (New York: W. W. Norton & Co., 1964), p. 28-29.
8. *The Homeric Hymns.* Traduzido para o inglês por Charles Boer (Putnam, CT: Spring Publications, 2003), p. 4-6.
9. *The Hymns of Orpheus.* "Orphic Hymn I to Prothyraeia". Traduzido para o inglês por Thomas Taylor (Philadelphia: University of Pennsylvania Press, 1999). Disponível em http://www.theoi.com/Text/OrphicHymns1.html#1.
10. BARING e CASHFORD, *Myth of the Goddess,* p. 322.
11. GIEDION, S. *The Eternal Present: The Beginnings of Art* (Oxford, England: Oxford University Press, 1962), p. 212-20.
12. *Homeric Hymns,* p. 182.
13. NILSSON, *Greek Folk Religion* (Philadelphia: University of Pennsylvania Press, 1972), p. 79.
14. The Archive for Research in Archetypal Symbolism. Comentário sobre o registro 3Pa.063. Disponível em www.aras.org.
15. Campbell, *Mythic Image,* p. 287.
16. KERÉNYI, Carl. *Asklepios: Archetypal Image of the Physician's Existence.* Traduzido para o inglês por Ralph Manheim, Bollingen Series LXV.3 (New York: Pantheon Books, 1959), p. 50. [Citado em Campbell, *Mythic Image,* p. 287.]
17. [Vide FONTENROSE, Joseph. *The Delphic Oracle, Its Responses and Operations, with a Catalogue of Responses* (Berkeley and Los Angeles: University of California Press, 1981).]
18. [Campbell está parafraseando BUBER, Martin. *I and Thou.* Traduzido para o inglês por Ronald Gregory Smith (New York: Scribner, 2000).]

19. NIETZSCHE, Friedrich. *The Birth of Tragedy*. Traduzido para o inglês por Shaun Whiteside (London, England: Penguin Books, 2003). [Campbell faz aqui uma síntese da tese de Nietzsche.] [Edição em português: *O nascimento da tragédia*, São Paulo, Companhia das Letras, 2007.]
20. GOETHE, *Fausto*, parte 2, linha 6272.
21. *Homeric Hymns*, p. 87.
22. "The Homeric Hymn 5 to Aphrodite". Traduzido para o inglês por H. G. Evelyn-White. *Homeric Hymns* (Cambridge, Massachusetts: Harvard University Press, 1998), p. 421.
23. HARRISON, *Prolegomena*, p. 315-316.
24. BARING e CASHFORD, *Myth of the Goddess*, p. 313.
25. *Homeric Hymns*, p. 60-61.
26. *Homeric Hymns*, p. 137-38.

## Capítulo 6

1. [Esse capítulo baseia-se numa palestra intitulada "The Mythic Goddess", proferida em 18 de maio de 1972 (L445); numa palestra de um simpósio intitulado "Classical Mysteries of the Great Goddess I", proferida em 15 de janeiro de 1982, no Theater of the Open Eye em Nova York (L756); e numa palestra intitulada "Imagery of the Mother Goddess", proferida em 13 de agosto de 1976, no Theater of the Open Eye em Nova York (L601).]
2. BUTLER, Samuel. *The Authoress of the Odyssey* (Ithaca, NY: Cornell University Press, 2009).
3. HARRISON, *Prolegomena*, p. 293.
4. HARRISON, *Prolegomena*, p. 294.
5. GOETHE, p. 152.
6. NIETZSCHE, *Also Sprach Zarathustra*, "Auf den glückseligen Inseln", 1883. Disponível em www.zeno.org/Philosophie/M/Nietzsche,+Friedrich/Also+sprach+Zarathustra/Zweiter+Teil.+Also+sprach+Zarathustra/Auf+den+glückseligen+Inseln.
7. *Bhagavad Gītā*, 2:2.
8. *Bhagavad Gītā*, 2:23.
9. AESCHYLUS, *The Eumenides*. Traduzido para o inglês por Robert Fagles (New York: Penguin, 1977), p. 232-33.
10. HARRISON, *Prolegomena*, p. 216.
11. HARRISON, *Prolegomena*, p. 214.
12. [Vide XENOPHON, *Anabasis*, 7.8. Disponível em www.fordham.edu/halsall/ancient/xenophon-anabasis.asp.]
13. HOMER, *The Odyssey*. Traduzido para o inglês por Robert Fagles (New York: Penguin Classics, 1996) 10.428-40.
14. BUDGEN, Frank. *James Joyce and the Making of Ulysses*. (Oxford, England: Oxford University Press, 1972), p. 17.

## Capítulo 7

1. [Esse capítulo baseia-se numa palestra intitulada "The Mythic Goddess", proferida em 18 de maio de 1972 (L445); numa palestra de um simpósio intitulado "Classical Mysteries of the Great Goddess I", proferida em 15 de janeiro de 1982 no Theater of the Open Eye em Nova York (L756); e numa palestra intitulada "Imagery of the Mother Goddess", proferida em 13 de agosto de 1976, no Theater of the Open Eye em Nova York (L601).]
2. Evangelho de Tomé, 1.108. Traduzido para o inglês por Guillaumont, Puech, Quispel, Till e abd al Masih, *The Gospel According to Thomas: Coptic Text Established and Translated* (New York: Harper & Row, 1959).
3. I Reis 11:5.
4. Gênesis 3:22-24.
5. [Vide KERÉNYI. *Eleusis: Archetypal Image of Mother and Daughter*. Traduzido para o inglês por Ralph Manheim (Princeton, New Jersey: Princeton University Press).]
6. KERÉNYI, *Eleusis*, p. 54-55.
7. HARRISON, *Prolegomena*, p. 525.
8. [O hino canônico a Deméter e Perséfone está recontado em "Homeric Hymn to Demeter". Vide traduções para o inglês de Charles Boer ou H. G. Evelyn-White.]
9. GOETHE, *Fausto*, linhas 3962-63.
10. *Homeric Hymns*, p. 161-62.
11. HARRISON, *Prolegomena*, p. 280-81.
12. *Taittirīya Upaniṣad*, 10:6.
13. CAMPBELL, *The Mythic Image*, p. 388.
14. [Sequência da taça de Pietroasa: a figura 1 veste casaco curto e segura uma rede e uma vara de pesca na mão esquerda. Este é Orfeu, chamado Orfeu Pescador. Diz-se que ele é um salvador, como Cristo, e que o que ele pesca para fora da água somos nós. Nós somos os peixes que ele tira do abismo do inconsciente para a luz da consciência humana. Quando Jesus chamou os pescadores para serem seus apóstolos e disse "Farei de vós pescadores de homens", ele estava utilizando a imagem órfica dos homens como peixes. Perdidos nas águas do sonho e de vidas sem luz, como um peixe, inconscientes de nossa verdadeira humanidade, somos trazidos à superfície pelo pescador, o rei pescador. A figura 3 é um iniciado adentrando o portal. Ele tira uma pinha de dentro de uma cesta sobre a cabeça de um guardião do portal. Sobre seu ombro, vemos o corvo da morte, portanto esse homem pertence ao mundo do nascimento e morte, e agora entra o santuário da iniciação, tendo na mão a tocha do inframundo. A pinha tirada da cesta sagrada do guardião do portal aponta não para a importância da forma externa da pinha, mas para as sementes que ela contém. O que é mais importante, o veículo ou aquilo que o veículo carrega? O corpo ou a consciência que está dentro do corpo? O importante em mim e em você não é o veículo, mas o espírito que se encontra abrigado no veículo de nossa vida. A função do ritual é desvincular nossa consciência da identificação com o veículo e

identificá-la com o espírito. Tendo tirado a pinha da cabeça do guardião do portal, o candidato se submete à orientação de uma figura feminina que segura uma cesta e um balde de ambrosia. Ela é o guia para os mistérios e leva o candidato até o santuário das duas deusas. Deméter está sentada com o corvo da morte no ombro. Ela é a deusa do mundo telúrico da semente, o ciclo de nascimento e morte. Lá embaixo no subterrâneo, segurando a tocha na mão, vemos Perséfone, que representa o perene fogo eterno da vida abissal. Não sabemos de fato qual era a experiência iniciática do candidato, mas sabemos quem são as deusas e, portanto, seus mitos correspondentes. O iniciado vai do ensinamento e sabedoria de Deméter, mãe de nossa vida, para o de Perséfone, rainha do inframundo, mãe que nos recebe na morte. Ao fim dessa experiência, vemos representações do estado espiritual do candidato. Ele agora está barbado, sua consciência amadureceu, e o corvo da morte segue atrás dele. Agora ele é um iniciado, e a deusa Fortuna, com sua cornucópia, na oitava posição, lhe dá sua bênção. A segunda iniciação é representada nas posições 9 e 10. A figura 10 é Hades, ou Plutão, e em sua mão há uma imensa cornucópia. Ele está sentado e debaixo dele vemos uma espécie de crocodilo, representação apropriada dos poderes do mundo abissal. Agora o candidato é acompanhado por Agatodemon, o deus da Boa Fortuna, que traz na mão a grande espiga do grão da vida. Na mão direita está um objeto que foi identificado pelos estudiosos como uma papoula, planta do sonho que proporciona visões. Qual será essa iniciação? Trata-se do abismo último da vida. Quando o candidato sai do escopo de Hades, ele segura uma vasilha vazia, as asas do espírito estão em sua cabeça e ele ganhou um corpo feminino. Em outras palavras, ele assumiu o papel andrógino. A figura que representa esse mistério traja vestes femininas, mas é Héracles. A iniciação que experimentamos é a do mistério transcendente. Passamos pelas preliminares do mundo do tempo e no mundo atemporal. Agora chegamos ao mistério transcendente de nós mesmos que é, em um de seus aspectos, o andrógino. Embora sejamos historicamente homem ou mulher, no nosso caráter eterno já transcendemos a polaridade; somos em essência aspectos de um poder andrógino. Assim como Circe, a deusa porcina, introduziu Odisseu ao tema andrógino de Tirésias, também aqui as duas deusas associadas aos porcos, Deméter e Perséfone, introduzem o candidato ao mistério andrógino. O outro mistério que deve ser compreendido é representado através de Castor e Pólux, os gêmeos que não são bem gêmeos. A mãe deles concebeu Pólux como deus e Castor como humano e, portanto, cabe a nós compreender que somos não apenas mortais, mas também imortais. No nosso aspecto mortal somos masculino ou feminino, em nosso aspecto imortal somos andróginos. Tal é a profunda iniciação desse mistério: nossa imortalidade e androginia no aspecto eterno. É preciso fazer a distinção entre os aspectos místicos e seculares de nossa vida. No sentido místico somos os dois, masculino e feminino, mortal e imortal. O candidato passa pelo abismo de Plutão/Hades e chega à compreensão de sua androginia e dualidade. Castor, o gêmeo mortal, tem o corvo da morte sobre o ombro, e agora o iniciado se aproxima do portal do retorno.

Passando as figuras de Castor e Pólux, o candidato aparece mais uma vez, mas com uma vasilha cheia. Ele agora está pleno e se move novamente para dentro do campo da história como um dos lados do par de opostos, o lado da vida mortal, porém sabedor de que a vida imortal é também parte dele, bem como o princípio feminino, embora não manifesto no mundo dos fenômenos. Sua vasilha está cheia dos frutos da iniciação, e o guia feminino o leva até o trono de Apolo. Esse é o deus da luz, a luz da consciência: em sua mão está a lira da música das esferas e a seus pés, uma corça.]
15. [Vide Campbell, *O herói de mil faces*, p. 76-77.]
16. Evangelho de Tomé, 1.113.

## Capítulo 8

1. [Esse capítulo se baseia numa série de palestras intituladas "The Feminine in European Myth and Romance I, II, III", proferidas em 5 de abril de 1986 (L919-921); em duas palestras intituladas "The Great Goddess I and II", proferidas em 13 de novembro de 1982 (L836-837); e em anotações de uma palestra não gravada intitulada "Great Goddess", proferida em 21 de abril de 1983 na New School for Social Research na cidade de Nova York.]
2. GOETHE, *Fausto*, linhas 12110-12111.
3. Gênesis 18:12.
4. [Quetzalcoatl é um deus asteca mesoamericano muitas vezes representado como uma serpente emplumada. Vide Campbell, *O herói de mil faces*, p. 342-343.]
5. Gênesis 3:19.
6. Provérbios 8:27.
7. Gênesis 1:2.
8. KRAMER, Samuel Noah. *Sumerian Mythology: A Study of Spiritual and Literary Achievement in the Third Millennium B.C.* (Philadelphia: University of Pennsylvania Press, 1998).
9. SENECA. *Epistulae morales ad Lucilium* 107.11. Disponível em en.wikisource.org/wiki/Moral_letters_to_Lucilius/Letter_107.
10. GILDAS. *De Excidio et Conquestu Britanniae* ("Sobre a Ruína da Bretanha"), século VI. Disponível em http://www.gutenberg.org/ebooks/1949.
11. NENNIUS. *Historia Brittonum* ("História dos Bretões"), século VIII. Disponível em http://www.fordham.edu/halsall/basis/nennius-full.asp.
12. Evangelho segundo Marcos 12:31; Evangelho segundo Mateus 22:39.
13. BORNEILH, Guiraut de. *"Tam cum los oills el cor...,"*. In: RUTHERFORD, John. *The Troubadours: Their Loves and Their Lyrics* (London: Smith and Elder, 1873; General Books, 2010), p. 34-35.
14. Tradução feita por Campbell de STRASSBURG, Gottfried von. *Tristan und Iseult*, linhas 12495-12502.
15. Tradução feita por Campbell de ALIGHIERI, Dante. *La Divina Commedia: Inferno*, canto 5, linhas 115-142.

16. BLAKE, William. *The Marriage of Heaven and Hell*. "A Memorable Fancy".
17. [Análise da imagem de Ísis Bórgia tirada do arquivo do Opus Archives Joseph Campbell Collection, image box 178. Arquivo intitulado "Isis Instructing Hermes and Moses".]
18. APULEIUS. *The Golden Ass*. Traduzido para o inglês por W. Adlington (New York: The Modern Library, 1928), book 11.
19. CAMPBELL. *As máscaras de Deus: mitologia criativa,* p. 36.
20. [Vide WIND, Edgar. *Pagan Mysteries in the Renaissance* (New Haven: Yale University Press, 1958), appendix 6: "Gaffurius on the Harmony of the Spheres".]
21. RASMUSSEN, Knud, *Across Arctic America* (New York and London: G. P. Putnam's Sons, 1927; University of Alaska, 1999), p. 82-86; e OSTERMAN, H. *The Alaskan Eskimos, as Described in the Posthumous Notes of Dr. Knud Rasmussen*. Relato da quinta expedição de Thulen 1921-24. vol. 10, no. 3 (Copenhagen: Nordisk Forlag, 1952), p. 97-99.
22. [Vide CAMPBELL, *Myths to Live By,* capítulo 10: "Schizophrenia: the Inward Journey".]

## Apêndice

1. [Originalmente publicado em Gimbutas, *The Language of the Goddess* (New York: Harper and Row, 1989). Campbell escreveu esse texto pouco antes de sua morte em 1987.]

# AGRADECIMENTOS POR CESSÃO DE DIREITOS

Agradecemos aos seguintes detentores de direitos:

Archaeological Museum of Piraeus, Grécia: Figuras 66, 88
Archaeological Museum of Volos, Grécia: Figura 16
Robin Baring e Peter Levi, *Atlas of the Greek World*: Figura 133
Brooklyn Museum, Brooklyn, NY: Figura 54
Joseph Campbell, editor, *Papers from the Eranos Yearbooks: Eranos 2. The Mysteries:* Figuras 141, 142, 149
O. G. S. Crawford, *The Eye Goddess: Figura* 48; Mapa 4
Marija Gimbutas, *The Civilization of the Goddess:* Figura 21
_____. *The Gods and Goddesses of Old Europe:* Figuras 20, 23; Mapa 1
_____. *The Kurgan Culture and the Indo-Europeanization of Europe:* Mapa 3
Tim Hallford: Figura 145
Heraklion Museum, Crete, Greece: Figuras 25, 30 e 91
Iraq Museum, Bagdá: Figuras 47, 52
Koszta József Múzeum, Szentes, Hungria: Figura 17
Sasha Kudler: Figuras 36, 79, 82
M. E. L. Mallowan e Cruikshank Rose, "Excavations at Tall Arpachiyah," *Iraq 2:* Figura 39
James Mellaart, *Çatal Hüyük:* Figuras 8, 9, 10, 13, 14, 15
Musée d'Acquitaine, Bourdeaux, França: Figura 6
Musée de l'Homme, Paris, França: Figura 2
National Archaeological Museum, Bucareste, Romênia: Figuras 18, 22

Naples National Archaeological Museum, Itália: Figura 11
Naples National Archaeological Museum, Itália / Bridgeman Art Library: Figuras 87, 100, 101
Royal Museums of Fine Arts of Belgium, Bruxelas: Figura 116
Städtischen Museum Engen, Alemanha: Figura 4
Tornyai Janos Museum, Hódemzövásárhely, Hungria: Figura 80
University of Belgrade, Servia: Figura 19
University of Pennsylvania Museum of Archaeology and Anthropology, Filadélfia / Bridgeman Art Library: Figura 50
Walters Art Museum, Baltimore, MD: Figuras 32, 38

As figuras a seguir foram usadas graças a licenças Creative Commons:
Peréz Guillén @ flickr.com: Figura 58
Ricardo Liberato (liber) @ flickr.com: Figura 57
Steve Swayne (serendigity) @ flickr.com: Figura 27
Alisa Triolo @ flickr.com: Figura 75
Wikimedia Commons, Ankara Museum, Turkey, autor Stipich Béla: Figura 12

As figuras a seguir foram criadas por ou para Joseph Campbell e a Joseph Campbell Foundation: Figuras 3, 5, 7, 24, 26, 29, 31, 34, 37, 43, 44, 45, 46, 51, 55, 56, 65, 71, 73, 74, 77, 78, 81, 83, 84, 89, 90, 92, 93, 96, 97, 106, 107, 108, 111, 114, 115, 125, 127, 135, 137, 138, 144, 147, 148, 150, 151

Contribuiu para a Pesquisa o estagiário Jordan Chavez.

A Joseph Campbell Foundation gostaria de agradecer pelo inestimável auxílio dos voluntários do Opus Archives and Research Center (opusarchives.org).

# Bibliografia de Joseph Campbell

A seguir listamos os principais livros escritos e editados por Joseph Campbell. Cada item traz dados bibliográficos sobre a primeira edição ou, quando aplicável, a data original da publicação junto com os dados bibliográficos da edição publicada pela New World Library como parte da Obra Completa de Joseph Campbell. Para mais informações sobre todas as outras edições, queira consultar a mediografia no *site* da Fundação Joseph Campbell: www.jcf.org.

## Autor

*Where the Two Came to Their Father: A Navaho War Ceremonial Given by Jeff King.* Bollingen Series i. Com Maud Oakes e Jeff King. Richmond, Virginia: Old Dominion Foundation, 1943.

*A Skeleton Key to Finnegans Wake.* Com Henry Morton Robinson. 1944. Reimpressão, Novato, California: New World Library, 2005.*

*The Hero with a Thousand Faces.* Bollingen Series xvii. 1949. Reimpressão, Novato, California: New World Library, 2008.* [*O herói de mil faces,* Editora Pensamento, São Paulo, 1995.]

*The Masks of God,* 4 vols. New York: Viking Press, 1959-1968. Vol. 1, *Primitive Mythology,* 1959. Vol. 2, *Oriental Mythology,* 1962. Vol. 3, *Occidental Mythology,* 1964. Vol. 4, *Creative Mythology,* 1968. [*As máscaras de Deus,* 4 volumes, Palas Athena Editora, São Paulo, 1992-2010. Vol. 1, *Mitologia primitiva,* 1992. Vol 2, *Mitologia oriental,* 1994. Vol. 3, *Mitologia ocidental,* 2004. Vol. 4, *Mitologia criativa,* 2010.]

*The Flight of the Wild Gander: Explorations in the Mythological Dimension.* 1969. Reimpressão, Novato, California: New World Library, 2002.*

*Myths to Live By.* 1972. Ebook edition, San Anselmo, California: Joseph Campbell Foundation, 2011.

*The Mythic Image.* Bollingen Series c. Princeton: Princeton University Press, 1974. [*A imagem mítica,* Papirus, Campinas, S.P., 1999.]

*The Inner Reaches of Outer Space: Metaphor as Myth and as Religion.* 1986.

Reimpressão, Novato, California: New World Library, 2002.[*A extensão interior do espaço exterior,* Elsevier Editora, São Paulo, s/d.]

*The Historical Atlas of World Mythology:*

Vol. 1, *The Way of the Animal Powers.* New York: Alfred van der Marck Editions, 1983. Reimpressão em 2 partes. Part 1, *Mythologies of the Primitive Hunters and Gatherers.* New York: Alfred van der Marck Editions, 1988. Part 2, *Mythologies of the Great Hunt.* New York: Alfred van der Marck Editions, 1988.

Vol. 2, *The Way of the Seeded Earth,* 3 partes. Part 1, *The Sacrifice.* New York: Alfred van der Marck Editions, 1988. Part 2, *Mythologies of the Primitive Planters: The Northern Americas.* New York: Harper & Row Perennial Library, 1989. Part 3, *Mythologies of the Primitive Planters: The Middle and Southern Americas.* New York: Harper & Row Perennial Library, 1989.

*The Power of Myth with Bill Moyers.* Com Bill Moyers. Editado por Betty Sue Flowers. New York: Doubleday, 1988. [*O poder do mito,* Palas Athena Editora, São Paulo, 1990.]

*Transformations of Myth Through Time.* New York: Harper & Row, 1990.

*The Hero's Journey: Joseph Campbell on His Life and Work.* Editado por Phil Cousineau. 1990. Reimpressão, Novato, California: New World Library, 2003.* [*A jornada do herói,* Agora Editora, São Paulo, 2004.]

*Reflections on the Art of Living: A Joseph Campbell Companion.* Editado por Diane K. Osbon. New York: HarperCollins, 1991.

*Mythic Worlds, Modern Worlds: On the Art of James Joyce.* Editado por Edmund L. Epstein. 1993. Reimpressão, Novato, California: New World Library, 2003.*

*Baksheesh & Brahman: Indian Journal 1954-1955.* Editado por Robin Larsen, Stephen Larsen e Antony Van Couvering. 1995. Reimpressão, Novato, California: New World Library, 2002.*

*The Mythic Dimension: Selected Essays 1959-1987.* Editado por Antony Van Couvering. 1997. Reimpressão, Novato, California: New World Library, 2007.*

*Thou Art That.* Editado por Eugene Kennedy. Novato, California: New World Library, 2001.*

*Sake & Satori: Asian Journals—Japan.* Editado por David Kudler. Novato, California: New World Library, 2002.*

*Myths of Light.* Editado por David Kudler. Novato, California: New World Library, 2003.*

*Mythic Imagination: Collected Short Fiction.* Novato, California: New World Library, 2012.*

---

* Publicado pela New World Library como parte das Obras Completas de Joseph Campbell.

## Editor

Livros editados e completados da obra póstuma de Heinrich Zimmer:

*Myths and Symbols in Indian Art and Civilization.* Bollingen Series vi. New York: Pantheon, 1946. [*Mitos e símbolos na arte e civilização da Índia,* Palas Athena Editora, São Paulo, 1989.]

*The King and the Corpse.* Bollingen Series xi. New York: Pantheon, 1948. [*A conquista psicológica do mal,* Palas Athena Editora, São Paulo, 1988.]

*Philosophies of India.* Bollingen Series xxvi. New York: Pantheon, 1951. [*Filosofias da Índia,* Palas Athena Editora, São Paulo, 1986.]

*The Art of Indian Asia.* Bollingen Series xxxix, 2 vols. New York: Pantheon, 1955.

*The Portable Arabian Nights.* New York: Viking Press, 1951.

*Papers from the Eranos Yearbooks.* Bollingen Series xxx, 6 vols. Editado com R. F. C. Hull e Olga Froebe-Kapteyn, traduzido por Ralph Manheim. Princeton: Princeton University Press, 1954-1969.

*Myth, Dreams and Religion: Eleven Visions of Connection.* New York: E. P. Dutton, 1970.

*The Portable Jung.* C. G. Jung. Traduzido por R. F. C. Hull. New York: Viking Press, 1971.

*My Life and Lives.* Rato Khyongla Nawang Losang. New York: E. P. Dutton, 1977.

# Índice Remissivo

Abel (bíblico), 274
abutre, simbolismo do, 62, 63-64
acádios, 91, 120; língua acádia 95
acrópole (fortaleza de guerreiros), 97, 103
Actéon, 149, 150
Adão (bíblico), 29, 60, 141, 225, 256, 274, 297, 305
Adônis, 63, 149, 182, 213
Afrodite, 54, 69, 80, 141, 171, 172, 179-181; ver também Graças; Páris, Julgamento de
*agapē* (amor espiritual), 279
Aglaia, 299, 302
Agni (deus indo-europeu), 31, 214
Agostinho, Santo,144
agricultura, ver culturas agrárias
*Agricultural Origins and Dispersals* (Sauer), 54, 55
Alce Negro (Black Elk), 86
Alexandre o Grande, 31, 47, 126
Alexandre VI, papa, 290
Alexandropol, *kurgan* de (monte de sepultamento calcolítico), 97
alma, transformação da, 297-299
Al-Ubaid, templo, 111, 112, 113
Amaterasu, 240, 241
Amon-Ra (deus solar egípcio), 133, 201
*Amor*, tradição do, 279-281, 283-285, 289
amor, ver feminino no romance europeu
Anatólia (Turquia), 52, 55-66; ver também Çatal Hüyük

Ancestrais, Era dos, 21
Anel de Nestor (Minoico), 81, 82
Anfiarau, 159
anglo-saxões, 268, 276-278
Anjo da Morte, 148
An-ki, montanha (região do Tigre-Eufrates), 25
Antigo Testamento, 172, 221-223, 269-270, 293; ver também livros específicos
*Antígona*, 194
Antípodas, 277
Anúbis (deus egípcio de cabeça de chacal), 133-134
Apolo, 143, 145, 148, 155-163; Belvedere, 157
Apuleio, Lúcio, 54, 291
Aquário, Era de, 142
Aquiles, 181; ver também *Ilíada*
árabe (língua), 95
arados, uso inicial dos, 55, 271
aramaico (língua), 95
Ares, 170-172
ariana, supremacia/influência, 96, 99, 104
Áries, Era de, 142
Arjuna, 193
arte rupestre, 18, 19, 34, 40; aurignaciana, 34, 35, 40; do Paleolítico (Norte da África), 35, 36
Ártemis, 54, 72, 136, 145-154
arturianos, romances, 228, 269, 276-289

## Deusas

Árvore Bodhi da Iluminação e Vida Eterna, 23-24, 29, 221, 225-226
Árvore da Vida, 81, 82, 114, 224, 225-226
Asclépio, 158-159
*Asklepios* (Kerényi), 159
Aśoka, 222
assassinato, ato mitológico de, 22, 248-249
associações básicas típicas (das mitologias primevas), 33
Assur, 26
Astarté (deusa semita), 54
Atena, 54, 103, 143, 172-176, 179-180, 235; ver também Páris, Julgamento de
ateniense, redação literária, 189
Átis, 63
Ato Mitológico, 22
australasianas, línguas, 95
Avalon, 277
*axis mundi* (eixo do mundo), 68, 160
Ayadi, Mitch, 263

babilônio (língua), 95
bacantes, 81, 82
*Bacantes, As* (Eurípedes), 253
Bachofen, Johann Jakob, *Das Mutterrecht*, 306
bardo, tradições orais, 220
Baring, Anne, 83, 112, 150, 169; *The Myth of the Goddess*, 309
Baubo, 236-237, 240
bem *versus* mal, 258-259
bengali (língua), 95
Beócia, 189
Berossos, 141
*Bhagavad Gītā*, 84, 94, 193
Bíblia, 272-274; ver também Antigo Testamento; e livros específicos
Black Elk (Alce Negro), 86
Blake, William, 284
bloqueio de escritor, 242
Bósforo, 104
Botticelli, Sandro, 290
*brahman* (ser divino), 61, 266, 300
brâmanes: casta (sacerdotes),140; como sagrados, 48; *Vivādārṇavasetu*, publicado por, 93

Brauron (Grécia), 147
Bretanha, 276
*Bṛhadāraṇyaka Upaniṣad*, 137-138, 266, 300
bronze, ligas de, 93
Brunhilda, 98
Buber, Martin, 162
Buda, natureza do/seres búdicos, 24, 50-51, 63, 221-222, 226, 283, 300
budismo/budistas, 47, 50-51, 60-61, 138-139, 226, 258; ver também xintoísta, budismo
Butler, Samuel, 30, 179

Caim (bíblico), 274
cálice eucarístico bizantino, 294-295
Calíope, 301
Calipso, 179-180, 198, 209-210
Cama Perigosa, 287-288
Caminho Sagrado, 229
Caminho: da Mão Direita, 289; da Mão Esquerda, 289
Campbell, Joseph: *Historical Atlas of World Mythology*, 14; morte de, 316 n. 4, 323 n. 1; sobre o potencial criativo feminino do espírito, 14-15; palestras sobre as deusas, 13-14
campo abstrato, 107, 109
Canaã, deusas locais de, 48
carbono-14, datação com, 54
Carlyle, Thomas, 94
carma, 258
Carnaval, 242-243
carneiro, simbolismo do, 200, 201, 232, 292-293
casamento na Idade Média, 279
Cashford, Jules, 83, 112, 150, 169; *The Myth of the Goddess*, 309
castas, 108, 110, 140
Castor, 321-322 n. 14
Çatal Hüyük (Anatólia, hoje Turquia): cabeça de touro e crânio humano em, 62, 63; comunidade agrária de, 55-56; escavação em, 55; imagens da Grande Deusa em, 22-23, 56, 57-61; santuário da cabeça de touro em, 64

Catedral de Chartres (França), 275
categorias *a priori* da lógica/do
    pensamento, 49
católica, missa, 248-250
católicos *versus* protestantes, 48
*Cavaleiro da Carreta, O* (Chrétien), 287
cavalos, 99
celtas: invasões, 267-268, 272, 276;
    línguas e cultura, 267-268, 276-278
Cérbero, 299
César, Julio, 31, 47, 267
cesta para abanar o trigo, 232-233
Cézanne, Paul, 70
Champollion, Jean-François, 305
*Chāndogya Upaniṣad*, 45, 137
chinês, línguas associadas ao, 95
Chrétien de Troyes, 279-280, 286; *O
    Cavaleiro da Carreta*, 287-289, *Yvain*,
    289
Cibele (deusa frígia), 23, 58, 59, 275
ciclo de vida da infância à velhice,
    228-229
ciclo do tempo/círculo do espaço, 242
cidades, emergência das, 54, 107, 140
*Cimbelino* (Shakespeare), 277
Circe, 179-180; das Madeixas Trançadas,
    30; ver também *Odisseia*
civilização, surgimento da, 107-120
Clemente de Alexandria, 248
*Cligès*, 287
Clio, 301
Cnossos, Palácio de Minos em, 76, 78-79,
    81, 151
cobras, ver serpentes
cobre, 70, 93
Colombo, Cristóvão, 277
comédia e tragédia, 237
comunidade biológica, 139
comunidades: sedentárias *versus*
    nômades, 139; urbanas *versus*
    nômades, 107
Concílio de Éfeso (431 a.C.), 275
consciência como *iḍā* e *piṅgalā*, 84
Coomaraswamy, Ananda K., 288
Coomeraswamy, A. T., 70

coração, simbolismo do, 134
corda, simbolismo da, 241
Core, 231, 242, 243; ver também
    Perséfone
cornucópia, 228-229, 235
*corpo longo*, 246-247
*Corpus Hermeticum*, 290
Cracatoa, erupção do (Indonésia), 87
Crawford, Harriet, 317 n. 4
Crescente Fértil, 107; ver também
    egípcios; sumérios
Creta, 76-88, 219-220
criador como masculino, 122
criatividade, 242
cristianismo: apologetas sobre o culto
    de mistérios, 248; comunhão no,
    249; conflito no, 221; o demônio
    no, 103; intolerância romana do,
    272; misticismo no, 94; nascimento
    virginal no, 221; relacionamento
    *versus* identidade com Deus, 138-139;
    como religião de mistérios, 221-223,
    297; como religião mundial, 139;
    simbologia clássica *versus* cristã,
    290; a Trindade, 303; vandalismo
    dos primeiros cristãos, 272-273; ver
    também crucificação
Cristo: *versus* Buda, 221; como
    concretização de Deus, 222; na
    imagem da Pietà, 22; Jesus como, 50;
    a Lua associada ao, 63; e os
    pescadores, 320 n. 14; profecias
    do Antigo Testamento sobre, 222;
    a ressurreição de Lázaro por, 293;
    Virgem Maria coroada por, 259;
    ver também crucificação
Cronos, 25, 129, 167, 183-184, 302
crucificação: como assassinato
    mitológico, 22; cruz como
    representação, 46; pintada por Dürer,
    296-297; por reivindicar divindade,
    139, 266; simbolismo da, 221, 223,
    296-297
cruz, 22, 46

ctônico (inframundo): *versus* telúrico, mundo, 231; *versus* urânico (celestial), culto, 66
cultos agrícolas, 229
cultura paleolítica, as deusas na, 33-44
culturas agrárias, 21-24, 33, 53-56, 107, 217, 248-250, 264, 271; ver também Neolítico e início da Idade do Bronze
culturas de caçadores, 19-20, 33-36, 42-44, 139, 217-219, 264
culturas letradas e não letradas, 53
culturas superiores, 53
curetes, 167, 168

Dadóforo, 230
Dafne, 231
Daniel na cova dos leões (bíblico), 293
Dante Alighieri, 80, 299, 301; *Divina Comédia*, 57, 277, 284
Davi e Golias (bíblico), 293
deidades: com forma de ave, 69; ver também deuses; e deuses específicos
Delfos (Grécia), 31, 62, 160, 161, 162, 163
Deméter, 31, 54, 74, 226-227, 231-232, 235-238, 239; ver também em mistérios da transformação
*Descida de Inanna, A*, 119
desejo, 60
*deśī* (aquilo que é local), 87
Deus, natureza de, 86, 316 n. 25
Deus Pai, Deus Filho, e Espírito Santo, 302-303
Deusa dos Mistérios, 92
Deusa dos Muitos Nomes, 54
Deusa Grávida (Neolítico), 39
Deusa Leoa (Suméria), 113-114
Deusa-Olho, estatuetas/tradição, 116-117
Deusa com serpentes (minoica), 177
deuses: como metáforas, 137-138, 188; de outros como demônios/diabos, 47-48; como variantes de uma mesma energia *versus* entidades diferenciadas, 187; ver também deuses específicos

deuses e deusas gregos, 137-178; Afrodite, 54, 69, 80, 141, 171-172, 180 (ver também Páris, Julgamento de); Apolo, 143, 145, 148, 155-164; Ares, 170-172; Ártemis, 54, 72, 136, 145-154, 191; Atena, 54, 103, 143, 172-177, 180 (ver também Páris, Julgamento de); Dionísio, 103, 163-165; nove como número da Deusa, 140-144; ver também Hera; Zeus
Deuteronômio (Bíblia), 270
*Devī Mahātmya*, 265
Dexter, Miriam Robbins: *Whence the Goddesses*, 309
*dharma*/ Dharma (dever e a lei), 23, 24
*dīmon* (energia da vida pessoal), 48
*Ding an sich* ("coisa em si"), 61
Dionísio, 103, 163-165, 230, 243; ver também em mistérios da transformação
*Divina Comédia* (Dante), 57, 277, 284
divino feminino, 13-15; ver também Grande Deusa; mito e o divino feminino
Djed, pilar de (Ptolomaico), 132
domesticação animal, primórdios, 54-55, 107, 264
dórios, 104, 220
Downing, Christine: *The Goddess: Mythological Images of the Feminine*, 310
Dumuzi, 120
Dürer, Albrecht, 296-297
Dürkheim, Karlfried von, 188

$E = mc^2$, 61
*Edda Poético*, 141
Éden, Jardim do, 225-226
*Éditos de Aśoka*, 222
Éfeso (costa do Egeu), 152
egípcios, 124-129, 305; embalsamamento pelos, 134; estilo dos, 126; faraós, 24-26, 126-128, 134; importância da esfinge para, 128; importância do vale do Nilo para, 124; influência dos,

124; influência da Mesopotâmia sobre os, 125; e o influxo semítico, 120-129; pirâmides, 125, 127-128; ver também Ísis; Nut; Osíris
Egito, Médio Império do, 125
ego, 258, 300, 303
Einstein, Albert, 61
eixo e roda, 99-100
Elêusis (Grécia), 31, 226-227, 228-229, 239
Elêusis, Mistérios de, 221, 229-235, 243-248; ver também mistérios da transformação – rapto/retorno de Perséfone
Elohim, 30, 225
Emerson, Ralph Waldo, 94
*Encyclopedia of Goddesses and Heroines* (Monaghan), 311
Enki, 120
Enlil (deus ar da região do Tigre e Eufrates), 25
*Enûma Eliš*, 317 n. 12
eólios, 104
Epidauro, templo de, 159
epifania (sarcófago romano), 234
Epimeteu, 244-245
Epstein, Jacob, 247
Era Clássica, 92, 101
Era Mitológica, 22
Erato, 302
*Erec*, 286
Ereshkigal, 120
Erínias, 196
Eros, 144, 186, 245
escandinavas, línguas, 95
Eschenbach, Wolfram von: *Parzival*, 84-85
escocês (língua), 95, 268
escrita, desenvolvimento da, 53, 108, 140
escudos indo-europeus, 104
escultura, 255
esfinge, 128
eslavas, línguas, 95
espaço, 49, 60, 84, 140, 242
espanhol (língua), 95
Esparta, 186, 189
espelho, meditação/tema do, 255
Ésquilo: *Os persas*, 191; *Prometeu acorrentado*, 290

Eufrates, rio e vale do, 107, 225
Eufrosina, 302
*Eumênides*, 143
Eurípides, 191, 195; *As Bacantes*, 253
Europa, jovem heroína, 104
Europa Antiga, 67-76, 267, 306
Euterpe, 302
Eva (bíblica), 225, 256
Evans, Arthur, 76, 82
excepcional *versus* previsível, 108
Êxodo (Bíblia), 27, 101, 270
êxtase religioso, 253

fada, contos de, 268, 276
fadas/montanhas encantadas, 268, 272, 276-277
faraós, 25-26, 125-128, 134
*Fausto* (Goethe), 13, 94, 137, 188, 237, 263
Febo Apolo, 162, 163, 302-303
feminino no romance europeu, 263-304; a busca do caminho pelas mulheres, 303-304; *O Cavaleiro da Carreta*, 287-289; *Cligès*, 287; cultos de mistério, 266; e as culturas agrárias, 271; Deusa Mãe/Deusa Natureza, 264, 266, 268-270, 271-274; Deusa como universo, 264-265; *Devī Mahātmya*, 265; *Erec*, 286; as fadas/montanhas encantadas, 268, 272, 276-277; e a história da Inglaterra, 268; *History of the Kings of Britain* (Geoffrey de Monmouth), 277-278; e a identidade com o divino, 266-267; e a individuação, 266-267; e o influxo indo-europeu, 267; e o influxo semita, 267; e as invasões celtas, 267-268, 272, 276; e línguas/cultura celta, 267-268, 276-278; e a mitologia bíblica, 272-273; mitologias humanas ligadas à natureza, 274; mitologias da natureza *versus* mitologias societais, 270; e o nascimento virginal, 269, 297; renascimento da Deusa, 290-303; romances arturianos, 227-228, 268-269, 276-285, 286-289; tradição do *Amor*, 278-280, 283-289; a tradição europeia, 263-264; Tristão e Isolda, 279-286; *Upaniṣads*, 266; Virgem Maria, 269, 275, 295

## DEUSAS

Ficino, Marsílio, 290
finlandês, (língua), 95
Florença, 290
francês (língua), 95, 267, 278
francesa, cultura, 77
Frankfort, Henri: *Before Philosophy*, 47
Frazer, Sir James George: *The Golden Bough*, 74, 80, 236
Freud, Sigmund, 42; *Moisés e o monoteísmo*, 30
Frobenius, Leo, 35, 44, 54; *Monumenta Terrarum*, 218; *Paideuma*, 218
Fúrias, 54, 195-196
gado, primórdios da criação de, 55

Gaffurio, Franchino, 297-300, 303
Gaia (Terra), 25, 129, 183
galês (língua), 95, 267
Ganimedes, 166
Gautama Śākyamuni, 23-24, 29, 223
Geb (deus Terra egípcio), 24, 128, 129
Gelb, I. J., 317 n. 7
Gênesis (Bíblia), 27- 30, 104, 114, 157, 273-274, 305
Geoffrey de Monmouth: *History of the Kings of Britain*, 277
germânicas, línguas/cultura, 77, 95; invasões, 268
Giedion, Siegfried, 152-154
gilania, 315 n. 14
Gildas, 276
Gilgamesh (rei herói babilônio), 28
Gimbutas, Marija: abutre como Deusa, 63; deusa sapo, 72; gilania, 70, 315 n. 14; Grande Deusa, 14; influxo indo-europeu na Europa Antiga, 91; *The Language of the Goddess*, 305-307; Mãe Terra, 39; padrão losangular, 41; primeiras imagens da Deusa, 67-68; ritos funerários, 96-97; sociedades da Europa Antiga e Anatólia, 70, 102
*Goddess, The: Mythological Images of the Feminine* (Downing), 310
*Goddesses in World Culture* (Monaghan), 311

*Goddesses' Mirror, The* (Kinsley), 311
*Gods of the Greeks, The* (Kerényi), 311
Goethe, Johann Wolfgang von, 261, 304; sobre a experiência do "tremor", 165; *Fausto*, 13, 94, 137, 188, 237, 263; influência hindu sobre, 94
*Golden Bough, The* (Frazer), 74, 80, 236
Górgona, 176
góticas antigas, línguas, 95
Gottfried von Strassburg, 280, 284
Graal, 84-85, 268, 269
graça, 249
Graças, 141, 154, 298-300, 302-303
Grande Deusa, 18-31; como abominação, 123, 223; aspecto triuno da, 153-154; derrocada da, 26-29; dominância como Deusa Cósmica, 108-109, 142-144; era de ouro da, 24-26; felinos associados à, 58,59; funções da, 68-69; Gimbutas fala da, 14; na Idade da Pedra, 18-20; como labiríntica, 72-76; como leão solar e serpente lunar, 87; como Mãe Terra, 33, 48-49, 51, 103; e a magia feminina *versus* masculina, 18, 20; das mitologias agrárias antigas, 21-24, 53; nos mitos gregos (ver em deuses e deusas gregos); nove como número da, 140-144; como precursora de deusas posteriores, 14-15; retorno da, 29-31; como transformadora, 57
Grande Esfinge (Egito), 128
grego (língua), 94-95, 103
gregos: ascensão dos, 87-88; influência indo-europeia sobre os/invasões dos, 95-96, 103-104; mitologia dos, 129 (ver também deuses e deusas gregos; e deuses específicos)
Griddharaj Parvat (Pico do Abutre), 63
guardião do limiar, 198
Guerra de Troia, 104, 156, 179-180, 186; ver também *Ilíada*
guerra: carros de, 96, 99; misticismo da, 193-194
Guilherme X da Aquitânia, 279
Guiraut de Borneilh, 279

Hades, 236
Hainuwele, 74
Hallstatt, cultura de, 267
*Hamlet* (Shakespeare), 317 n. 13
Hamurábi, 27-29, 91, 120-121
Harrison, Jane: sobre os aqueus e o sacrifício suíno, 196; sobre os cultos ctônicos *versus* urânicos, 66, 91; sobre o Julgamento de Páris, 186-187; sobre os Mistérios de Elêusis, 234-235; sobre Pandora, 244; *Prolegomena to the Study of Greek Religion*, 180, 310; sobre Zeus e Hera, 168
Hátor (deusa egípcia com cabeça de vaca), 24-25, 126
hebraico (língua), 95
hebreus, 29-30, 47, 91, 114, 125, 269, 290-291
Hécate, 54, 154, 232, 292
Helena de Troia, 178, 180-181, 186, 188-189, 195
henoteísmo, 187
Henrique II Plantageneta, rei da Inglaterra, 278
Hera, 54, 69, 148, 180; casamento de Zeus, 168-169; e Sêmele, 250-251; e Tirésias, 204; ver também Páris, Julgamento de
Héracles, 230-231, 232, 233, 321 n. 13
herança matrilinear *versus* patrilinear, 195-196
Hermes, 166, 167, 185-187, 203, 210, 245, 252
Hermes Trismegisto: *O Livro dos vinte e quatro filósofos*, 86, 316 n. 25
heróis, 118-120
Hesíodo, 25, 144, 148, 183
Hespérides, 277
Hierakonpólis, tumba de (Egito), 125
hieróglifos, 305
Hígia, 157-158
hindi (língua), 95
hinduísmo, 139-140, 187
hindus, 47, 93-94; tradução dos textos, 49
hinos homéricos, 144-147, 165-166, 237-238

história e mito, 301
*Historical Atlas of World Mythology* (Campbell), 14
*History of the Kings of Britain* (Geoffrey of Monmouth), 277
hititas, 156
Hofmann, Albert, 229
homens: assassinato associado aos, 33; sociedades secretas de, 65-66
Homero, 144; ver também *Ilíada; Odisseia*
Hórus (deus egípcio de cabeça de falcão), 25-26, 106, 126-127, 131-134
humanismo, 279
humanização de deidades, 69
húngaro (língua), 95

Iaco, 230-231
Iahweh, 26, 27, 29, 47, 94, 123, 172
iconografia fálica, 109
*iḍā versus piṅgalā*, 84
Idade do Bronze, 93, 104, 117, 120, 220 (ver também Neolítico e início da Idade do Bronze); Idade do Bronze Antiga, 271
Idade do Ferro, 220
Idade da Pedra, 18-20
idolatria, 45-46
Ilha de Man, 267
*Ilíada* (Homero), 104, 150, 189-196; Agamênon sacrifica Ifigênia, 189-190; Agamênon volta para casa e é assassinado, 195; Aquiles na, 189-193, 194; Briseida, 191-192; cena do cavalo de Troia, 194; Clitemnestra é assassinada por Orestes, 195-196; Heitor, 191-194; Helena volta para casa, 195; mundo de orientação masculina representado na, 179-180, 220, 223; Odisseu, 189-192; Príamo, 194; purificação de Orestes, 196; queda de Troia na, 194-195; trama da, 189; sobre a virtude da guerra, 193

iluminação, estágios da, 297-300
imagens da Deusa, 124, 216; com animais e suásticas/machados, 110-111; dando à luz uma cabeça de touro (Neolítico), 60-62 ; com desenho de labirinto (Neolítico), 41; Deusa da Árvore da Vida (Suméria), 224-226; Deusa de duas cabeças (Calcolítico), 73; Deusa dupla, 56-57, 102-103; Deusa com *labrys* junto da Árvore da Vida (Minoico), 82; Deusa na Montanha do Mundo (Minoico), 85-86; Deusa Terra emergindo em dores (Clássico), 245 ; Deusa do Umbigo do Mundo (Neolítico), 160-161; deusas labirínticas, 75; deusas peixe, 71-72; deusas sapo, 72; deusas da vegetação, 73; entronizada dando à luz (Neolítico), 52, 58; com machado duplo (Creta), 76-77; "Pensador" de Hamangia (Calcolítico), 71; de pescoço longo (Neolítico), 68; com seios, 68; com serpentes, 83-85, 114
imortalidade, segredo da, 65
impacto/espanto (característica da iniciação), 247-248
Inanna (deusa suméria), 54, 80, 114-115, 119-120, 317 n. 4, 317 n. 7; ver também Ístar
Índia: castas na, 108, 140 ; crimes na, 48; cultos na, 144; nomes da Deusa na, 142-143; princípio feminino na, 264-265; sepultamento *satī* (sati) na, 96-98, 103
indianas, línguas, 94
indo-europeias, línguas, 93-96, 267
indo-europeus, 26-27, 29-30; cavalos e carros de guerra usados pelos, 93, 96, 99; cultura que se sobrepôs à cultura da Europa Antiga, 101-102, 143; escudos dos, 104; idiomas dos, 93-96, 267-268; influxo para a Europa Antiga, 76, 87-88, 91-93, 95-96, 267-268, 306; influxo para a Grécia, 104; influxo para a Índia e a Pérsia, 93-95; lanças dos, 93, 104; *satem* (oriental) *versus centum* (ocidental), 94-95; sepultamento de, 96-98, 103; supremacia dos, 95-96; ver também Micenas
Indra (deus indo-europeu), 26, 30-31, 94
inglês (língua), 95, 278
inglesa, história, 268
iniciação, tema da, 248, 256-257, 261, 320-322 n. 14
inundação /cheias, 107, 127-128, 134; dilúvio, 141, 274
invasão romana da Inglaterra, 276
Io, 290; ver também Ísis
iogue, estória do, 208-209
irlandês: língua, 95; povo, 268
Isaac (bíblico), 269
Ísis (deusa egípcia), 47, 54; associada a Vênus, 80; nascimento de, 129; e Hórus, 26, 106, 131, 133; Osíris resgatado por, 130-131, 133-134; como trono do Egito, 129
*Ísis com Hermes Trismegisto e Moisés*, 290-291
islamismo, 139
Israel (bíblica), 172
Ístar (deusa babilônia), 54, 80, 98, 115, 118, 121; ver também Inanna
italiano (língua), 95

javali, simbolismo do, 64-65, 133, 182
javeístas, 172, 274
Jericó (bíblica), 267
Jesus de Nazaré, ver Cristo
Joana D'Arc, 278
João, Evangelho de, 22
João, rei, 278
Jones, Sir William, 94-95
jônios, 104
jornadas de mistério, 84-85
Josué (Bíblia), 57, 101, 267
Joyce, James, 307
Judá (bíblica), 172
judaísmo, 139, 297; ver também Antigo Testamento

judeus, Deus concretista dos, 30
Juízes (Bíblia), 57, 192, 267
Júpiter (deus), 26
Júpiter, observação de, 108, 140
jutos, 268

Kālī (Tempo Negro; deusa hindu), 31, 265
Kālī Yuga (ciclo de tempo), 141
Kālīdāsa: Śakuntalā, 94
Kāma (Desejo), 24, 300
Kant, Immanuel, 49, 60-61
Keb ( deus Terra, egípcio) 24
Kena Upaniṣad, 30-31, 214
Kerényi, Carl, 169; Asklepios, 159; The Gods of the Greeks, 311
Khafaje, templo de (Iraque), 111, 112
Kinsley, David: The Goddesses' Mirror, 311
Kitagawa, Joe, 263
Kramer, Samuel Noah, 274
Kṛṣṇa, 193
kuṇḍalinī, 269
kurgan, culturas, 96-97

labirintos, 72, 73, 74-75
labrys (machado sacrificial), 76, 77, 82
lanças indo-europeias, 93, 104
Language of the Goddess, The (Gimbutas), 306, 310
latinas, línguas, 95
Layard, John: The Stone Men of Malekula, 65
League of the Ho-dé-no-sau-nee, The, or Iroquois (Morgan), 306
Lear, Rei (Shakespeare), 277
leis, código de Hamurábi, 121
Lenda de Genji, A (Murasaki), 283
Leonor de Aquitânia, 278-279
leopardos com pintas em trifólio (Neolítico), 59-61
Leto, 145, 148, 166, 167
Levítico (Bíblia), 270
Linear B, escrita, 76, 103, 104
liṅgam (energia divina), 103, 109

Livro Egípcio dos Mortos, 138
Livro dos vinte e quatro filósofos, O (Hermes Trismegisto), 86, 316 n. 25
Locke, John, 49
losangos, padrão de, 41
Lua: deuses associados à, 63; como energia, 75; e as marés, 301; como masculina, 77-78, 80; número nove associado à, 74; observação da, 108; e renascimento, 61; serpente representando a, 87 (ver também serpentes); versus Sol, 22, 23, 58 (ver também em Neolítico e início da Idade do Bronze); touro como símbolo da, 23, 75-76
Lucas, Evangelho de, 269, 275
Luís VII, rei da França, 278

Maat (deusa egípcia da ordem cósmica), 135
Macbeth (Shakespeare), 17
Mãe Natureza e seu aspecto mitológico, 51, 270
Mãe Terra: Grande Deusa como, 33, 48-49, 51, 103; e o umbigo, 62
magia feminina versus masculina, 18-20
Mahābhārata, 193
mahāyuga (ciclo de 4.320.000 anos), 141
Malekula (Novas Ébridas), 65
mandala, imagem, 107-108
manx (língua), 95
Māra (Morte: o Medo da Morte), 24
marata (língua), 95
Marcos, Evangelho de, 18
Marduk (deus solar babilônio), 26-28, 122, 265
mārga (aspecto universal do mito), 87
Maria, ver Virgem Maria
Marie de Champagne, 279
Marte, observação de, 108, 140
máscara mortuária de guerreiro (micênica), 100
máscaras, 69, 70
masculino versus feminino, ver papel feminino versus masculino

Māyā / *māyā: brahman* como, 61; formas e nomes dados ao mundo por, 275; como formas sensíveis, 48-50; como ilusão, 143; como iniciação, 202; primeira aparição de, 214; queda em, 221; tapeçaria do mundo criada por, 182
Médici, Cosme de, 290
meditação, 51, 84, 187, 255, 259
medo, 60
Medusa, 175, 176
Mellaart, James, 55-56, 64
Melpômene, 302
mênades, 253, 261
Menelau, 186, 189
Mercúrio, 108, 140, 301
Merlin, 228
Mesopotâmia: arados utilizados na, 55; bronze usado na, 93; e sua influência no Egito, 125; mitologia na, 129; sepultamentos na, 98; surgimento das cidades na, 54, 107, 140; tradições masculinas na, 121 (ver também semitas)
Métis, 174
Micenas, 87-88, 99-104
minoicos, 79 , 87-88; ver também Neolítico e início da Idade do Bronze
Minos, Palácio de, ver Cnossos, Palácio de Minos
Minos, rei, 80
Mistérios Órficos, 221
mistérios da transformação, 217-261; cristianismo como religião de mistérios, 221-224; culto de mistérios, 221, 226-235, 266, 320-322 n. 14; Dionísio e o divino feminino, 250-261; iniciação ritual dionisíaca, 245, 246; a jornada de mistérios de Deméter, 259-261, 321 n. 14; mistérios dionisíacos, 221; o papel do espanto nos, 247-248; rapto/retorno de Perséfone, 236-250; transformação das primeiras deidades, 224-225; visão geral/ pano de fundo dos, 217-221

*Mitleid* (compaixão), 50, 267
mito e o divino feminino, 33-51; e as ações desempenhadas segundo a ordem universal, 35; consciência *versus* potenciais espirituais, 45; Deusa nas culturas do Paleolítico, 33-44; Deusa como natureza, 36, 38, 39, 40, 45-51; mito dos búfalos, 42-44; mitologia como instância final da sabedoria, 45-46; mitologias dos pastores, 47; mulher como aquela que dá à luz, 37, 40; princípio de natureza (feminino) *versus* princípio social (masculino), 42, 270-271; e o sincretismo na religião, 47; ver também Vênus, estatuetas de
mitologia: aspecto universal *versus* social, 86-87; e ciência, 143-144; cósmica, 108, 140-141; definição de, 46; poética, 137, 139; prosaica (teologia), 138-139; rítmica, 142-143; ritual como encenação do mito, 45; sociológica, 140
mitologia ateniense, 220
mitologia circumpolar norte, 78
mitologias dos navajos, 51, 142
mitologias pastoris, 47
Moiras, 108, 274
Moisés (bíblico), 27, 291, 293
*Moisés e o monoteísmo* (Freud), 30
Monaghan, Patricia, *Encyclopedia of Goddesses and Heroines*, 311; *Goddesses in World Culture*, 311
mongol (língua), 95
*Monumenta Terrarum* (Frobenius), 218
Morgan, Lewis H.: *The League of the Ho-dé-no-sau-nee, or Iroquois*, 306
morte: aceitação da, 258, 299; caminho da fumaça *versus* caminho do fogo, 23; como contraparte da vida, 74; entrada no mundo, 22
Mucalinda (serpente cósmica), 24, 29
muçulmanos acerca do Anjo da Morte, 148
mudra, 259
Müller, Max, 187

mulheres: associadas ao plantio/criação da vida, 33-35, 37; encontrando seu caminho, 303-304; como iniciadoras, 256-258; modelos femininos para as, 17-18; como sagradas, 48-49
Murasaki, dama, *A Lenda de Genji*, 283
Musas, 141, 162, 298-303
música, 255
*Mutterrecht, Das* (Bachofen), 306
*Myth of the Goddess, The* (Baring e Cashford), 309

Nag Hammadi, manuscritos coptas, 273
Najagneq (xamã esquimó), 300-301
Nammu (deusa marinha da região do Tigre-Eufrates), 25
Narendra (depois chamado Swami Vivekananda), 207
nascimento virginal, 115, 221, 223, 269, 297
natureza: e arte, 70, 86, 254-255 ; Deusa como, 36, 38, 39, 40, 45-51; transformação mística da, 69-70
Nausícaa, 179-180, 198, 210-211
neerlandês (língua), 95
Néftis, deusa egípcia, 25-26, 47, 129-130, 133, 266
Nekhbet (deusa abutre do Egito), 63
Nennius, 276
Neolítico e início da Idade do Bronze, 53-88 264; Anatólia (Turquia), 52, 55-66 (ver também Çatal Hüyük); Creta, 76-88, 219-220; culturas agrárias primitivas, 53-56; datação com carbono-14, 54; declínio da cultura feminina/ascensão da masculina, 88; Europa Antiga, 67-76 (ver também imagens de deusas); implementos de cobre, 70; Linear B, 76; Lua e Sol no, 77-78, 84; migração para os vales dos rios, 107 (ver também deusas egípcias e sumérias); primeiras aparições da Deusa, 54; primeiras guerras de conquista, 56-57; utensílios de cerâmica primitivos, 56; ver também imagens da Deusa

Newgrange (Irlanda), 271
Nietzsche, Friedrich: sobre as coisas eternas, 188; sobre escultura e música, 255; sobre a experiência de Hamlet, 123; *O nascimento da tragédia*, 164, 254-255; sobre o *principium individuationis*, 49, 254
Nilo, rio e vale do, 107, 124, 127-128, 134, 264
Nilsson, Martin, 145, 156-159, 191, 227
Nimrod (figura bíblica), 27
Ninhursag, 111-112, 317 n. 4
Ninshubur, 120
Nipur, 119
Noé (bíblico), 141
nômades, povos: *versus* comunidades de caça, 217-218; *versus* comunidades urbanas, 107; *versus* povos sedentários, 139
normandos, 278
Nornas, 108-109, 274
Nove Musas, 54
nudez, culto da, 293
Números (Bíblia), 270
Nut (deusa celeste egípcia), 24, 25, 48, 128-129

obscenidade, 237, 240-243, 250
*Odisseia* (Homero), 30, 143, 197-214; Alcínoo na, 211; amanhecer na, 202; Apolo na, 207; Atena na, 210-212; autoria da, 179; busca de Odisseu para voltar a Penélope, 197; Calipso na, 209-210; Cila e Caribdes na, 206, 207; Circe na, 198, 202-205 ; Éolo na, 201; espíritos do inframundo na, 203-204; Hermes na, 202, 209; inflação e deflação na, 201-202 ; iniciação na, 197, 203-205, 209, 214; iniciação de Penélope na, 197; iniciação de Telêmaco à condição de homem, 197; Ismara destruída na, 197-198; lestrigões, 202, 203; Lotófagos ou Comedores de Lótus, 198; mundo de orientação feminina representado na,

179, 197-198, 214, 220, 223; Nausícaa, 198, 210-211; Nestor, 212; Odisseu e o ciclope, 199-201; Odisseu na Ilha do Sol, 207; Penélope e Telêmaco aguardam o retorno de Odisseu, 211-212; Posídon na, 210; pretendentes de Penélope na, 213; retorno de Odisseu, 213; sacrifício do porco na, 196; sereias na, 205, 207; trama da, 179; Zeus, 207
oito ventos do carma, 258
Olho de Hórus, 134
ônfalo (Delfos), 160
Oppert, Julius, 141
oração, 187
ordem cósmica como matemática, 108, 140
Orestes, 143, 195-196
Orfeu, 261, 281, 292-293, 320 n. 14
Orfeu Báquico crucificado (selo cilíndrico bizantino), 295
Osíris (deus egípcio), 47, 203; associado às cheias do Nilo, 127-128, 134; faraós como encarnação de, 25-26, 126-128, 134; como juiz dos mortos, 134, 138; Lua associada a, 63; morte e ressurreição de, 25-26, 127-128, 130, 133-134, 138; nascimento de, 129; salvo por Ísis, 130-131, 133-134; trono de, no inframundo, 26
oval, simbolismo da forma, 317 n. 4

Pacto de Varsóvia, fim do, 316 n. 4
*Pagan Meditations* (Ginette Paris), 311
*Paideuma* (Frobenius), 218
Paleta de Narmer (Antigo Império do Egito), 126
páli (língua), 95
Pandora, 243-244
papéis femininos *versus* masculinos, 17-18, 41, 65,122-123, 139
Páris: Helena abduzida por, 178, 186, 188-189; Julgamento de, 180-182, 185-189, 197
Paris, Ginette: *Pagan Meditations*, 311
Parnaso, monte, 162

Parrot, André, 317 n. 7
Parvatī (deusa hindu da montanha), 85, 103
*Parzival* (von Eschenbach), 84
Paulo, São, 50, 221-223
Pedra de Roseta, 305
Pégaso, 175, 176
Peixes, Era de, 142
Peleu, 16, 256-259, 300
pena, simbolismo da, 134
Pendlebury, J. D. S., 79
pensamento secular/bipolar *versus* lógica do sonho, 59-60
Penteu, 253-254
persas: língua, 95; povo, 126
*persas, Os* (Ésquilo), 191
Perséfone, 31, 54, 74, 227, 231-232, 235, 321 n. 14; ver também em mistérios da transformação
Perseu, 176
pés-negros, tribo (Montana), 42
Pietà, 22
Pietroasa, taça de, 259, 260, 261, 320-322 n. 14
pigmeus, caçadores, 35, 44
*piṅgalā*, ver *iḍā versus piṅgalā*
pintura de retratos, 247, 279
Pinturicchio, 290
pirâmides, 125, 127-128
piras funerárias, 23
Pisístrato, 220
planetas, observação dos, 108, 140
Plutão, 227-228, 236
Polímnia, 302
polonês (língua), 95
Pólux, 321-322 n. 14
Ponte da Espada, 289
porco: deusa associada ao, 72, 73, 74 ; sacrificial, 195-196, 237; simbolismo do, 64-66, 91, 133, 195-196
Porta do Leão (Micenas), 100, 101
português (língua), 95
Posídon, 103, 199, 210
*Potnia Theron*, Senhora dos Animais Selvagens, 150-151

# Índice Remissivo

povos equatoriais, 219
*principium individuationis* (princípio da individuação), 49, 254-255
*Prolegomena to the study of Greek Religion* (Harrison), 310
*Prometeu acorrentado* (Ésquilo), 290
protestantes *versus* católicos, 48
provençal (língua), 95, 279
Provérbios (Bíblia), 273
psicanálise, 42
Ptá (deus-múmia egípcio), 25, 128
Puabi, 117,118
Purgatório, Monte, 277
quatrocentos e trinta e dois, significado, 141-143

Quetzalcoatl, 203, 269

*rajas guṇa* (energia), 61
rajastani (língua), 95
Ramakrishna, 207, 339
Reia, 59, 167
Reis, Segundo livro dos (Bíblia), 29, 270
religião: aspecto vivencial *versus* teórico, 82, 84; *versus* ciência, 144; definição de, 45-46; mundial, 139; pensamento ético na, 259; poética *versus* prosaica, 137-138; como temor/amor a Deus, 165; transcendendo pares de opostos, 259; tribal, 139; ver também religiões específicas
renano (língua), 95
Renascença, 279, 290
Ricardo Coração de Leão, 278
ritos mortuários indo-europeus, 96-98, 103
roda e eixo, 99-100
romance, ver feminino no romance europeu
Romano: Direito, 306; Império, 54, 126, 272
românticos alemães, 49, 188
Ruck, Carl, 229
Rudra, 214
russo (língua), 95

sacrifício: humano, 219; Olho de Hórus, 134; de reis, 80, 81; ver também sacrifício animal; touros sacrificiais
sacrifício animal, 65-66; ver também touros sacrificiais
*śakti* (energia da vida), 103, 158, 176, 180, 183, 185, 187-188, 299, 303
*Śakuntalā* (Kālidāsa), 94
Sala do Trono (do Palácio de Cnossos em Creta), 80, 81
Sansão (bíblico), 269
sânscrito (língua), 94-95, 98
Sara (bíblica), 269
Sargão I da Acádia, 27, 28, 56, 91, 120, 121
sati /*satī*, sepultamento, 96-98, 103
*sattva guṇa* (harmonização), 61
Saturno, observação de, 108, 140
Sauer, Carl: *Agricultural Origins and Dispersals*, 54-55
Schiller, Friedrich, 242
Schliemann, Heinrich, 100
Schopenhauer, Arthur, 49-50
Schweickart, Rusty, 205
Secmet (deusa leoa egípcia), 25, 128
Seda, Antiga Rota da, 31
Selene, 154, 301
semeadura primitiva, 55
Sêmele, 250-251, 259
semitas: acádios/língua acádia, 91, 95, 120; deuses dos, 26, 47-48, 54, 122-123; exclusivismo dos, 123; influxo para a Mesopotâmia, 120-129, 267; línguas dos, 95; pastoreio pelos, 26; como saqueadores/guerreiros, 26, 56, 91, 96, 120-122, 219; tradições mitológicas dos, 27; ver também Hamurábi; hebreus; Sargão I da Acádia
Sêneca, 274
senso de separação, 49-50
sentidos, experiência via, 49
Sepultura da Viúva (Macedônia), 97
Seram ocidental (Indonésia), 74
sereias, canção das, 205-207
serpente, taça da, 293-294
serpentes: poder das, 157-158; simbolismo das, 75-76, 84, 85, 87

Set (deus egípcio), 129, 130, 131, 133, 134, 182, 213
Sevsev (deusa de Malekula), 65
sexagesimal, sistema, 140
Shakespeare, William: sobre a arte e a natureza, 86; *Cimbelino*, 277-278; *Hamlet*, 317 n. 13; *Macbeth*, 17; *Rei Lear*, 277
Shamash (deus do Sol), 121
Sharruma, 156
Shu (deus ar, egípcio), 25
Sila (espírito esquimó), 301
sincretismo e religião, 47
sistema decimal, 140
sistema ptolomaico, 301
Śiva (deus hindu), 103, 138, 199, 265
Sócrates, 55, 229, 234
Sofia (deusa da sabedoria), 273
Sol: como feminino, 77-78, 80; leão simbolizando o, 23, 58, 85; versus Lua, 22-23, 58 (ver também em Neolítico e início da Idade do Bronze); observação do, 108, 140
*Stone Men of Malekula, The* (Layard), 65
Stonehenge (Inglaterra), 271
Sudeste *versus* Sudoeste Asiático como primeiro centro difusor da domesticação de plantas e animais, 54-56
sudras, casta (artesãos), 140
sumérios, 107-124; e o campo do abstrato, 108, 109; Deusa Leoa dos, 113-114 ; estatuetas e tradição da Deusa-Olho, 116-117; e a imagem da mandala, 108; importância dos sacerdotes e templos entre os, 108, 110-115; língua dos, 112-113; nascimento da civilização entre os, 107-120, 225; ver também Inanna; Ístar
*Sūtra do Lótus*, 63
Suzuki, Daisetz, 50-51

*Taittirīya Upaniṣad*, 64, 250
Tália, 299-300, 302
*tamas guṇa*, (pressão/inércia), 61
Tammuz, 118
Tane-mahuta (deus da floresta dos maoris), 25
*Tat tvam asi* (Tu és Aquilo), 45, 137
tcheco (língua), 95
Tefnut (deusa egípcia de cabeça de leão), 25
templos sumérios, 108, 110-115
tempo: e espaço, 49, 60, 84, 140, 242; e opostos, 256
Teodósio o Grande, 272
Tera, erupção vulcânica ou destruição de, 87-88
Terpsícore, 302
Terra Nouva, sarcófago de, 230, 231
Terra: Gaia como, 25, 129, 183; observação da, 108
Teseu e o Minotauro, 280
Tétis, 16, 256-258
*Theotokos* (Mãe de Deus), 31, 275
Thoreau, Henry David, 94
Tiamat (deusa babilônica do mar primevo), 27, 30, 122, 123, 265, 317 n. 12
Ticiano, 290
Tigre, rio e vale do, 107, 225
Tirésias, 204
Tomás de Aquino, Santo, 206
Tomé, Evangelho de, 261, 273
Tor, 26
Tot (deus lunar egípcio), 133
touro, imagens de: e crânio humano, 62, 63; ríton de cabeça de touro com chifres lunares, 77; taurocatapsia ou dançando com touros, 78
touros: Posídon representado pelo touro, 103; sacrificiais, 23, 75-76, 77, 151, 293; simbolismo dos, 66, 75-76, 84, 113-114; tauromaquia ou tourada, 78-80
tragédia e comédia, 237
transformação, ver mistérios da transformação

## Índice Remissivo

Três Graças, 54
trigo, 226-227
Trindade, 303
Triptólemo, 235, 250, 251
Tristão e Isolda, 279
Troia, 104, 220
Trois Frères, Les (Pireneus), 20, 37
trovadores, 279-280, 284-285, 289
Tudhalia IV, 156
Tumba Real de Ur (Iraque), 117, 118
turco (língua), 95
Turnbull, Colin, 20

Uma (deusa indo-europeia), 30
umbigo, simbolismo do, 61-62, 160, 161
União Soviética, dissolução da, 316 n. 4
Universo (deusa), 28
*Upaniṣads*, 23, 30-31, 45, 64, 137-138, 214, 250; ver também *Bṛhadāraṇyaka Upaniṣad*
uralo-altaicos, línguas dos povos, 95
Urânia, 302
urânico (celestial) *versus* ctônico (inframundo), culto, 66
Urano (Céu), 25, 129, 167, 183-184
urdu (língua), 95
urna Lovatelli, 232, 233
ursos, culto aos, 147

vacas como sagradas, 48
vaixias, casta (mercadores), 140
Valhala, 141
Vaticano, Sala Bórgia do, 290
Vayu (deus indo-europeu), 31
Vedas, 93, 94
vegetação, cultos da, 227-229; simbolismo da, 81, 82, 84
Ventris, Michael, 76, 103
Vênus, 80, 108, 140
Vênus, estatuetas de: 18, 19, 36, 37-38; divino feminino personificado pelas, 39-42; Vênus de Laussel, 39-40; Vênus de Lespugue, 32; Vênus de Peterfels, 38
Vênus de Médici, 294

véu de Despina, 241, 242
Vila dos Mistérios (Pompeia) 245-246, 247
Virgem Maria: atitude católica em relação à, 48; catedrais dedicadas à, 275; coroação no céu, 259; como cossalvadora, 223, 275; *versus* a Deusa, 223; Ísis como modelo para, 133; como Mãe de Deus, 26, 31, 49, 57, 275; ver também em feminino no romance europeu
visões, 218
*Vivādārṇavasetu*, 93

Warka (Uruk): cabeça, 115, 116; vaso, 114-115, 317 n. 7
Wasson, Gordon, 229
*Whence the Goddess* (Dexter), 309
Woolley, Sir Leonard, 117

xamãs, 139, 187, 218, 300
xátrias, casta (governantes), 140
xintoísta: budismo, 138; deusa/templo, 240-241

Yazilikaya (Turquia), 156,
*yin* e *yang*, 61, 258
*yoni* (órgão feminino), 103, 109, 142
*Yvain* (Chrétien), 289

Zen budismo, 50-51
Zeus: como atirador de raios, 94, 166; casamento com deusas locais, 26; casamento com Hera, 168-169; casamento com Leto, 148; casamento com Métis, 174; e Ganimedes, 165-166; com Leto, Hermes e Ártemis, 166-167; nascimento de Atena da cabeça de, 174, 175; nascimento e infância de, 167, 168; e Pandora, 244; e Sêmele, 250-252; significado do nome, 165
zigurates, 85, 113, 117
Zimmer, Heinrich, 288
zoroastristas, 93

# Sobre o Autor

Joseph Campbell era escritor e professor norte-americano, conhecido por sua obra no campo da mitologia comparada. Nasceu na cidade de Nova York em 1904 e já na infância interessou-se por mitologia. Adorava livros sobre as culturas indígenas americanas e frequentemente visitava o American Museum of Natural History em Nova York, cuja coleção de totens o fascinava. Cursou estudos superiores na Columbia University, onde se especializou em literatura medieval e, depois de obter seu mestrado, foi estudar nas universidades de Paris e Munique. Nesse período fora de seu país, foi influenciado pela arte de Pablo Picasso e Henri Matisse, pelos romances de James Joyce e Thomas Mann e pelos estudos de Sigmund Freud e Carl Jung no campo da psicologia. Tais encontros levaram à teoria de Campbell de que todos os mitos e épicos estão ligados na psique humana e são manifestações culturais da necessidade universal de explicar realidades sociais, cosmológicas e espirituais.

Após um período na Califórnia, onde teve contato com John Steinbeck e o biólogo Ed Richetts, Campbell deu aulas na Canterbury School e posteriormente, em 1934, passou a integrar o corpo docente do Departamento de Literatura do Sarah Lawrence College, cargo que manteve durante longo período. Ao longo dos anos 40 e 50 ajudou Swami Nikhilananda a traduzir as *Upaniṣads* e o Evangelho de Sri Ramakrishna. Também editou obras do acadêmico alemão Heinrich

Zimmer sobre arte, filosofia e mitos indianos. Em 1944, junto com Henry Morton Robinson, publicou *A Skeleton Key to Finnegans Wake* [Chave mestra para Finnegans Wake]. Seu primeiro livro como autor, *O Herói de Mil Faces*, saiu em 1949 e foi muito bem recebido. Com o passar do tempo veio a ser aclamado como um clássico. Em seus estudos sobre "o mito do herói", Campbell afirmou que há um único padrão de jornada heroica e que todas as culturas partilham desse padrão essencial em seus vários mitos heroicos. Nessa obra ele também delineia as condições básicas, estágios e resultados da jornada arquetípica do herói. Joseph Campbell faleceu em 1987. Em 1988 uma série de entrevistas televisivas concedidas a Bill Moyers, *O Poder do Mito*, disponibilizou a visão de Campbell a milhões de pessoas.

# Sobre a
# Joseph Campbell Foundation

Joseph Campbell Foundation – JCF – é uma organização sem fins lucrativos que dá continuidade ao trabalho de Joseph Campbell explorando os campos da mitologia e da religião comparada. Ela é guiada por três objetivos principais.

Em primeiro lugar, preservar, proteger e perpetuar a obra pioneira de Campbell. Isso inclui catalogar e arquivar seus trabalhos, orquestrar a venda e distribuição, proteger direitos autorais e disseminar sua obra tornando-a disponível em formato digital no *website* da fundação.

Em segundo lugar, a fundação promove o estudo da mitologia e da religião comparada. Isso envolve implementar e/ou apoiar diversos programas de educação em mitologia, patrocinar ou dar apoio a eventos concebidos para aumentar a conscientização sobre o tema no público em geral, doar os trabalhos arquivados (principalmente à biblioteca Joseph Campbell and Marija Gimbutas Archive and Library) e utilizar o *website* da JCF como fórum para diálogo intercultural relevante.

Em terceiro lugar, a fundação ajuda indivíduos a enriquecerem suas vidas pela participação em vários programas, inclusive nosso programa global de associados via internet, nossa rede internacional de Mesas-Redondas Mitológicas, eventos e atividades periódicas ligadas a Joseph Campbell.

Para mais informações sobre Joseph Campbell e Joseph Campbell Foundation, entre em contato com:

Joseph Campbell Foundation
www.jcf.org
Post Office Box 36
San Anselmo, CA 94979-0036
Email: info@jcf.org

FSC
www.fsc.org
MISTO
Papel produzido
a partir de
fontes responsáveis
FSC® C133282

Texto composto em Versailles LT Std.
Impresso em papel Avena 80g pela **Paym Gráfica**.